Baedeker

Allianz Reiseführer

Jordanien

www.baedeker.com

Verlag Karl Baedeker

TOP-REISEZIELE ★ ★

Jordanien ist bekannt als Ziel für Kultur- und Pilgerreisen. Doch nicht nur Petra oder Bethanien rechtfertigen eine Reise in die Gefilde östlich des Jordans. Wer eine Ader für beeindruckende Berg- und Wüstenlandschaften hat, wird angenehm überrascht sein, wieviel Schönheit das Land selbst bietet.

1 Umm Qays
2 Jerash
3 Amman
4 Bethanien
5 Qusair Amra
6 Berg Nebo
7 Wadi al-Mujib
8 Petra
9 Wadi Rum

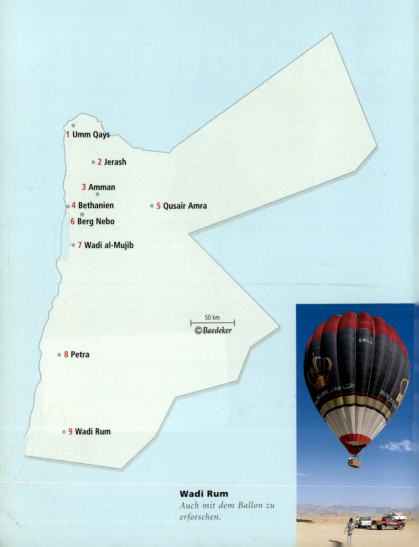

Wadi Rum
Auch mit dem Ballon zu erforschen.

► Top-Reiseziele

1 ★★ Umm Qays
Im Dreiländereck von Jordanien, Syrien, Israel steht eine gut erhaltene Anlage aus römischer Zeit ► **Seite 252**

2 ★★ Jerash
Tempel, Kirchen, Wagenrennen: Die Ruinenstadt hat für Besucher einiges zu bieten. ► **Seite 186**

3 ★★ Amman
Noble Hotels, schicke Restaurants, dazu ein Hauch von Orient – so präsentiert sich Jordaniens Hauptstadt. ► **Seite 139**

4 ★★ Bethanien
Derzeit prominenteste Ausgrabungsstelle des Landes: Laut Bibel soll hier Jesus getauft worden sein. ► **Seite 178**

5 ★★ Qusair Amra
Luxusleben mitten in der Wüste. Das Schlösschen steckt voller Überraschungen. ► **Seite 171**

6 ★★ Berg Nebo
Gigantischer Blick aufs ferne Israel und Ziel vieler christlicher Pilger. Schon Moses soll hier gestanden haben. ► **Seite 214**

7 ★★ Wadi al-Mujib
Der »Grand Canyon« Jordaniens steht ganz im Zeichen des Kletterns und Wanderns. ► **Seite 246**

8 ★★ Petra
Mit der rosaroten Stadt aus Stein, die Jordanien weltberühmt gemacht hat, setzten sich die Nabatäer ein einzigartiges Denkmal. ► **Seite 219**

9 ★★ Wadi Rum
Bizzare Felsformationen und roter Sand charakterisieren eine der schönsten Wüstenregionen der Welt. ► **Seite 257**

Jerash
Die antike Stadt erlebte unter den Römern ihre Blütezeit. Hier ein Blick auf das Ovale Forum und den Cardo.

DIE BESTEN BAEDEKER-TIPPS

Von allen Baedeker-Tipps in diesem Buch haben wir hier die interessantesten für Sie zusammengestellt. Erleben und genießen Sie Jordanien von seiner schönsten Seite!

❗ Cafe Wild Jordan
Über den Dächern von Amman köstlich essen und trinken, danach noch Souvenirs einkaufen aus den Wild Jordan Werkstätten ▸ **Seite 144**

❗ Kaufen und Gutes tun
Bei der Jordan River Foundation vertreibt Produkte des Selbsthilfeprojekts Save the Children: wunderschöne Decken und Kissen, Taschen, nette Püppchen. Gleich gegenüber im Beni-Hamida House finden Sie die berühmten Teppiche der Beduinen. ▸ **Seite 156**

❗ An Bord der Yasmeena
Für die, die es einfach, aber gemütlich mögen: Drei Tage auf der Yasmeena in den Gewässern des Roten Meeres kreuzen, nebenbei tauchen (lernen) und frischen Fisch essen. ▸ **Seite 164**

❗ Im Reich der Gewürze
Safran, Anis, Zimt, Weihrauch und vor allem die köstliche jordanische Gewürzmischungen namens Zahtar finden Sie im winzigen Laden der Gebrüdern Dabet im Suq von Aqaba ▸ **Seite 166**

Gewürze
sind nicht nur vielfach billiger, sondern auch in interessanten Mischungen zu haben.

▶ Die besten Baedeker-Tipps INHALT 5

Handgemacht
Mehrere Projekte fördern den Verkauf der Teppiche, die die Beduinenfrauen selbst anfertigen.

❗ Essen im Lebanese House
Wenn viele noble Karossen vor dem Lokal stehen, hat das Lebanese House bei Jerash mal wieder hohen Staatsbesuch. Dennoch ist das Restaurant keineswegs überkandidelt oder teuer, sondern ein ausgesprochen lauschiger Platz. Von der Terrasse blickt man auf Olivenhaine, die *Mezze* wie auch alle anderen Gerichte sind ganz hervorragend. ▶ **Seite 188**

❗ So kämpften die alten Römer
Originaler geht zumindest der Schauplatz nicht: Drei Mal wöchentlich findet im Hippodrom von Gerasa ein buntes Spektakel mit Gladiatorenkämpfen und Wagenrennen statt. ▶ **Seite 189**

❗ Hauch von Orient
Wenn Sie gerne so richtig in den arabischen Alltag abtauchen wollen, besuchen Sie in Kerak nicht nur die Burg der Kreuzritter, sondern auch die Altstadt mit ihren kleinen Gässchen und dem turbulenten Suk. ▶ **Seite 201**

❗ Olivenöl einkaufen
Im Haret Jdoudna isst man nicht nur gut und in netter Umgebung. Nebenan können Sie auch jordanisches Olivenöl einkaufen und beim Sandfläschchen-Befüllen zusehen. ▶ **Seite 205**

❗ Taybet Zaman
Um eine der schönsten Hotelanlagen von Petra zu gestalten, wurde ein verlassenes Dorf aufwändig restauriert. Sie wohnen hier in kleinen Häuschen, die über ein Gewirr an Gassen verbunden sind. Im Bazar werden Sie neben viel Kunsthandwerk auch »Heiliges Wasser« aus dem Jordan finden. ▶ **Seite 224**

❗ Petras Kitchen
Sie wollen gerne orientalisch kochen lernen? In Wadi Musa, dem Ort vor den Toren Petras, werden Sie von einheimischen Köchinnen in die Kunst der köstlichen arabischen Hausmannskost eingeweiht. ▶ **Seite 226**

Sandfläschchen
Eines der beliebtesten Souvenirs

Anders einkaufen auf den Märkten von Amman und Aqaba
▶ **Seite 139, 159**

HINTERGRUND

10 Zwischen Jordan und Wüste
14 Fakten
15 Natur
19 Pflanzen und Tiere
22 Bevölkerung · Politik · Wirtschaft
38 *Special: Wasser für Jordanien*
40 Geschichte
41 Frühgeschichte
43 Die Reiche der Eisenzeit
45 Griechen, Römer, erste Christen
46 Moslems und Kreuzfahrer
48 Osmanisches Reich
49 Der Weg in die Unabhängigkeit
51 Jordanien unter König Hussein
54 Jordanien heute
56 Kunst und Kultur
68 Berühmte Persönlichkeiten

Preiskategorien

Restaurants
Fein & Teuer: über 15 JD
Erschwinglich: 6 – 15 JD
Preiswert: bis 6 JD
(für ein Hauptgericht)

Hotels
Luxus: ab 120 JD
Komfortabel: 50 bis 120 JD
Günstig: bis 50 JD
(Doppelzimmer mit Frühstück)

PRAKTISCHE INFORMATIONEN

78 Anreise · Vor der Reise
81 Auskunft
82 Mit Behinderung in Jordanien
82 Elektrizität
82 Essen und Trinken
85 Feiertage, Feste und Events
87 Geld
89 Gesundheit
89 Mit Kindern unterwegs
89 Knigge
92 Literaturempfehlungen
94 Medien
94 Notrufe
95 Post · Telekommunikation
96 Preise · Vergünstigungen
97 Reisezeit
98 Shopping
101 Sprache
107 Übernachten
108 Urlaub aktiv
111 Verkehr
114 *Special: Die Hedschasbahn*
117 Zeit

TOUREN

- 120 Tourenüberblick
- 122 Unterwegs in Jordanien
- 123 Tour 1: Der grüne Norden
- 126 Tour 2: Zu den Wüstenschlössern
- 129 Tour 3: Entlang der Königsstraße

REISEZIELE VON A BIS Z

- 136 Ajlun
- 139 Amman
- 159 Aqaba
- 168 Azraq
- 172 *3 D: Qusair Amra*
- 178 Bethanien
- 180 Dana
- 184 Irbid
- 186 Jerash
- 196 *3 D: Artemis-Tempel*
- 198 Kerak
- 204 Madaba
- 208 *Special: Mosaiken in Madaba*
- 214 Nebo
- 216 Pella
- 219 Petra
- 222 *Special: Die Nabatäer*
- 241 Salt
- 242 Totes Meer
- 249 Umm el-Jimal
- 252 Umm Qays
- 257 Wadi Rum
- 260 *Special: Kamele*
- 264 Zarqa

- 266 Glossar
- 268 Register
- 271 Verzeichnis der Karten und grafischen Darstellungen
- 272 Bildnachweis
- 273 Impressum
- 273 atmosfair

Über den Gipfeln des Wadi Rum
▶ Seite 257

Hintergrund

KURZ UND KNAPP, VERSTÄNDLICH GESCHRIEBEN UND SCHNELL NACHZUSCHLAGEN: WISSENSWERTES ÜBER JORDANIEN, ÜBER LAND UND LEUTE, WIRTSCHAFT UND KUNST, GESCHICHTE UND ALLTAGSLEBEN.

ZWISCHEN JORDAN UND WÜSTE

Jordanien hat viele Gesichter: zerklüftete Berge, in denen man herrlich wandern kann, heiße Wüsten aus Basalt und Sand, im Westen glitzert der tiefstgelegene Punkt der Erde: das Tote Meer, gut besucht auch wegen seiner Heilkraft. Am Jordan spielten viele biblische Geschichten und die Nabatäerstadt Petra gehört zu den berühmtesten Monumenten der Welt.

Das Tor nach Jordanien bildet für die meisten Besucher die Hauptstadt Amman: Unter einem strahlend blauen Himmel erstreckt sich ein weißes Häusermeer, aus dem Hochhausbauten und Minarette herausragen. Auf der Fahrt ins Zentrum durchquert der Gast das vornehme Amman, die Stadtviertel mit den blühenden Gärten und den ganz und gar nicht bescheidenen Villen. Wer auf den Jebel al-Qala, den Zitadellenhügel, steigt, genießt eine herrliche Aussicht auf die Stadt. Von unten dringen Autohupen und das Raunen des Verkehrs empor, in den engen Gassen von Downtown lässt man sich treiben und erholt sich schließlich bei einem Glas Tee in dem schattigen Touristencafé mit Blick auf das Amphitheater. Das ist die Hauptstadt des Haschemitischen Königreichs: modern, hektisch, aber dennoch mit Atmosphäre, eine Mischung aus westlichem Großstadtflair und orientalischer Szenerie. Dass es östlich des Jordans bereits in der Antike eine hochentwickelte Stadtkultur gab, zeigt ein Ausflug nach Jerash. Die stattlichen Ruinen der weitläufigen, terrassenartig an einen Hang gebauten Metropole lassen auch heute noch erahnen, welche Bedeutung Gerasa – so der antike Name von Jerash – einmal hatte.

Amman
Hochmoderner Orient und antike Ruinen

Juwelen unter Wasser

Ganz im Süden des Landes liegt die Kapitale des Müßiggangs: Aqaba. Palmen und Sandstrände vor dem Hintergrund majestätischer Berghänge, Motorboote und Frachtschiffe draußen auf dem Meer – vor dieser Kulisse lässt es sich gut entspannen. Die Hauptattraktion von Aqaba liegt unter dem Wasserspiegel: Die Korallenriffe im Roten Meer sind Legende, und wer sich nicht als Taucher in die Tiefe traut,

← *Jabal Haroun*

▶ Zwischen Jordan und Wüste **FAKTEN**

Kultur
Das Land zwischen Jordan und Wüste bewahrt Zeugnisse aus 10 000 Jahren menschlicher Kultur.

Begegnungen
Gastfreundschaft ist eine gerne gepflegte Tradition in Jordanien.

Einkaufen
Kunsthandwerk, Gewürze, Teppiche, Schmuck? Platz im Koffer freihalten!

Wandern
Als erstklassiges Wandergebiet ist Jordanien bislang noch wenigen bekannt.

Wüste
Durchs Wadi Rum ziehen noch heute Beduinen auf Kamelen.

Wasser
Aqaba am Roten Meer besitzt kristallklares Wasser und herrliche Korallenriffe.

bekommt auch beim Schnorcheln bereits eine Ahnung von den Schönheiten der Unterwasserwelt.
Von Aqaba ist es nicht weit zur größten und schönsten Wüstenlandschaft Jordaniens, zum Wadi Rum. Irgendwann endet die Asphaltstraße und man muss sich entscheiden: Jeep oder Kamel – und bricht dann auf in ein Land voll bizarr geformter Felsen, rotem Sand und einen grandiosen nächtlichen Sternenhimmel.
Höhepunkt jeder Jordanienreise ist der Besuch von Petra, der in einem cañonartigen Talkessel versteckten Hauptstadt der Nabatäer. Unvergesslich ist der Augenblick, wenn man aus der engen Schlucht am Eingang der Felsenstadt heraustritt und der Fassade des Schatzhauses gegenübersteht. Nicht weniger berührend ist für viele auch der Besuch des Berges Nebo: Von hier aus soll Moses in das Gelobte Land geblickt haben. Eine steile Fahrt bergab liegt am Ufer des Jordan Bethanien, wo mehrere Taufbecken ausgegraben wurden und Johannes der Täufer Jesus getauft haben soll.

Natur und Stille

Jordanien ist in einer schwierigen Lage: Seine besten Ackerflächen wurden dem Staat bei der Besetzung der Westbank genommen, eingekeilt zwischen Israel und den palästinensischen Gebieten, zwischen Irak, Syrien und Saudi-Arabien muss es so manchen außenpolitischen Eiertanz vollziehen. Egal wo im Nahen Osten eine Bombe explodiert, trifft sie indirekt immer auch Jordanien, dessen Gästezahlen seismographisch auf Terroranschläge und Kriege reagieren. Das ist bitter für ein Land, in

Petra
Besuch einer Legende

dem seit über 30 Jahren Frieden herrscht und dessen größte Devisenquelle der Tourismus ist. Andererseits zeigen die zahlreichen Neueröffnungen von Hotels und Resorts der Spitzenklasse, welch großes Potential ausländische Investoren in Jordanien sehen. Schon immer war Jordanien ein Ziel der Besucher des Heiligen Landes und vieler Kulturreisenden. Jetzt öffnet es sich auch einem sanften Tourismus: In fünf Naturschutzgebieten sind Wanderwege eingerichtet, auf denen eigens ausgebildete Ranger den Besuchern die Schönheiten von Bergen und Wüste nahe bringen, nach Wunsch auf mehrtägigen Trekkingtouren. Das macht dieses faszinierende Land auch für ein Publikum mit Faible für Pflanzen und Tiere interessant, und für Stille und Einsamkeit – denn diese abgelegenen Regionen sind noch immer ein Geheimtipp zwischen Jordan und Wüste.

Fakten

Ein zerklüftetes Bergland und tausende Quadratkilometer Wüste sind die Hauptmerkmale Jordaniens. Steinbock, Karakal und die Schwarze Iris kommen hier noch vor. Wasser ist knapp, die Bevölkerung wächst schnell, Rohstoffe sind kaum vorhanden. So hängt das Land auch am Tropf ausländischer Geldgeber. Unverzichtbar sind die Einnahmen aus dem Tourismus.

Natur

Landschaft

Jordaniens Landschaft ist sehr abwechslungsreich: im Süden das Meer, im Westen Gebirge, dazwischen das fruchtbare Jordantal und im Osten die Wüste. Geografen sprechen von drei Großlandschaften: Große Grabensenke, jordanisches Hochplateau (mit Gilead, Moab und Edom) und Wüsten- bzw. Steppenregion.

Meer, Gebirge, Wüste

Besonders markant ist der Jordangraben, Teil eines Grabensystems, das sich vom Norden Syriens bis nach Ostafrika hinzieht und zu den Erdbebengebieten gehört. Das Ghor, wie die Jordansenke im Arabischen genannt wird, reicht vom See Genezareth über das Tote Meer und das anschließende Wadi al-Araba bis zum Golf von Aqaba. Die etwa 400 km lange und zwischen sechs und 20 km breite Senke erreicht am Grund des Toten Meeres ihre tiefste Stelle (829 m unter NN). Kernstück dieser Furche bildet das Tal des Jordans (▶ S. 17). Seit der Altsteinzeit ist dieses Gebiet besiedelt, denn hier gibt es Wasser und die Böden sind fruchtbar.

Große Grabensenke

Östlich des Jordans steigt das Land rapide an und man sollte es sich nicht nehmen lassen, einen Ausflug vom Toten Meer hinauf ins **Ostjordanische Bergland** zu machen. Die höchsten Gipfel ragen etwas über 1700 m ü. d. M. auf. Steile Schluchten, tiefe Klüfte im Kalk- und Sandstein, Bergflanken in Rostrot und Braun, unterbrochen von fast schneeweißem Dolomit prägen dieses Faltengebirge. Nur auf seiner Westseite, also zum Jordan hin, besitzt es diese tiefen Täler und Schluchten, sog. Wadis, die durch periodisch auftretende Sturzfluten eingefräst wurden. Ganz anders auf der Ostseite: Hier sinkt das Bergland sanft zum jordanischen Wüstenplateau hin ab. Die Wadis gliedern das Bergland in geographisch-historische Regionen. Von Norden nach Süden sind dies Gilead, Moab und Edom mit der höchsten Erhebung des Landes, dem 1754 m hohen Jabal Rum.

Jordanisches Hochplateau

Die Gebirgslandschaft nordöstlich des Toten Meeres, das alttestamentarische Gilead, wird im Norden durch den Yarmuk, den größten Nebenfluss des Jordans, begrenzt. Grün ist in **Ajlun**, dem nördlichen Teil, die vorherrschende Farbe: Hier werden Wein, Obst, Gemüse und Tabak angebaut, Olivenbäume säumen die Straßen, zwei Drittel des Gebiets sind bewaldet, größere Siedlungen gibt es keine.
Im Süden schließt das Bergland von **Belqa** an. Dieser Teil des Gilead ist weiträumiger, dichter besiedelt und hier liegt auch die jordanische Hauptstadt Amman. Die Grenze zur südlich anschließenden Moab-Hochfläche bildet das Tal des biblischen Flusses Arnon, der in der Syrisch-arabischen Wüste entspringt und im Toten Meer mündet.

Gilead

← *Bizarr: die Salzablagerungen am Toten Meer*

Naturraum Orientierung

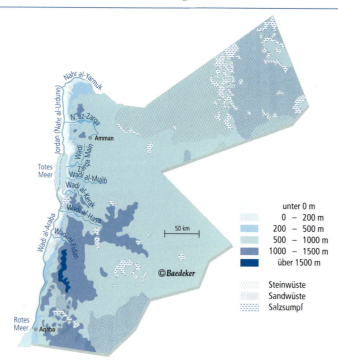

Sein Wasserreichtum und der imposante Cañon, den sich der Arnon durchs Wadi al-Mujib gegraben hat, machen ihn zu einem der interessantesten Flüsse Jordaniens.

Moab Zwischen dem Wadi al-Mujib und dem südlich eingeschnittenen Wadi al-Hasa liegt das Bergland von Moab, das heute nach seinem wichtigsten Ort Kerak genannt wird. Die Landschaft ähnelt dem Bergland von Belqa. Da das Moab-Bergland ziemlich eben ist und vergleichsweise viel Niederschlag erhält (400–500 mm), wird hier besonders intensiv Getreide angebaut.

Edom Die Nabatäerstadt ▶Petra und das ▶Wadi Rum sind die markanten Punkte im Edom, dem südlichsten Teil des Ostjordanischen Berglands. Während der nördliche Teil des Edom aufgrund höherer Niederschläge noch landwirtschaftlich genutzt werden kann, ist der Süden wüstenhaft trocken und teilweise so wild zerklüftet, dass es weder Verkehrswege noch Siedlungen gibt. Die meisten Menschen leben in und um Tafila. Der alttestamentarische Name Edom bedeutet »rot« und ist abgeleitet von der Farbe des Sandsteingebirges zwischen Petra und dem Wadi Rum. Besonders beeindruckend ist die Landschaft bei **Petra**: Tiefe Furchen und verschlungene Rinnen durchziehen die gewaltigen Bergrücken, helle Kalke und Kreideformationen heben sich von den rot, braun und rosa leuchtenden Sandsteinfelsen ab – ein unvergesslicher Anblick.

Im Osten des Landes erstreckt sich ein gewaltiges Wüstenplateau, das zur Großen Syrischen oder Nordarabischen Wüste zählt. Über vier Fünftel des jordanischen Staatsgebietes bestehen aus Wüstensteppe sowie Stein- und Lavawüste. Der Anteil der Sandwüste ist relativ gering. Auch die Wüstenplateaus lassen sich in zwei unterschiedliche Naturräume teilen, die Basaltwüste im Nordosten und die sehr viel attraktivere südlich anschließende Stein- und Sandwüste um das Wadi Rum(▶ S. 257). Der Osten und Südosten Jordaniens bis zur irakischen und saudi-arabischen Grenze besteht dagegen fast ausschließlich aus Wüstensteppe, Stein- und Sandwüste, die man z. B. bei Besuchen der Wüstenschlösser (▶ Tour 2, S. 126) kennenlernt. Die klimatischen Verhältnisse in diesem Gebiet haben sich in den vergangenen Jahrtausenden erheblich verändert. Bis vor 6000 Jahren bot das Klima günstige Voraussetzungen für eine Besiedlung, wohingegen heute nur noch geringe Niederschläge fallen, und diese ausschließlich im Winter. Auch Ackerbau war bis zur omaijadischen Zeit in der Senke um Azraq möglich, die sich bis in die jüngste Vergangenheit als Feuchtgebiet erhalten hatte.

Wüstenregionen

Gewässer

Der Jordan (Nahr al-Urdunn) entspringt am Berg Hermon (2814 m ü. d. M.) im syrisch-libanesisch-israelischen Grenzgebiet. Die drei Quellflüsse des Jordans – Dan, Hasbani und Baniyas – vereinigen sich im Hula-Tal im Norden Israels. Vom Hula-Tal fällt der Jordan in den 212 m unter Meereshöhe gelegenen See Genezareth. Etwa 10 km südlich dieses Gewässers stößt der Yarmuk (Nahr al-Yarmuk) dazu, der in einem tiefen Cañon dem Jordan zuströmt. Beide Flüsse sind für die Wasserversorgung Israels und Jordaniens von größter Bedeutung, da sie als einzige Flüsse das ganze Jahr viel Wasser führen. Die Nutzung des Jordan- und Yarmuk-Wassers führt immer wieder zu Spannungen zwischen den beiden Staaten (▶ Baedeker-Special S. 38). Nach rund 340 km windungsreichem Verlauf (Luftlinie 170 km) mündet der Jordan schließlich ins Tote Meer. Übrigens: So berühmt und wichtig dieser Fluss auch sein mag, ist sein Tal doch höchstens einen Kilometer breit und er selbst erscheint manchmal als recht dürftiges Flüsslein.

Jordan und Nebenflüsse

Den mittleren und zugleich den tiefsten Teil des Jordangrabens füllt das ▶ Tote Meer (Al Bahr al Mayyit), das eine Fläche von rund 1000 km² bedeckt. Es ist 78 km lang, maximal 18 km breit und wird

Totes Meer

von der Landzunge Lisan im Südosten in zwei Becken geteilt. Wer sich hier aufhält, befindet sich am tiefsten Punkt der frei zugänglichen Erdoberfläche, denn der Wasserspiegel liegt 416 m unter Meereshöhe, Tendenz der fortschreitenden Austrocknung wegen immer weiter sinkend. Seine tiefste Stelle liegt 829 m unter NN.

Berühmt ist das Tote Meer vor allem wegen seines extrem hohen Salzgehalts von rund 30 % – fast zehnmal höher als der Salzgehalt der großen Weltmeere. Er entsteht, weil das Gewässer keinen Abfluss hat und die Verdunstung sehr stark ist. Auf dem Grund des Meeres lagern sich Salz, Schlamm und Silt ab, eine Schicht, die mittlerweile über 20 m dick ist. Wirtschaftlich interessant ist hier die Gewinnung von Kali- und Bromsalz, daher am Südende des Gewässers die gigantischen Industriekomplexe. An den Ufern entspringen heiße, schwefelhaltige Quellen – eine Begleiterscheinung der Kontinentalplattendrift, die in dieser Gegend durchschnittlich alle 30 Jahre für ein schwereres Erdbeben sorgt.

Klima

Mittelmeerklima Das Klima in Jordanien ist sehr unterschiedlich: Im Süden und Osten herrscht Wüstenklima vor, im Westen hingegen Mittelmeerklima, das gekennzeichnet ist durch trockene und heiße Sommer (Mai bis Oktober), während die Winter (November bis April) zumeist mild und vergleichsweise feucht sind. Ein langes Frühjahr und einen ausgedehnten Herbst wie in Europa kennt man in Jordanien nicht. Im Hochsommer liegen die Temperaturen in Aqaba zwischen 35 und 40 °C. An den heißen Sommer schließt sich fast übergangslos eine Regenzeit an, die vor allem im westjordanischen Bergland bis Amman spürbar ist, aber auch im Bergland von Petra nicht selten zu heftigen Niederschlägen führt. Im Januar und Februar kann es in Amman, Ajlun und Petra durchaus schneien. Bei Reisen in den Wintermonaten muss man also damit rechnen, dass Petra nicht angefah-

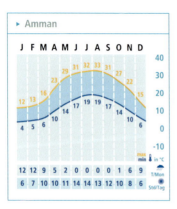

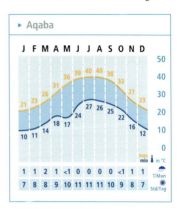

ren werden kann. Im gesamten Hochland sinken im Winter nachts die Temperaturen teils unter den Gefrierpunkt und bis in den April hinein kann es noch empfindlich kalt werden!

Auch in der Wüste ist warme Kleidung nicht überflüssig, denn nachts sinkt die Temperatur rapide ab. Im Sommer sind die Temperaturunterschiede zwischen Tag und Nacht besonders groß. **Wüste**

Eine besondere Klimazone repräsentiert das Tote Meer. Wegen der hohen Salzkonzentration und der tiefen Lage ist das Wärmespeichervermögen dieses Gewässers ungewöhnlich hoch. Jahreszeitliche Temperaturschwankungen sind hier gering, Schnee und Kälte unbekannt. Aufgrund der tiefen Lage ist die Konzentration von Sauerstoff und Kohlendioxid hier um 6 % höher als auf Meereshöhe, genau der umgekehrte Effekt wie im Hochgebirge. Auch die Sonneneinstrahlung ist hier weniger hoch, doch Sonnenschutzmittel sollte man trotzdem benutzen. **Sonderfall Totes Meer**

Die jährlichen Niederschläge in Jordanien nehmen von West nach Ost und von Nord nach Süd kontinuierlich ab. In den westlichen Bergländern werden bis zu 800 mm erreicht, mehr als 250 mm im mittleren Bergland und in der Wüste sind es etwa zehn Millimeter.
In Jordanien weht meist Westwind. Beim »Khamsin« handelt es sich um einen heißen Wüstenwind, der besonders am Anfang und Ende des Sommers aus Süden bläst und oft so große Mengen Sand aufwirbelt, dass Talkessel wie der von Petra in fast undurchsichtigen Dunst gehüllt werden. Der »Schamal« weht ebenfalls im Sommer, dauert bis zu einer Woche, ist aber polaren Ursprungs aus dem Norden. Auf seinem Weg über Europa und Asien erwärmt er sich stark und bringt Jordanien extreme Trockenheit. **Regen und Wind**

Pflanzen und Tiere

Im Reich der Schwarzen Iris

Der größte Teil Jordaniens ist zwar Wüste, dennoch besitzt das Land eine Flora, die von der Anzahl der Pflanzenarten her deutschen Verhältnissen entspricht. Wie ein grünes Band wirkt das subtropische Jordantal. Besonders artenreich sind die Gebirge im Norden, karg hingegen das gesamte Wüstenplateau im Osten.
Es gibt in Jordanien viele Pflanzen, die ungeachtet der klimatischen Unterschiede beinahe überall verbreitet sind, so diverse Anemonenarten – beispielsweise die Kronenanemone –, Persische Alpenveilchen, Goldsterne oder die blauen Ochsenzungen, die sogar an Straßenrändern wachsen. Rund 2000 Arten wilder Blumen, darunter **Große Artenvielfalt**

Mohnblumen, Sonnenröschen, Skabiosen oder die dunkelblauen Traubenhyazinthen, verwandeln in den Frühlingsmonaten die Wüsten- und Steppengebiete in blühende Teppiche. Im Wadi al-Mujib und in der Umgebung von Madaba ist die Nationalblume Jordaniens, die **Schwarze Iris**, an vielen Stellen zu entdecken. Diese Schwertlilie kommt in Europa nur auf ein paar Mittelmeerinseln vor.

Wälder Die ursprünglich großen Wälder des Landes wurden in den vergangenen Jahrhunderten – vor allem in spätosmanischer Zeit und für den Bau der Hedschasbahn – systematisch abgeholzt. Heute sind nur noch 0,7 % des Landes mit Wald bedeckt. Verstärkte Aufforstungen sind vorgesehen, um der Bodenerosion entgegenzuwirken und die Quellen zu schützen. Die forstwirtschaftlich nutzbaren Waldbestände bestehen vorwiegend aus Eichen, Pinien, Zypressen, Akazien und Eukalyptus. Am weitesten verbreitet ist die Aleppo-Kiefer, die vor allem auf kalkhaltigem Boden in Höhen über 700 m im Ajlun-Gebirge anzutreffen ist.

WUSSTEN SIE SCHON …?

- Der spektakulärste Baum im Gebiet um Aqaba, also im Süden Jordaniens, ist der tropische Feuer- oder Flammenbaum, der im Mai und Juni mit seinen scharlachroten Blütenbüscheln schon von weitem alle Blicke auf sich zieht. Er stammt aus Madagaskar und liebt warme Gefilde.

Von Kamel und Karakal

Säugetiere Einst streiften noch Bären, Geparde und Löwen durch die jordanischen Berge und Wüsten, doch diese sind mittlerweile durch die Jagd ausgerottet. Der Karakal, eine mittelgroße nachtaktive Raubkatze, die wegen ihrer Ähnlichkeit mit dem Luchs auch Wüstenluchs genannt wird, kommt noch in abgeschiedenen Steppen und Naturreservaten wie Ajlun und Mujib vor. In den Wüstengebieten leben Schakale, Füchse, gestreifte Hyänen, und im Wadi Rum ist der Wolf wieder heimisch. Häufig anzutreffen sind auch Wüstenmäuse und -ratten, Marder, Dachse und Hasen. Auch die Steinböcke und Gazellen sind stark dezimiert und in entlegene Gebiete bzw. Naturreservate zurückgedrängt worden. Schafe, Ziegen und Esel werden auf dem Land als Nutztiere gehalten. Traditionelles Nutztier der Beduinen ist das Kamel. Auch die verhältnismäßig zierlichen, aber dennoch strapazierfähigen und ausdauernden Araberpferde wurden und werden von den Wüstenbewohnern gehalten. Reinrassige Araberpferde, die überdies für ihre Eleganz und ihr Temperament berühmt sind, werden im Königlich-Jordanischen Gestüt bei Amman gezüchtet.

Vögel und Reptilien Von den mehr als 300 Vogelarten, die in Jordanien gezählt wurden, sind die meisten nur auf der »Durchreise« im Frühjahr und Herbst im Land. Im Jordantal und am Rande des Toten Meeres haben einige Vogelarten ihren Lebensraum, so z. B. der Moabsperling; Sperber und Falken sind in ganz Jordanien heimisch. Sinai-Finken, Wüsten-

Pflanzen und Tiere

lerchen und Rotschwänzchen begegnet man im Wadi Rum, saphirblaue Eisvögel gibt es noch im Hammamat Main. Der Strauß wurde durch Jagd beinahe ausgerottet; schwer dezimiert in ihrem Bestand sind Adler und Geier.
Hervorragende Möglichkeiten zur Vogelbeobachtung bietet das Azraq-Naturreservat (▶ S. 168, 170), ein Feuchtgebiet östlich von Amman.
In den Wüsten leben verschiedene Nagetiere, Eidechsen und Schlangen. In den Bergen um Petra findet man noch die eindrucksvolle blaue Sinai-Eidechse.

Attraktive Großkatze: der Karakal

Unterwasserparadies

Bei Aqaba hat Jordanien Zugang zum Roten Meer, dessen umstrittene Namensherkunft unter anderem auf die Alge Trichodesmium erythraeum zurückgeführt wird, die, wenn sie massenweise auftritt, das Wasser rötlich färbt. Wegen der artenreichen Korallenriffe und der Vielfalt an tropischen Fischen ist der 17 km lange Küstenstreifen im Golf von Aqaba als Unterwasserparadies bekannt. Zu den besonders interessanten Korallenarten gehören die Orgelkoralle, Fungia und Montipora, sowie die Archelia, eine schwarze, mehrstrahlige Koralle, die in großen Tiefen lebt. Durch die Riffe schießen Tölpelfische, an den Steilkämmen der Korallenriffe leben die Picasso-Drückerfische, Papageien- und Röhrenfische. Interessant, aber ungefährlich ist der Plankton fressende **Walhai, der größte Fisch der Welt**. Für die Taucher zugänglich sind vor allem die Uferpartien, die sanft abfallen und in einer Tiefe von etwa 40 m in Wälder von Seegräsern übergehen. Südlich des Hafenbeckens von Aqaba ist die Küste steiler und sie fällt tiefer ab. Alles, was sich unter Wasser befindet, steht übrigens unter Naturschutz!

Naturschutzgebiete

Eine Reihe von Tier- und Pflanzenarten ist nur deshalb noch in Jordanien anzutreffen, weil Naturschutzreservate geschaffen wurden. Die Initiativen zum Erhalt der Natur in Jordanien werden vor allem durch die Royal Society for the Conservation of Nature (RSCN) vorangetrieben, die mittlerweile ein Netz von Institutionen und Forschungseinrichtungen gebildet und in ganz Jordanien Reservate ins Leben gerufen hat, u. a. in Azraq und Shaumari (beide bei ▶Azraq), ▶Ajlun, ▶Dana, Wadi Mujib (▶Totes Meer), ▶Wadi Rum und die Unterwasserwelt von ▶Aqaba. Weitere Reservate sind in Planung. Das Beispiel der Oase Azraq belegt besonders drastisch, dass diese Schutzgebiete wegen der ständigen Wasserknappheit immer wieder in Gefahr schweben.

Bevölkerung · Politik · Wirtschaft

Zusammensetzung 94 % der jordanischen Bevölkerung sind **Araber**, hinzu kommen **Kurden**, **Armenier** und **Tscherkessen**. Während Kurden und Armenier auf Grund der Verfolgung in ihrer Heimat ins heutige Jordanien gelangt sind, sind die Tscherkessen die Nachkommen von ca. 300 000 Siedlern, die 1878 aus dem Kaukasus einwanderten.

Konzentration in Amman Rund 90 % der 5,9 Millionen Einwohner leben im Westen und Nordwesten des Landes, wo mit Hilfe von Bewässerung Landwirtschaft betrieben werden kann. Am dünnsten besiedelt sind der Osten und der Südosten: Die Provinz Maan weist mit rund 4 Einw. / km² die geringste Bevölkerungsdichte auf. Eine enorme Sogwirkung übt die Landeshauptstadt Amman aus, die in den 1980er-Jahren bereits mit einer Zuwanderungsrate von 45 % fertig werden musste. Heute leben in der verhältnismäßig kleinen Verwaltungsprovinz von Amman 2,5 Mio. Menschen; die Bevölkerungsdichte liegt hier bei rund 150 Einw. / km².

Bevölkerungswachstum 1948 hatte das Land rund 400 000 Einwohner. Doch innerhalb von nur 60 Jahren erhöhte sich die Bevölkerungszahl fast auf das Vierzehnfache auf 5,9 Millionen. Eine besondere Bedeutung kommt dabei den palästinensischen Flüchtlingen zu. Allein 1948 wanderten ca. 450 000 Menschen aus dem neu gegründeten Staat Israel ins damalige Transjordanien und in die Westbank aus. Der Strom riss in der Folgezeit nie ab, sodass heute der Bevölkerungsanteil der Palästinenser auf 40 – 60 % geschätzt wird. Mit dem Golfkrieg 1991 wurde Jordanien zudem Zufluchtsort für rund eine Viertelmillion palästinensischer Arbeitskräfte, die Kuwait verlassen mussten. Nicht zuletzt hat auch die Geburtenrate, die lange weltweit zu den höchsten gehörte, zum starken Bevölkerungswachstum beigetragen. Heute liegt sie mit 21 pro 1000 Einwohnern im Vergleich zu vielen anderen arabischen Staaten relativ niedrig.

? WUSSTEN SIE SCHON …?

- … dass traditionell ausschließlich Beduinen Dienst bei der Wüstenpolizei tun dürfen? Sie kontrollieren mit ihren Kamelen und modernen Geländefahrzeugen fast alle Grenzen zu den arabischen Nachbarn, bekämpfen den Schmuggel und schlichtet Streitigkeiten zwischen den Nomadenstämmen – eine im Nahen Osten einzigartige Einrichtung.

Als Jordanien 1946 unabhängig wurde, stellten die **Beduinen** die Mehrheit der rund 400 000 Bewohner des Landes. Heute ist ihr Anteil an der Gesamtbevölkerung auf weniger als 5 % zurückgegangen. Die Lebensweise der Beduinen hat sich in den letzten Jahrzehnten ebenfalls grundlegend verändert: Viele leben heute nicht mehr als Nomaden, sondern als Halbsesshafte: Den Winter verbringen sie mit ihren Herden, die meist aus Ziegen und Schafen sowie ein paar wenigen Kamelen bestehen, in den Wüs-

Beduinenfamilie im Wadi Rum

ten und Steppen des Ostens und Südens. Im Sommer beziehen sie feste Siedlungen auf dem Hochplateau, wo sie Viehzucht und Ackerbau betreiben. Seit Jahren organisiert die Regierung Ansiedlungsprogramme für die Beduinen.

Beduinen, die noch als Nomaden umherziehen, wohnen in lang gestreckten, schwarzen Zelten. Gefertigt werden diese aus dunklem **Ziegenhaar** – deshalb nennen die Beduinen ihre Zelte auch Beit esh-Shaar, »Haus aus Haaren«. Jedoch können sich nur die wohlhabenden Beduinen ein Zelt leisten, das ganz aus Ziegenhaar gefertigt ist, wenig begüterte verwenden für Teile des Zeltes auch Plastikplanen. Die zusammengenähten Stoffbahnen werden von bis zu vier Stangen gehalten und mit mehr als 20 m langen Seilen im Boden verankert. Die Zelte öffnen sich meist nach Süden, nach Mekka. Um den Mittelpunkt des Zeltes, die Feuerstelle, gruppieren sich Sitzgelegenheiten für Zusammenkünfte und für den Plausch mit Gästen. Die für Besucher nicht zugänglichen Räume sind durch einen Vorhang abgeteilt.

◄ »Haus aus Haaren«

Natürlich hat auch in das Nomadenleben längst die Moderne Einzug gehalten. Davon kündet nicht nur der Pick-up-Lastwagen, der immer häufiger das Kamel ersetzt, sondern auch die Propangasflamme, die für gleichmäßige Hitze beim Essenkochen sorgt, oder die Plastikkanister, mit denen Wasser oft über weite Entfernungen mit dem Auto transportiert wird. Bei Streitigkeiten gelten immer noch die alten

◄ Pick-up statt Kamel

Zahlen und Fakten Jordanien

Lage
- im Nordwesten der arabischen Halbinsel zwischen 29° und 33° nördlicher Breite und 35° und 39° östlicher Länge
- Nachbarstaaten: Syrien, Irak, Saudi-Arabien, Westjordanland, Israel

Geographie
- Fläche: 92 300 km² (Deutschland: 357 000 km²)
- kultiviertes Land: rund 530 000 ha, davon rund 70 000 ha bewässert
- größte Ausdehnung: Nord-Süd ca. 400 km, Ost-West: 150 – 380 km
- Küstenlänge: 26 km (!)
- höchster Berg: Jabal Ramm (1754 m)
- längster Fluss: Jordan (320 km)
- tiefster Punkt: Totes Meer (416 m unter NN)
- landwirtschaftliche Fläche: 5 %
- Weidefläche: 9 %

Bevölkerung
- 5,7 Millionen Einwohner (2 Mio. im Großraum Amman)
- Bevölkerungsdichte: 64,5 Einw./km²
- Bevölkerungswachstum: 2,2 %
- Geburtenrate: 29 pro 1000 Einwohner
- Lebenserwartung: Frauen 74 Jahre, Männer 71 Jahre
- 94 % arabische Bevölkerung (davon ca. 4 % Beduinen), je 2 % Tscherkessen, Kurden und Armenier
- ca. 50 % der Bevölkerung palästinensischer Herkunft
- größte Städte: Amman (Hauptstadt), Zarqa, Irbid

Staatsform
- Konstitutionelle Monarchie seit 1952, König: seit 1999 Abdullah II.

Religion
- sunnitische Moslems: 95 %
- Christen: 2,5 % (griechisch-orthodox, aramäisch)
- sonstige: Drusen

Wirtschaft
- Bruttoinlandsprodukt (2007): 12,6 Mrd. €; pro Kopf: 2010 € (Deutschland: 27 000 €)
- Wachstum (2007): 6,0 %
- Wirtschaftssektoren (Anteil am BIP):
  - Dienstleistungen 69,5 %
  - Industrie 27,6 %
  - Landwirtschaft 2,9 %
- Arbeitslosenquote (2007): 13 % (offiziell; inofiziell: 30 % geschätzt)
- Landwirtschaftliche Produkte: Oliven, Zitronen, Mandeln, Feigen, Aprikosen, Tabak, Wein
- Viehzucht: Ziegen, Schafe, Kamele
- Industrie: Bergbau, Pharma, Nahrungsmittel, Verbrauchsgüter

Staatswappen

Staatsflagge

Stammes- und Gewohnheitsrechte. Legende geworden sind dagegen die bis ins 20. Jh. üblichen Überfälle und Raubzüge der Stämme untereinander und gegen Fremde.

Etwa die Hälfte der jordanischen Bevölkerung bezeichnet sich als (arabische) Palästinenser. Verlässliche statistische Angaben über ihren Anteil an der Gesamtbevölkerung sind nicht erhältlich und das ist kein Zufall: Offiziellen jordanischen Stellen ist daran gelegen, den Anteil der Palästinenser so gering wie möglich erscheinen zu lassen; sie geben ihn generell mit unter 50 % an. Tatsächlich ist die Unterscheidung zwischen Jordaniern und Palästinensern schwierig. Beide sprechen den gleichen Dialekt, haben die gleichen Bräuche und Traditionen; ethnisch lassen sich keine Differenzierungen feststellen. Die Identität der Palästinenser als eigenes Volk hat sich erst in der Abgrenzung von Israel und den Staaten der Region herausgebildet. Deshalb bezeichnen sich diejenigen Palästinenser, die vor 1948 nach Transjordanien gekommen und jordanische Staatsbürger geworden waren, ebenso wie ihre Nachfahren heute als Jordanier. Der größte Teil derjenigen, die sich nach wie vor als Palästinenser betrachten, kam erst im Laufe der kriegerischen Auseinandersetzungen zwischen Israel und seinen arabischen Nachbarstaaten als Flüchtlinge ins Land. Bis 1967 machten die Palästinenser rund 75 % der Bevölkerung des haschemitischen Königreiches aus. Dieses war somit demografisch, wenn auch nicht politisch, ein palästinensischer Staat.

◂ **Palästinenser**

Fast 1,5 Millionen palästinensische Flüchtlinge sind bei der UNRWA (United Nations Relief and Works Agency for Palestine Refugees in the Near East) registriert. Etwa ein Drittel aller Palästinenser Jordaniens lebt bis heute in Flüchtlingslagern, die zum größten Teil von der UNRWA verwaltet werden. In Baqaa, einem der größten Flüchtlingslager Jordaniens am nördlichen Stadtrand von Amman, wohnen ca. 150 000 Menschen auf engstem Raum und weit unter dem normalen Lebensstandard. Ein großer Teil der Bewohner ist arbeitslos; die Geburtenrate ist hoch. Das Lager ist trostlos, aber im Vergleich zu den Lagern im Gazastreifen immer noch vorbildlich: Hier sind die Straßen in der Regel geteert; es gibt fließend Wasser und Strom. Belastend ist vor allem die psychologische Situation: Die Flüchtlinge, und mittlerweile ihre Kinder und Kindeskinder, warten hier zum großen Teil seit Jahrzehnten auf eine Rückkehrmöglichkeit in die Heimat. Nur wenigen ist es gelungen, sich im Gastland eine neue Existenz aufzubauen; die meisten verharren in Abhängigkeit vom jordanischen Staat und der UN-Flüchtlingsorganisation.

◂ Flüchtling ...

Für einen Großteil der Palästinenser im Land sieht die Lage jedoch anders aus. Für sie ist Jordanien eine zweite Heimat geworden. Sie haben einen bedeutenden Beitrag zum Aufbau des modernen Staates geleistet, v. a. im Bildungssektor, in der Medizin und in der Wirtschaft. Als überdurchschnittlich erfolgreich gelten sie im Handel sowie im Bankgewerbe, viele führende Köpfe in der Politik sind palästinensischen Ursprungs. Die Repräsentanz der Palästinenser in Regie-

◂ ... oder integriert

rung, Verwaltung und Armee liegt allerdings weit unter ihrem Anteil an der Bevölkerung. Denn obgleich sie die vollen Bürgerrechte besitzen, achtet die Regierung darauf, die Schlüsselpositionen in Armee und Verwaltung mit Jordaniern zu besetzen. Deren starke Präsenz in Militär und Regierung ist der Fels, auf dem die Monarchie ruht.

Enorme Spannungen ▶ Trotz ihrer wirtschaftlichen Erfolge und ihres Beitrags zum Aufbau und zur Modernisierung Jordaniens fühlen sich die Palästinenser als Bürger zweiter Klasse. Sie würden – so ihre eigene Einschätzung – zwar geduldet, aber nicht geliebt und ständig von einem misstrauischen Regime kontrolliert und gegängelt, das sich vor ihrer Überzahl und ihren politischen Organisationen fürchtete. Tatsächlich werden vor allem die Bewohner der Flüchtlingslager stets überwacht, werden immer wieder Oppositionelle verhaftet und verhört. Dieses Kontrollbedürfnis seitens der Regierung erklärt sich einerseits aus der Opposition der meisten Palästinenser zum israelfreundlichen Regierungskurs und andererseits aus der langen Geschichte von Auseinandersetzungen zwischen Palästinensern und jordanischem Königshaus um die Herrschaft westlich und östlich des Jordans. Diese gipfelten 1970 im **»Schwarzen September«** im bewaffneten Konflikt zwischen der PLO und königstreuen Truppen (▶ S. 52).

Die Lage beruhigt sich ▶ Heute zählen jedoch längst nicht mehr alle Palästinenser zur Opposition. Zumindest die palästinensische Mittelklasse, die die städtische Gesellschaft Jordaniens prägt, erkennt die Legitimität des Regimes an. So wollen auch viele Palästinenser nicht mehr aufgeben, was sie sich in Jordanien aufgebaut haben – zumindest solange noch nicht, wie dies einen Tausch gegen eine wirtschaftlich und politisch unsichere Zukunft bedeuten würde.

Perspektiven ▶ Dennoch wird die Zukunft des palästinensischen Gemeinwesens einen bedeutenden Einfluss auf das Königreich haben. Immer noch ist ein Zusammenschluss von Jordanien mit palästinensischem Gebiet, die sog. »jordanische Option«, in der Diskussion. Die meisten Palästinenser wollen darüber aber erst nach dem Erreichen ihrer eigenen Unabhängigkeit abstimmen und würden eine Konföderation zweier unabhängiger Staaten bevorzugen. Letztlich scheint diese Option auch für das Königshaus die angenehmere Variante, da die haschemitische Dynastie in einem vereinigten Staat allein aufgrund der demografischen Basis weiter an Legitimation verlieren würde.

Frauen in Jordanien

Nicht gleichberechtigt ▶ Die Stellung und Lebenssituation der jordanischen Frau ist von unterschiedlichen Kriterien geprägt und sollte nicht verallgemeinert werden. Zwar behandelt die Verfassung die Frau als gleichberechtigte Staatsbürgerin mit Zugang zu einem Arbeitsplatz, zum öffentlichen Leben und zu hohen Ämtern, doch die Realität sieht für viele Frauen anders aus. Denn vor allem im ländlichen Bereich ist die weibliche Rolle von traditionellen Vorstellungen geprägt, die kulturelle, historische, familiäre und/oder religiöse Hintergründe haben. Auch Teile

Lernen ist für viele ein Privileg: jordanische Schulkinder in Schuluniform.

des jordanischen Personenstandsrechts benachteiligen die Frau klar. So braucht sie, will sie einen Reisepass beantragen und das Land verlassen, das Einverständnis eines männlichen Vormundes (Ehemann, Vater, ältester Bruder). Eine geschiedene Frau verliert bei einer erneuten Heirat das Sorgerecht für ihre Kinder.

Positiv ist, dass sich die Situation der Frau im Hinblick auf Bildung enorm verbessert hat. Heute sind ca. 50 % der Studenten weiblich. Das in den letzten Jahren stark gesunkene Analphabetentum von ca. 9 % weist keine so gravierenden Unterschiede zwischen den Geschlechtern mehr auf wie noch vor wenigen Jahren. Seit 1973 dürfen Frauen wählen. Die erste weibliche Abgeordnete zog 1993 ins Parlament ein – die Frauenrechtlerin und populäre TV-Moderatorin Tujan Faisal. Seit 2003 sind sechs der 110 Sitze im Paralment für Frauen reserviert.

Verbesserte Bildungschancen

In Jordanien gibt es viele NGOs (»non-governmental organisations«, die unabhängig von der Regierung arbeiten). Sie versuchen, die Situation der Frauen zu verbessern: durch Bildungsangebote in ländlichen Gebieten, durch die Vergabe von Kleinkrediten für den Aufbau eines eigenen Kleinstunternehmens, durch Vorträge zu frauenrelevanten Themen und zu praktischer Unterstützung im Bereich Familienplanung (z.B. die kostenlose oder sehr preisgünstige Vergabe von Verhütungsmitteln). Die jordanische Frauenbewegung kämpft darüber hinaus für eine Veränderung des Personenstandsrechts, die Abschaffung der Polygamie und den Schutz vor häuslicher Gewalt.

Frauenprojekte

Ein gravierendes, lange völlig tabuisiertes und erst in den letzten Jahren noch zögerlich öffentlich diskutiertes Problem ist der so genann-

Tabuthema »Ehrenmord«

te »Ehrenmord« (ein sehr altes, vorislamisches und auch heute nicht ausschließlich islamisches Phänomen). Dem fallen in Jordanien ca. 30 Mädchen und Frauen jährlich zum Opfer, schätzt die engagierte jordanische Journalistin und Gerichtsreporterin Rana Husseini. Sie bemüht sich, diese Verbrechen aufzuklären und mit Berichten die Öffentlichkeit aufzurütteln. Bei diesem Mord ist der Täter davon überzeugt, dass nur durch die Tötung der Frau, die sich den traditionellen Regeln tatsächlich oder vermeintlich widersetzt hat, die Ehre der Familie, des Täters oder auch die Ehre der Getöteten wiederhergestellt werden kann. Der kriminelle Charakter seiner Handlung ist dem Täter also kaum bewusst. Das jordanische Rechtssystem leistet dem Vorschub, indem es »Ehrenmorde« als geringfügig einstuft: Das Strafgesetzbuch (Artikel 340) erlaubt es, dass die Täter eine erhebliche Strafminderung oder gar Straffreiheit erhalten, da dem Opfer doch »unrechtes und gefährliches Handeln« vorgeworfen wird. Zahlreiche Initiativen, aber auch Königin Ranja (▶ Berühmte Persönlichkeiten) setzen sich für eine Abschaffung des Artikels 340 ein. Doch schon drei Mal wurde ein entsprechender Gesetzentwurf vom Parlament abgelehnt. Trotz des gewachsenen öffentlichen Bewusstseins und der stärker werdenden Diskussion um dieses Thema bleibt es noch eine große Herausforderung, auch traditionsbewusste Mitglieder der Gesellschaft und Politik zu einem Umdenken zu bewegen.

Bildung

Hohes Niveau Das Bildungsniveau ist gemessen an dem der arabischen Nachbarstaaten sehr hoch. Die Analphabetenrate sank seit 1961 von rund 67 % auf niedrige 7,8 %. Da hauptsächlich Beduinen vom Analphabetentum betroffen sind, plant die Regierung, in den ländlichen Gebieten künftig verstärkt Grundschulen einzurichten. Schulpflicht besteht vom 6. bis zum 15. Lebensjahr. Ab der fünften Klasse wird nach Geschlechtern getrennt unterrichtet. Neben den staatlichen Bildungseinrichtungen existieren in Jordanien viele Privatschulen.

Universitäten Jordanien besitzt mehr als 20 Universitäten, darunter zahlreiche private. Unter den staatlichen Hochschulen sind v.a. die König Hussein Nationaluniversität in Amman und die Yarmuk-Universität in Irbid bekannt. Der Anteil der Universitätsstudenten an der jordanischen Gesamtbevölkerung ist mit 2,5 % höher als beispielsweise in England. Etwa die Hälfte der Studierenden sind Frauen.
Der rege deutsch-jordanische Kultur- und Wissenschaftsaustausch schlägt sich seit 2005 auch in der Deutsch-Jordanischen Fachhochschule Amman nieder. In dieser staatlichen Hochschule werden Ingenieure und Betriebswirte ausgebildet nach Lehrplänen deutscher Fachhochschulen.

Traditionen, wie die Farben und Webmuster der Kameldecken, sind fester Bestandteil von Jordaniens Gesellschaft. →

Staat

Grenzen Die Grenzen des Landes wurden nach dem Ersten Weltkrieg auf dem Reißbrett festgelegt und verlaufen wie mit dem Lineal gezogen durch kaum besiedelte, unfruchtbare Wüstengebiete. Die älteste Grenze entstand 1925 zum Nachbarstaat Saudi-Arabien. Sie wurde 1965 korrigiert, wodurch Jordanien eine um 25 km verlängerte Küstenzone am Roten Meer erhielt. Die Grenze zu Israel war von 1949 bis zum Friedensvertrag 1994 eine Waffenstillstandslinie. Nach dem Verlust des Westjordanlandes im Sechs-Tage-Krieg von 1967 wurde der Jordan die Grenzlinie zu Israel.

Die Macht hat der König Das Haschemitische Königreich Jordanien (arabisch: Al-Mamlaka al-Urdunnijja al-Haschimijja) ist eine konstitutionelle Erbmonarchie. Staatsoberhaupt ist der König (seit 1999 Abdullah II.), der mit weitreichenden legislativen und exekutiven Befugnissen ausgestattet ist. So ernennt und entlässt er den Ministerpräsidenten und die Minister; hat ein Vetorecht gegen Entscheidungen des Parlaments und kann dieses auflösen. De facto bestimmt also er die Politik des Landes; das Parlament hat dabei eine eher beratende Funktion.

Das jordanische Herrscherhaus entstammt dem Stamm der Banu Hashim, der sich auf den Urgroßvater Mohammeds zurückführt. Die **Haschemiten** sind seit dem 10. Jh. als Sherifen (Ehrentitel der nachkommen des Propheten) von Mekka und Medina belegt

Parlament Die Legislative liegt gemäß Verfassung beim Parlament, das aus zwei Kammern besteht, dem Oberhaus, dessen 55 Mitglieder vom König für vier Jahre ernannt werden, und dem Abgeordnetenhaus, dessen 110 Mitglieder alle vier Jahre vom Volk gewählt werden. Seit 1973 sind auch Frauen wahlberechtigt.

Ein Novum sind die sechs für Frauen reservierten Plätze. Quotensitze gibt es außerdem für Christen, Beduinen, Tscherkessen und Tschetschenen.

Königstreue in der Überzahl Allerdings werden die wichtigen politischen Entscheidungen von der Staatsführung ohne Beteiligung der gewählten Volksvertreter getroffen. Zudem garantiert die Einteilung der Wahlkreise die Übermacht der Königstreuen im Parlament. So vertritt ein Abgeordneter aus dem konservativen Süden des Landes ca. 10 000 Wahlberechtigte, während im von Palästinensern dominierten Amman bis zu 45 000 Wahlberechtigte auf einen Sitz kommen. Auf diese Weise wird auch das zuletzt im November 2007 für vier Jahre gewählte Parlament von den loyalen Stammeschefs dominiert.

Verwaltungseinteilung Jordanien ist in zwölf Regierungsbezirke (Provinzen) unterteilt: Amman, Belqa, Zarqa, Madaba, Irbid, Mafraq, Jerash, Ajlun, Kerak, Tafila, Maan und Aqaba. An der Spitze dieser Verwaltungsbezirke steht jeweils ein vom König ernannter Gouverneur.

Religion

Die Verfassung bekennt sich zum Islam als Staatsreligion, sichert aber gleichzeitig den Bürgern Religionsfreiheit zu. Etwa 95 % der Bevölkerung sind Muslime, der Rest entfällt auf verschiedene religiöse Minderheiten. Rund 97 % der jordanischen Muslime sind Sunniten, 3 % Schiiten.

Islam als Staatsreligion

Der Islam, die jüngste monotheistische Religion, kennt zwei große Richtungen, die der Sunniten und die der Schiiten.

Die **Sunniten** stützen sich in ihrer Glaubenslehre neben dem Koran auf die Sunna (deutsch: Gewohnheiten), das heißt auf die überlieferten Erfahrungen und Aussagen Mohammeds. Im Gegensatz zu den Schiiten erkennen sie auch die gewählten Nachfolger des Propheten, die nicht leiblich von ihm abstammen, als rechtmäßige Leiter der Gemeinde an.

> **? WUSSTEN SIE SCHON …?**
>
> ■ … dass Jesus (»Isa«) bei den Muslimen große Verehrung genießt? Seine Friedensliebe, für manche auch seine Wundertaten, für die islamischen Mystiker sein bescheidenes und asketisches Leben – diese Eigenschaften zeichnen ihn als Propheten aus, nicht jedoch als Gottessohn. Auch die Trinität und die Vorstellung von Jesu Kreuzestod werden vom Islam abgelehnt.

Die Schiiten sind die religiösen Nachfolger des 4. Kalifen Ali, eines Vetters und Schwiegersohns Mohammeds. Die Abspaltung der Schiiten war eine Folge des Streits über die Frage, wer die rechtmäßigen Nachfolger Mohammeds bei der Leitung der Gemeinde seien. Ali vertrat die Auffassung, dass nur leibliche Verwandte des Propheten dessen Nachfolge antreten könnten, und er betrachtete sich selbst als den ersten rechtmäßigen Nachfolger Mohammeds. Die von Ali direkt abstammenden Führer, die sog. Imame, werden von den Schiiten, die die Sunna als Glaubensgrundlage ablehnen, als Heilige verehrt.

Schiiten

Das islamische Jahr folgt dem Mondkalender, dessen Jahr nur 354 Tage zählt. Die Zählung beginnt mit dem Jahr 622 christlicher Zeit, dem Jahr der Übersiedlung des Propheten Mohammed von Mekka nach Medina (Hedschra). 2010 ist das Jahr 1431 nach islamischer Zeitrechnung. Im Wirtschaftsleben ist jedoch zunehmend die westliche Zeitrechnung maßgeblich.

Islamische Zeitrechnung

Der Koran, die heilige Schrift des Islam, enthält in seinen 114 Suren oder Abschnitten die Offenbarungen Allahs an seinen Propheten Mohammed. Er enthält die grundlegenden Glaubenslehren, die Gesetze für das Leben in der Gesellschaft sowie die ethischen Lehren des Islam, aber auch Berichte über frühere Propheten, die Schöpfungsgeschichte und das Jenseits. Ergänzt wird der Koran durch die Sunna, eine Sammlung der Taten und Aussagen des Propheten Mo-

Koran

hammed. Als dritte, gleichwohl schwächste Glaubensgrundlage gelten die sog. Hadithe, d. h. die Überlieferungen über die Lehren und das Handeln des Propheten.

Die fünf Säulen des Islam Aus dem Koran und der Sunna leiten sich die fünf Säulen des Islam, d. h. die wichtigsten Glaubensvorschriften und Pflichten eines Muslims, ab: Glaubensbekenntnis (Schahada), Gebet (Salat), Almosengabe (Sakat), Fasten (Saum) und Pilgerreise nach Mekka (Hadsch).

Das **Glaubensbekenntnis** wird von den Gläubigen fünfmal täglich wiederholt. Es ist auch Bestandteil des **Gebetsrufes**, den der Muezzin vom Minarett verkündet. Das Pflichtgebet verrichtet der Gläubige ebenfalls fünfmal täglich in arabischer Sprache in der Moschee oder auf einem Gebetsteppich, wobei der Betende sich gen Mekka verneigt. Das drittwichtigste Gebot des Islam ist die **Almosengabe**. Lange Zeit war sie die einzige Steuer der Muslime.

Vierte Pflicht ist das etwas mehr als einmonatige **Fasten** im neunten Monat des islamischen Kalenders (Ramadan). Das Fasten bezieht sich auf alle menschlichen Genüsse, nicht nur auf das Essen und Trinken, es dauert allerdings nur vom Morgengrauen bis zum Sonnenuntergang. Kinder, alte und kranke Menschen, Schwangere und stillende Mütter sowie Reisende und Schwerarbeiter sind von der Vorschrift befreit.

Auf die schon vorislamische, altarabische Verehrung eines großen schwarzen **Meteoriten** geht das Gebot der **Pilgerfahrt nach Mekka**, der Hadsch, zurück. Der Stein befindet sich im Innenhof der Großen Moschee von Mekka im heiligen Schrein, der **Kaaba**. Die Hadsch sollte jeder erwachsene Moslem mindestens einmal in seinem Leben möglichst im 12. Monat des islamischen Jahres absolvieren. Danach darf er den Ehrentitel »el Hadsch« tragen.

Christen Der Anteil der christlichen Bevölkerung ging in den letzten 30 Jahren erheblich zurück und liegt heute bei rund 2,5 %. Dies liegt wohl vor allem am deutlich höheren Wachstum der muslimischen Bevölkerung und der Emigration von Christen in die USA, nach Australien und Kanada. Christen gehören aber zu den am besten ausgebildeten Bevölkerungsschichten und können im Allgemeinen zur gesellschaftlichen Elite gezählt werden.

Politik

Ein Reformer tritt an König Abdallah II., der seit 1999 im Amt ist, bemüht sich, sein Land durch verschiedene politische und wirtschaftliche Reformen systematisch zu modernisieren. Die »Nationale Agenda« will bis 2015 folgende Ziele erreichen: Bekämpfung von Arbeitslosigkeit und Armut, die Entwicklung und Durchsetzung eines neuen Parteien-, Wahl- und

Eine der größten und modernsten Moscheen des Nahen Ostens: die König-Abdallah-Moschee in Amman. →

Mediengesetzes sowie eine Reform im Hinblick auf Justizwesen und öffentliche Verwaltung. Durch eine Veränderung der vorhandenen ökonomischen Strukturen erhofft man sich eine Steigerung im Exportbereich. Darüber hinaus wurde ein Konzept vorgelegt, nach dem das Land in drei Verwaltungsbezirke (Nord, Mitte, Süd) aufgeteilt werden soll. Die dadurch bedingte Dezentralisierung und Regionalisierung soll – gemeinsam mit politischen Reformen – dazu beitragen, dass breitere Bevölkerungsschichten in aktiverer Form als bisher am politischen Geschehen des Landes teilhaben. Nach den Bombenanschlägen des 9. November 2005 beschäftigt sich die Regierung in besonderem Maße mit der inneren Sicherheit und der Entwicklung eines Anti-Terrorgesetzes.

Zwischen den Stühlen? Im Bereich der Außenpolitik tritt König Abdallah II. in die Fußstapfen seines Vaters. Auch er hat sich der großen politischen und diplomatischen Herausforderung zu stellen: der israelisch-palästinensische Konflikt, die instabile Lage im Irak und eine immer noch distanziert-gespannte Beziehung zum Nachbarland Syrien. Jordanien bemüht sich zwar traditionell um gute Beziehungen auch zu Israel, zum Westen und besonders zu den USA. Da aber in den Augen der Bevölkerung (wie auch in anderen arabischen Ländern) sowohl die US-amerikanische als auch die israelische Politik die Rechte der Palästinenser und Araber missachtet, steht König Abdallah vor der schwierigen Aufgabe, seine Außenpolitik vor seinen eigenen Landsleuten zu legitimieren.

Liberalisierung schreitet voran Der Inhalt des »demokratischen« Diskurses ist heute von der Führung vorgegeben; eine kritische Beleuchtung von Themen wie dem der nationalen Identität, des Friedensvertrags mit Israel oder der Herrschaft des Königs ist dabei nicht vorgesehen. Dennoch bleibt festzuhalten, dass Jordanien, v. a. im Vergleich mit den arabischen Nachbarstaaten Syrien, Irak und Saudi-Arabien, bereits relativ weit auf dem Weg der politischen Liberalisierung fortgeschritten ist.

Wirtschaft

Schwierige Bedingungen Wenig Wasser, kaum Bodenschätze, kein Öl: Dies stellt die Herausforderungen für Jordaniens Wirtschaft dar. Auch die Lage zwischen permanenten Krisenherden wie Israel und Irak hemmen eine Entwicklung im ökonomischen Bereich. Zwar wuchs 2007 das Bruttoinlandsprodukt (BIP) um mehr als 6 %. Doch nach wie vor ist die Handelsbilanz negativ und der Haushalt defizitär. Den steigenden Ölpreis kompensierte die Regierung mit Abbau von Subventionen und Steuererhöhungen. Infolgedessen stiegen die Lebenshaltungskosten, sehr zum Nachteil der armen Bevölkerung. Die Weltbank rechnet Jordanien zu den Ländern mit mittlerem Einkommen. Dies ist aber nicht zuletzt dem Geldstrom aus dem Ausland zu verdanken. Aus den Reihen der EU ist Deutschland der größte Geber. Die fi-

Gewächshäuser im Jordantal bei Kurayyima, dahinter wartet die Wüste.

nanzielle Hilfe aus den USA, die die Pufferfunktion Jordaniens schätzen, kommt zum Teil auch dem Militärbereich zugute.

Landwirtschaft

Seine ertragreichsten Ackerflächen hat das Land 1967 verloren, als Israel das Westjordanland besetzte. Nur 5 % des Landes sind für Pflanzenanbau geeignet und die Erträge reichen bei weitem nicht aus, den Bedarf zu decken. In den wasserreichen Gebieten von Jordangraben und den umliegenden Tälern werden Bananen angebaut, außerdem Weizen und Gerste, Zitrusfrüchte, Tomaten, Melonen und Oliven. Mit Garantiepreisen für einheimisches Getreide wie Weizen und Gerste, die weit über dem Weltmarktniveau liegen, will man den hohen Importbedarf (nahezu 90 %) verringern. Um die Ernteerträge zu steigern, ist allerdings der Bau von Staudämmen und Bewässerungsanlagen dringend erforderlich (▶ Baedeker-Special S. 38).
Die **Viehhaltung** (Schafe, Ziegen, Rinder und Geflügel) wird von der nomadischen bzw. halbnomadischen Bevölkerung betrieben und dient hauptsächlich dem Eigenbedarf.

Industrie

Die Industrie ist ganz auf den einheimischen und arabischen Markt ausgerichtet. Von Bergbau und Energiewirtschaft abgesehen, dominieren kleine und mittlere Betriebe der Nahrungsmittel- und Bekleidungsindustrie das Bild. Was die jordanischen Arbeitnehmer in den Golfstaaten verdienten, wurde, wie vor allem in Amman festzustellen ist, hauptsächlich in den Bau von Eigenheimen investiert. Entsprechend stark stieg die Baukonjunktur Anfang der 1990er-Jahre an.

Rohstoffe Das ressourcenarme Jordanien verfügt über zwei Rohstoffe, die wirtschaftlich nutzbar sind: Pottasche und Phosphat. Nach Marokko ist das Haschemitische Königreich der **zweitwichtigste Phosphatproduzent der Welt**. Im Bergwerksgebiet von al-Hasa, etwa 150 km südlich von Amman, fördern Riesenbagger in einer weithin auch von der Wüstenstraße aus sichtbaren Staubwolke im Tagebau Phosphatgestein. Es wird über Straßen und Schienen zum Hafen von Aqaba transportiert. Auch die Kunstdünger- und Pottascheherstellung am Toten Meer kann mit beachtlichen Steigerungsraten aufwarten.

Anders als sein Nachbar Saudi-Arabien sitzt Jordanien nicht auf einem See von Öl. Dennoch konnte es indirekt vom Öl profitieren und erlebte einen wirtschaftlichen Aufschwung in den 1970er- und 1980er-Jahren dank der Überweisungen jordanischer Gastarbeiter, die in den arabischen Ölförderländern Arbeit fanden. Dieser Aufschwung geriet durch die pro-irakische Haltung der Palästinenser im Golfkonflikt Anfang der 1990er-Jahre ins Stocken: Rund 300 000 palästinensische Gastarbeiter wurden aus den Golfstaaten ausgewiesen, und die meisten davon kehrten nach Jordanien zurück.

Export und Import Nach wie vor weist Jordanien eine stark negative Handelsbilanz auf. An der Spitze der Ausfuhren stehen Phosphat und Pottasche sowie andere chemische Erzeugnisse. Den dritten Platz nehmen Obst (Zitrusfrüchte) und Gemüse ein. Hauptexportgebiet Jordaniens sind die arabischen Nachbarländer. Bis zu dem vom UN-Sicherheitsrat gegen den Irak verhängten Embargo war der Irak Jordaniens größter Außenhandelspartner. Dass dieser Partner wegfiel, war zunächst ein schwerer Schlag, doch inzwischen hat sich Jordanien zur Drehscheibe des Handels mit dem Irak entwickelt, und der Strom der Lkws, die von und zum Irak durch die Wüste donnern, scheint nicht abzureißen. Wichtigster Abnehmer für die Erzeugnisse aus Jordanien sind seit 2001 die USA. Die meisten Importe kommen aus Saudi-Arabien und den Ländern der Europäischen Union. 2001 schloss Jordanien mit den USA ein Freihandelsabkommen ab und 2002 ein Assoziierungsabkommen mit der EU: Bis 2016 werden alle Zölle im Handel mit der EU abgebaut, und schon heute darf das Land alle EU-Produkte zollfrei einführen.

Tourismus Vor allem dem Tourismus kommt eine zunehmend wichtigere Rolle zu. Steigende Besucherzahlen belegen, dass Jordanien als Reiseland immer beliebter wird – auch wenn es immer wieder Rückschläge gab, die meist in engem Zusammenhang mit den politischen Ereignissen im Nahen Osten standen: Als die USA 2003 den Irak besetzten, brach der Jordanien-Tourismus komplett ein. Seit 2005 geht es wieder aufwärts. Die Mehrzahl der Besucher kommt aus den arabischen Ländern, von wo aus man vor allem in den heißen Sommermonaten in das gemäßigte Klima Jordaniens flüchtet. Auch israelische Urlauber haben seit der Öffnung der Grenzen das Nachbarland als Kurzreiseziel entdeckt.

Der anhaltende Aufschwung der Tourismusbranche macht Jordanien auch für Investoren attraktiv. Die meisten Hotelneu- und -umbauten wurden in Petra, am Toten Meer und in der Hauptstadt Amman realisiert, wo sich bereits rund 70 % aller Hotels des Königreichs konzentrieren. Auch tut man alles, damit sich Aqaba am Roten Meer zu einer ähnlichen Touristenhochburg entwickelt wie das in Sichtweite gelegene israelische Eilat. In jüngster Zeit wird viel getan, um Besuchern die Schönheiten der jordanischen Natur zugänglich zu machen. Federführend ist hier die Royal Society for the Conservation of Nature (RSCN), die die schönsten Naturschutzgebiete für den sanften Tourismus erschließt, Wanderwege einrichtet, Ranger ausbildet und Unterkünfte bereitstellt (▶Ajlun, ▶Azraq und ▶Dana).

Verkehr

Das rund 7000 km lange Straßennetz ist vor allem im dichtbesiedelten Nordwesten Jordaniens gut ausgebaut. Die wichtigste Verkehrsader, die sog. Wüstenstraße (Desert Highway), verbindet Amman mit Aqaba. Sie verläuft durch das flache Wüstengebiet parallel zur alten Königsstraße, die sich durch Bergland und Wadis schlängelt. Ein modernes Eisenbahnnetz gibt es in Jordanien nicht; die einzige Bahnlinie des Landes ist die rund 600 km lange Hedschasbahn, die zu Beginn des 20. Jh.s von den Osmanen angelegt wurde (▶ Baedeker-Special S. 114). Anschluss an den internationalen Seeverkehr hat Jordanien durch den einzigen Seehafen Aqaba am Roten Meer. Der gesamte internationale Luftverkehr wird über den Queen Alia Flughafen bei Amman abgewickelt, während man nach Israel auch vom Flughafen Marka aus reisen kann. Aqaba besitzt ebenfalls einen Flughafen, der von Amman aus angeflogen wird.

Herstellung von Souvenirs eröffnet Frauen neue Verdienstmöglichkeiten.

Bewässerung in der Wüste, hier im Süden des Landes bei Disi: Prestigeobjekt oder Notwendigkeit?

RINGEN UM DAS »BLAUE GOLD«

Wasser ist knapp in Jordanien. Es fällt wenig Regen, das Wasser des Jordan wird von Israel kontrolliert, die Grundwasservorkommen werden über Gebühr beansprucht. Auch wenn kein Tourist auf ausreichend Trinkwasser oder eine warme Dusche verzichten muss, ist die Situation insgesamt bedenklich.

In Amman wird an manchen Tagen das Trinkwasser knapp, Felder im Süden des Landes können nicht mehr bewässert werden, in der Oase Azraq, wo der Grundwasserpegel rapide fällt, steht die Situation auf Messers Schneide. Schon heute stehen jedem Einwohner im Schnitt nur noch 200 m³ Wasser zur Verfügung, 500 m³ hält das World Resources Institute für das Minimum, damit eine wirtschaftliche und gesellschaftliche Entwicklung überhaupt möglich ist. Und die Bevölkerung in Jordanien wächst, die Industrie braucht immer mehr Wasser, ebenso die Landwirtschaft. Also wird der Wasserverbrauch immer weiter zunehmen.

Weizen in der Wüste

Einst bildete der Jordan die Lebensader der Länder im Nahen Osten. Heute ist der Fluss nicht einmal mehr so groß wie die Spree in Berlin. Israel zapft den Löwenanteil des Jordanwassers ab und gewährt Jordanien nur spärliche Zuteilungen. So muss Jordanien seinen Bedarf zu zwei Dritteln aus dem Grundwasser decken. Größter Verbraucher des kostbaren Nass ist die Landwirtschaft. 63,2 % des sogenannten »blauen Goldes« fließen in die Produktion von Tomaten und Auberginen, Bananen und Zitronen. Dabei dürfen sich die Großgrundbesitzer freuen: 90 % der Kosten für die Bereitstellung des Wassers sind staatlich subventioniert, auch ist die internationale Entwicklungshilfe gern bereit, Geld für Bewässerungsprojekte auszugeben. Es gibt für die Landwirtschaft also überhaupt keinen Grund, sparsam mit Wasser umzugehen, was zu fragwürdigen Projekten führt wie dem Anbau von bewässerungsintensiven Bananen oder gar von Weizen in der südlichen Wüste. Vorteil: Die Agrarprodukte gehen in den Export, bringen also Geld. Darüber hinaus kommt das subventionierte Wasser den wohlhabenden Plantagenbesitzern zugute, die sich vor allem aus alten jordanischen Familien und Unternehmern aus der neuen palästinensischen Mittelschicht zusammensetzt, die für den Machterhalt des haschemitischen Herrscherhauses nicht ganz unwichtig sind.

Doch bald wird es eng: Bis 2025 wird sich Schätzugen zufolge der **Wasserbedarf in Jordanien verdoppeln**, gleichzeitig aber das verfügbare Wasser auf 100 m³ pro Kopf verringern. Denn die spärlichen Regenfälle füllen das Grundwasser bei weitem nicht so schnell nach, wie es bei der derzeitigen hohen Entnahme nötig wäre. Man könnte nun das Wasser teurer machen und seinen Preis an die tatsächlichen Herstellungskosten anpassen. Aber das ginge vor allem zu Lasten der armen Bevölkerung, die sich hohe Wasserpreise schlichtweg nicht leisten könnte. Auch werden sich die Plantagenbesitzer nicht so einfach ihr subventioniertes Nass abgraben lassen. Dann würden ihre Produkte so teuer, dass sie auf dem Weltmarkt nicht absetzbar wären.

Wassermanagement gefragt

Ebenfalls mit einem Wasserproblem konfrontierte Ländern wie z.B. Saudi-Arabien nutzen die Möglichkeiten der Meerwasserentsalzung. Das ist für Jordanien nicht möglich, weil große Wasserverbraucher wie die Städte Amman und Irbid viel zu weit vom Meer entfernt liegen. Die jordanische Regierung möchte nun die Bewässerungslandwirtschaft verringern und auch im Bereich der Industrie auf das Wassersparen setzen. Allerdings verbraucht die Industrie nur 4,4 % am Gesamtwasserbedarf, die Sparpotentiale sind hier also recht gering.

Mögliche Lösungen dürften sich vor allem auf politischem Gebiet abspielen: So haben sich Israel und Jordanien im Friedensvertrag von 1994 verpflichtet, die Wasserressourcen grenzüberschreitend zu nutzen.

Diese Zusammenarbeit ist ein vielversprechender Anfang, sie sollte aber nach Ansicht von vielen Experten in ein **umfassendes Wassermanagement** münden. So könnte Israel weit stärker die Meerwasserentsalzung nutzen und Jordanien, den palästinensischen Autonomiegebieten und Syrien sehr viel mehr Wasser aus dem Jordan und Yarmuk abgeben. Saudi-Arabien könnte darauf verzichten, riesige Mengen des Grundwassers, das es mit Jordanien teilt, für unrentablen, aber prestigeträchtigen Weizenanbau in der Wüste zu nutzen. Das setzt natürlich voraus, dass alle Beteiligten die Wasserknappheit als Herausforderung für die gesamte Region und nicht nur als Aufgabe für einen einzelnen Staat begreifen.

Geschichte

Die ersten Städte entstanden hier schon in der Steinzeit. Frühe Christen, Kreuzfahrer und islamische Herrscher hinterließen in Jordanien ihre Spuren. Prägend für die jüngere Geschichte ist die Nachbarschaft zu Israel und Irak. Die politische Stabilität ist heute eines der herausragenden Merkmale des Landes in einer sonst krisengeschüttelten Region.

Frühgeschichte

Für die Erforschung der Ur- und Frühgeschichte spielt der Vordere Orient, zu dem auch Jordanien zählt, eine herausragende Rolle. Hier domestizierten die Menschen erstmals Tiere, hier wurden die Nutzgetreide gezüchtet, erste Städte entstanden, die Schrift wurde erfunden, die ältesten Hochkulturen entstanden hier. Auch auf jordanischem Boden wurden wichtige archäologische Fundstellen aufgedeckt. Zu den Kunstwerken dieser Epoche ▶Kunst und Kultur.

ca. 180 000 v. Chr.	Erster Nachweis altsteinzeitlicher Jäger und Sammler
9./8. Jt. v. Chr.	»Neolithische Revolution«: Ackerbau und Viehzucht, kleine Dörfer
um 8000 v. Chr.	Jericho, die älteste Stadt der Welt, entsteht am westlichen Jordangraben.
7600 – 6900 v. Chr.	Großsiedlungen; Statuen von Ain Ghazal
ca. 5000 v. Chr.	Beginn der Kupfersteinzeit
3600 – 1200 v. Chr.	Bronzezeit

Vom Jäger zum Ackerbauern

Die ältesten Bewohner des arabischen Raums waren Jäger und Sammler. Sie benutzten Geräte aus Feuerstein und Basalt, die im gesamten Jordanien, vor allem aber in den Wüstenregionen des Ostens und Südens gefunden wurden. In der Jungsteinzeit (9./8. Jt. v. Chr.) verfeinerte man die Steinwerkzeuge, und die »neolithische Revolution« kündigte sich an: der Übergang vom Jäger und Sammler zum sesshaften Ackerbauern und Viehzüchter.

Die ersten Städte

Zwischen 8500 v. Chr. und 5000 v. Chr. ist die jordanische Berg- und Steppenrandregion Schauplatz einer Aufsehen erregenden Entwicklung. Bauten die ersten Siedler zunächst Dörfer mit kleinen Rundhäusern, wurden ab ca. 7600 v. Chr. dort, wo Wasser zur Verfügung stand, Großsiedlungen auf bis zu 15 ha Fläche angelegt, z.B. in **Ain Ghazal** Basta und Ba'ja. Die rechteckigen Häuser waren dicht an dicht, wie in einem Pueblo, aneinandergebaut und über Öffnungen im Dach betretbar. Erstmals spezialisierten sich Menschen auf einzelne Tätigkeiten, das Handwerk entstand. Leitstätte dieser Epoche ist Jericho, **die älteste Stadt der Welt**, die am Westufer des Jordan liegt. Um 6900 v. Chr. endete dieses Phänomen urplötzlich. Die ersten Städter zogen es wieder vor, in kleinen Dörfern zu siedeln bzw. wandten sich einem nomadischen Hirtenleben zu, in dem Forscher die Wurzel der beduinischen Lebensweise vermuten.

← *Das Kreuz auf dem Berg Nebo erinnert an Moses, der auf der Wanderung ins »Gelobte Land« hier gestanden haben soll.*

Archäologen nehmen an, dass es zum Ende der Mega-Städte kam, weil die Bevölkerung zu stark wuchs, was zu Überweidung, Wasser- und Nahrungsmittelknappheit, vielleicht auch zu sozialen Konflikten führte. Darauf weisen die Knochen- und Schädelverletzungen an Skeletten aus Basta hin. Parallel zu den »Städtern« lebten in dieser Epoche weiterhin Jäger und Sammler in der Wüste.

Die frühen Bauern Die Kupferverhüttung, die der Kupfersteinzeit (Chalkolithikum) ihren Namen gab, wurde auch im Ostjordanland betrieben. Im **Wadi Feinan**, das über große Kupfervorkommen verfügt, konnte erstmals die Kupfertechnologie im Detail erforscht werden. Baute man zunächst oberflächennahes Erz ab, trieb man im 3. Jt. v. Chr. bereits Kupferstollen in die Berge. Bauern und Viehzüchter spezialisierten ihre Produktionen. Wieder legte man auch riesige Siedlungen an, die wie Tulaylat al-Gassul bis zu 30 ha groß sein konnten. Pella, Sahab und Umm Hammad entstanden. In der Keramikherstellung führten verbesserte Brenntechniken dazu, dass größere Vorratsgefäße für Getreide und Öl hergestellt werden konnten.

> **? WUSSTEN SIE SCHON …?**
>
> ■ … dass die Wiege der Landwirtschaft im Vorderen Orient liegt? »Fruchtbarer Halbmond« wird das wasserreiche Gebiet zwischen Euphrat, Tigris und Jordan genannt, wo die Menschen im 9./8. Jt. v. Chr. aus Wildgräsern die ersten Getreidesorten züchteten und wilde Schafe, Ziegen, Rinder und Schweine domestizierten. Bis diese umwälzenden Neuerungen ihren Weg nach Europa fanden, vergingen Jahrtausende: In Deutschland ist der Übergang vom umherschweifenden Jäger und Sammler zum sesshaften Ackerbauern um 5500 v. Chr. nachgewiesen. Ebenfalls im »Fruchtbaren Halbmond« wurde die Schrift erfunden. Die bislang älteste bekannte Schrift ist die mesopotamische Keilschrift (4. Jt. v. Chr.).

Bei der Herstellung von Waffen und Werkzeugen löste die **Bronze** seit ca. 5000 v. Chr. ältere Materialien ab, so auch das Kupfer. Auf dem Gebiet des heutigen Jordanien gingen Dorfgemeinschaften dazu über, ihre Siedlungen mit einer schützenden Mauer zu umgeben, was eine Bedrohung von außen vermuten lässt. Dies gilt für die Städte Safi im Wadi al-Araba und Jawa in der jordanischen Wüste. Die bedeutendste Fundstätte aus der Bronzezeit ist das mit einer 7 m dicken Steinmauer umgebene **Bab adh-Dhira** in der Nähe des Toten Meeres, wo man den größten Friedhof des Nahen Ostens aus dieser Epoche entdeckte.

Besiedelt seit Jahrtausenden In der Frühbronzezeit entstanden neue Siedlungen in den flachen Gegenden an der Mündung von Wadis, da diese sich für eine landwirtschaftliche Nutzung eigneten. Insgesamt belegen die zahlreichen Funde und Ausgrabungsstätten, dass das Ostjordanland während der Bronzezeit kontinuierlich besiedelt war. Siedlungsschwerpunkte waren das Jordantal und das ostjordanische Plateau. Während das Westjordanland am Ende der Bronzezeit ägyptische Provinz wurde, blieb das heutige Jordaninen eigenständig.

Die Reiche der Eisenzeit

ca. 1200 v. Chr.	Beginn der Eisenzeit
um 1000 v. Chr.	König David erobert Rabbath Ammon.
587 v. Chr.	Fall von Jericho
4. Jh. v. Chr.	Ende der ostjordanischen Reiche

Die Eisenzeit in Palästina ist zugleich die Epoche des Alten Testaments, in der das Volk Israel unter Pharao Ramses II. (ca. 1298 bis 1213 v. Chr.) in Ägypten gelebt haben, dann aber unter Moses Führung ausgewandert sein soll.

Von 1200 bis 332 v. Chr. beherrschte Ägypten u.a. auch ganz Palästina. Doch als diese Großmacht unter dem Ansturm der »Seevölker« in die Knie ging, löste sich auch ihr Einfluss auf die Nachbarländer auf. Das ermöglichte die Entstehung der transjordanischen Königreiche Ammon, Moab und Edom, zeitgleich entstanden in Palästina – also westlich des Jordans – Israel und Juda. **Reiche der Eisenzeit**

Das Reich Ammon erstreckte sich im Norden des heutigen Jordanien zwischen dem Yabboq (Nahr az-Zarqa) und dem Arnon (Wadi al-Mujib). Daran schloss sich südlich bis zum Wadi al-Hasa das Reich Moab an. Zwischen dem Golf von Aqaba und Wadi al-Hasa lag Edom, wo sich eine zentrale Königsmacht erst etwas später, vermutlich nach dem 8. Jh. v. Chr., gegenüber den Stammesfürsten durchsetzen konnte.

Mit dem Exodus der Israeliten aus Ägypten und ihrem Auftreten im Ostjordanland gelangen die drei Reiche auch ins Blickfeld der biblischen Überlieferung. Das Alte Testament ist eine der wichtigsten Quellen für diese Zeit, wenngleich die dortigen Aussagen nicht immer mit den archäologischen Funden übereinstimmen bzw. durch sie bestätigt werden. Der Weg ins Gelobte Land führte die Israeliten zunächst in das Reich Edom. Trotz ihrer mehrfach Beteuerungen, das Land nicht zu plündern – »Wir werden eure Felder und Weinberge nicht betreten und kein Brunnenwasser trinken. Wir werden die Königsstraße benutzen und weder rechts noch links davon abbiegen« (4. Mose 20, 14–21) –, verweigerten die Edomiter den Durchzug, sodass die Israeliten, nach Osten abgedrängt, schließlich vom Lande Moab aus die Eroberung **Kanaans** wagten. Die abweisende Haltung Edoms lässt vermuten, dass bereits damals der Handel die Haupteinnahmequelle der Region war und dass die Vormachtstellung über die Handelsstraßen eifersüchtig gehütet wurde. **Aus der Bibel**

Die im Alten Testament erstmals namentlich genannte Königsstraße, auf der Moses die Israeliten aus Ägypten nach Norden geführt haben **Die Königsstraße**

Die Mesha-Stele ist auch für die Schriftforschung bedeutend.

soll, verband das Pharaonenreich mit dem Fruchtbaren Halbmond. Jahrtausende lang zogen die Kamelkarawanen hier mit Gold und Gewürzen, Weihrauch und Edelsteinen aus dem Süden der arabischen Halbinsel zum Mittelmeer. Alexander der Große, Römer, Byzantiner, die ersten Mohammedaner aus Mekka, die Kreuzritter, Osmanen und schließlich Lawrence von Arabien benutzten diese Straße. Nicht nur die Karawanen zogen mit ihren Waren auf ihr entlang, auch die technischen Errungenschaften und die Kenntnis von fremden Völkern und Kulturen gelangten auf diesem Wege von der Arabischen Halbinsel in den Nahen Osten. So wurde die Königsstraße zu einem Kulturvermittler ersten Ranges. Heute zählt sie mit zu den schönsten Routen durch Jordanien (▶ Touren, Tour 3).

Während der Zeit zwischen 1000 und 520 v. Chr. waren die verschiedenen Herrscher rund ums Jordantal immer wieder in Konflikte verwickelt. Über die Auseinandersetzungen zwischen den Israeliten und den überlegenen Moabitern berichtet auch die **Mesha-Stele**, eine der wichtigsten Quellen aus dieser Zeit (▶ Kunst und Kultur). König David (um 1000 v. Chr.) eroberte die ammonitische Hauptstadt Rabbath Ammon, das heutige Amman, und machte das Reich Ammon zu einem tributpflichtigen Vasallenstaat, der erst im 9. Jh. v. Chr. seine Selbständigkeit wieder errang.

Ende der drei Reiche Zunehmend gewannen die mächtigen Nachbarn wieder an Einfluss, zunächst das assyrische Großreich, dann die Babylonier. Synchronisieren lässt sich damit der in der Bibel verzeichnete Fall von Jericho 587 v. Chr., das vom babylonischen König Nebukadnezar II. zerstört wurde. Hatten sodann seit dem 4. Jh. v. Chr. die Perser die Oberhand in der Region, hörten mit dem Ende des Perserreiches im 4. Jh. v. Chr. auch die ostjordanischen Reiche Ammon, Moab und Edom auf zu existieren.

Griechen, Römer, erste Christen

4. Jh. v. Chr.	Städte der Dekapolis werden im Norden gegründet, im Süden gewinnen die Nabatäer an Einfluss.
63/64 v. Chr.	Das Ostjordanland wird römisch.
um 450 n. Chr.	Erste Kirchen auf jordanischem Gebiet

Hellenismus

Für Alexander den Großen war das ostjordanische Gebiet nicht von Interesse – er war zwar 332 bis 330 v. Chr. weit nach Asien und bis nach Ägypten vorgedrungen, doch das Land östlich des Jordans ließ er (im wörtlichen und im übertragenen Sinn) links liegen. Bis kurz nach der Zeitenwende lag der Nahe Osten im Grenzbereich der beiden rivalisierenden Königreiche der Ptolemäer und der Seleukiden.

Städte der Dekapolis

In Nordjordanien vollzog sich im 4. Jh. v. Chr. eine umfangreiche Hellenisierung. Die Städte der Dekapolis, Neugründungen auf alten Siedlungen, z. B. Gadara (Umm Qays), Pella, Gerasa (Jerash) und Philadelphia (Amman), waren sehr stark von der hellenistischen Kultur geprägt. In den Jahrzehnten nach dem Niedergang der Diadochenreiches (um 100 v. Chr.) versuchte auch der israelitische Staat sein Herrschaftsgebiet auszuweiten. Vermutlich unterstellten sich daher die Städte der Dekapolis um 37 n. Chr. freiwillig Rom und kamen zur Provincia Syria. Nachdem im Jahr 106 Kaiser Trajan auch das Nabatäerreich im Süden annektiert hatte, lagen die Dekapolisstädte nicht mehr an der Peripherie des Römischen Reiches, sondern im Herzen der neugegründeten »Provincia Arabia«.

Nabatäer

Im Süden des Landes standen die edomitischen und moabitischen Regionen politisch unter dem Einfluss der Nabatäer (▶ Baedeker-Special S. 222). Dieser Volksstamm war seit dem 5./4. Jh. in Edom sesshaft und hatte sich durch die Kontrolle der Handelswege von Südarabien ins Mittelmeergebiet allmählich auch politisches Gewicht verschafft. Die Hauptstadt des Nabatäerreichs war die Wüstenmetropole ▶ Petra. Immer weiter drangen die Nabatäer nach Norden und Westen vor, in Richtung Syrien und Totes Meer.

Pompejus brachte das Ostjordanland 64/63 v. Chr. unter römischen Einfluss. Dem Reich der Nabatäer aber ließ man seine Selbstverwaltung, da es Rom als Pufferstaat zum Schutz der eigenen Provinzen diente. Unter Trajan wurde es im Jahre 106 n. Chr. der **römischen Provinz Arabia** eingegliedert. Unter Kaiser Diokletian, der

? WUSSTEN SIE SCHON ...?

- ... dass nicht nur durch Deutschland, sondern auch durch Jordanien ein römischer Limes verlief? Kaiser Trajan legte ihn 111–114 n. Chr. an. Bei diesem »limes arabicus« handelte sich um eine Militärstraße, die weitgehend dem alten nabatäischen Handelsweg, der Königstraße, folgte. Die Besatzungen der Wachttürme und Kastelle, darunter Qasr Bushir und al-Khaf, sollten das römische Gebiet gegen Eindringlinge schützen.

auf die Dezentralisierung des Römischen Reiches setzte, wurden die Gebiete südlich des Wadi al-Hasa, die einst zur Provinz Arabia Petraea gehörten, mit dem Negev und dem Sinai zum Verwaltungsbezirk **Palästina** vereint. Es entstanden zahlreiche Festungen zum Schutz gegen die aus dem Osten vordringenden Beduinen, so z. B. Umm el-Jimal und Khirbet es-Samra.

Die ersten Christen Das Christentum fand – ausgehend von den Gemeinden Palästinas – immer mehr Anhänger. Unter Kaiser Konstantin traten zahlreiche Soldaten des römischen Heeres zum Christentum über und verehrten Christus sowohl als Kriegs- und Siegesgott wie auch als Erlöser. Die ersten Kirchenbauten auf jordanischem Gebiet entstanden erst im 5. Jh. Die wirtschaftliche Blüte während der justinianischen Epoche (527–565 n. Chr.) förderte auch den Bau von Kirchen, die mit prachtvollen Mosaiken ausgestattet wurden, z.B. in Madaba, Heschbon (Hisban), Gerasa (Jerash) oder Petra.

Moslems und Kreuzfahrer

um 600	Der Islam entsteht.
635	Ganz Palästina in islamischer Hand
661–750	Zeit der Omaijaden-Herrscher
747	Verheerendes Erdbeben
1095	Papst Urban II. ruft zum Kreuzzug auf.
1244	Ende der christlichen Herrschaft im Ostjordangebiet

Mohammed Im ersten Jahrzehnt des 7. Jh.s schuf der 570 in Mekka geborene Mohammed nach mystischen Erlebnissen die Grundlagen einer neuen monotheistischen Religion. Er bezog altarabische Traditionen wie die Pilgerfahrt nach Mekka, aber auch christliche und jüdische Elemente in den Islam mit ein. Mohammed sah sich als Prophet und Nachfolger von Moses und Jesus.

Ausbreitung des Islam Schon wenige Jahre nach dem Tode Mohammeds (632) wurden die Byzantiner 635 bei Pella und 636 am Yarmuk von den Arabern vernichtend geschlagen, und ganz Palästina fiel in islamische Hand. Es folgten Jahre der religiösen Streitigkeiten, die schließlich auch zur Aufspaltung des Islam in eine sunnitische und eine schiitische Gruppierung führten. 661 trat der **Omaijade Muawiya** die Macht an und wählte Damaskus anstelle von Medina als neuen Regierungssitz. Während der 90 Jahre dauernden Herrschaft der Omaijaden wuchs das islamische Imperium zu einem Weltreich, das sich im Westen bis auf die Iberische Halbinsel und im Norden bis nach Konstantinopel ausgebreitet hatte.

Abbasiden und Fatimiden

Im Jahre 750 übernahmen die Abbasiden die Macht und verlegten die Hauptstadt nach Bagdad. Das Gebiet des heutigen Jordanien war für die Abbasiden von untergeordneter Bedeutung; die Wüstenschlösser der Omaijaden ließen sie verfallen. Als Höhepunkt der Epoche gilt die Regierungszeit von Harun er-Rashid (786–809), die in den Erzählungen von Tausendundeiner Nacht ihren literarischen Niederschlag gefunden hat. Auf die Abbasiden folgten die Fatimiden (bis 1099), die im Ostjordanland aber kaum Spuren hinterließ.

Kreuzfahrerzeit (1096 – 1244)

Aufruf zum Kreuzzug

Der schiitische Fatimiden-Kalif al-Hakim schlug gegenüber anderen Religionsgruppen eine unduldsame Politik ein, die mit der Zerstörung der Grabeskirche in Jerusalem im Jahre 1009 einen Höhepunkt erreichte. Bereits Papst Gregor VII. plante 1074, den orientalischen Christen zu Hilfe zu eilen, doch erst nach dem Aufruf von Papst Urban II. 1095, »das Grab des Herrn vom Joch der Heiden zu befreien«, formierte sich aus flandrischen, südfranzösischen und normannischen Rittern das erste Heer – die Ära der Kreuzfahrten ins Heilige Land hatte begonnen. Schon 1096 brachen die ersten Kreuzfahrer ins Heilige Land auf. Ihr Marsch war von Plünderungen und Verwüstungen geprägt.

Festung Qalaat ar-Rabad, errichtet von Saladin, dem berühmten Widersacher der Franken.

Königreich Jerusalem

Am 15. Juli 1099 gelang den ersten Kreuzrittern die Einnahme Jerusalems. Nachdem sie auch fast alle Küstenstädte unter ihre Gewalt gebracht hatten, gründeten sie das »Königreich Jerusalem«, zu dem auch Palästina und Transjordanien gehörten. Im Jahr 1107 drangen die Kreuzritter unter Balduin I. erstmals ins Ostjordanland vor und vertrieben die seldschukischen Truppen bei **Petra**. 1115 errichtete er die Burg Montreal (Shawbak), um die Handelsrouten zwischen Damaskus und Arabien zu kontrollieren. 1132 wurde Payen le Bouteillier Lehensoberer des Ostjordanlandes und zehn Jahre später baute er **Kerak** zu einer starken Burgfestung aus. Von hier wurden die Salzgewinnung am Toten Meer, aber auch das fruchtbare Land des einstigen Moab kontrolliert und die Beduinenstämme überwacht.

Saladin

Auf dem Höhepunkt der Kreuzfahrermacht, die sich mit dem Sitz des Erzbischofs von Petra in Kerak als Quasi-Hauptstadt des Ostjordanlandes 1168 etablierte, stieß Saladin (▶Berühmte Persönlichkeiten) von Ägypten aus gegen die Europäer vor. Schon 1170 fiel die Festung Aqaba, vergeblich belagerte er mehrmals Kerak. Doch als Rainald von Châtillon (▶Berühmte Persönlichkeiten) 1177 als neuer Burgherr einzog und trotz eines Waffenstillstandes das Land unsicher machte, erklärte ihm Saladin den offenen Kampf. Er hatte in Ajlun die Festung Qalaat ar-Rabad (Bild der Festung s. S. 47) errichten lassen und eroberte nacheinander Kerak und ein Jahr später (1189) Shawbak, nachdem 1187 das Kreuzfahrerheer vernichtend geschlagen worden war. 1191 wurde das Königreich Jerusalem mit Akko als Hauptstadt zwar wiederhergestellt, das Ostjordangebiet war aber bereits für die Kreuzfahrer verloren. Im Jahr 1244 endete hier die christliche Herrschaft.

Osmanisches Reich

1250 – 1516	Mamelucken herrschen im Ostjordanland.
1516 – 1918	Osmanisches Reich
1900	Bau der Hedschasbahn

Mamelucken

Von Kairo aus traten die Mamelucken, ehemalige türkische Sklaven, die für den Soldatenberuf erzogen worden waren, innerhalb weniger Jahre ihren Siegeszug an und herrschten fast drei Jahrhunderte über das Gebiet. Unter Sultan Baibars (1260–1277) besserten sie die von den Kreuzfahrern im Ostjordanland eroberten Burgen aus. Diese schützten wirkungsvoll, anfangs gegen die Mongolen, später auch gegen die Beduinen. Die anhaltenden Auseinandersetzungen gingen aber auf Kosten der Entwicklung Palästinas. Die Städte und Dörfer sanken zur Bedeutungslosigkeit herab und entvölkerten sich im Laufe der Zeit immer mehr.

Die abnehmende Bedeutung Palästinas setzte sich auch unter der osmanischen Herrschaft fort. Ständige Siedlungen gab es fast ausschließlich an den Orten mit alten Wehrbauten, die zu osmanischen Garnisonen umfunktioniert wurden, wie in Kerak, Ajlun, Salt und Shawbak. Das Gebiet spielte während der Herrschaft der Osmanen nur eine untergeordnete Rolle und diente vor allem als Durchzugsgebiet der islamischen Pilger nach Mekka und Medina. Die Pilgerreisenden wurden jedoch häufig von Beduinenstämmen überfallen und ausgeplündert, weshalb Ende des 19. Jh.s **kaukasische Tscherkessen** angesiedelt wurden, die die Pilger vor den Überfällen der Beduinen schützen sollten. Der 1900 begonnene Bau der Hedschasbahn von Damaskus nach Mekka genau auf der Pilgerroute war ein weiterer Schritt in diese Richtung.

Korridor für die Pilger

Der Weg in die Unabhängigkeit

1916	Aufstand der Araber
1921	Emir Abdallah wird Verwalter von Transjordanien.
1946	Jordanien wird unabhängig.

Während des Ersten Weltkrieges begann 1916 der Aufstand der Araber gegen die osmanische Herrschaft. Die Briten unterstützten den arabischen Aufstand maßgeblich durch den legendären **Lawrence von Arabien** (▶ Berühmte Persönlichkeiten) und versprachen dem Sherifen von Mekka die Herrschaft über ein unabhängiges arabisches Reich. Gleichzeitig teilten sie sich aber mit Frankreich im geheimen Sykes-Picot-Abkommen von 1916 die Kontrolle über den Nahen Osten auf und versprachen in der Balfour-Erklärung aus dem Jahre 1917 den Juden die Errichtung einer nationalen Heimstätte in Palästina.

Gegen die Osmanen

Um die während des Krieges gegebenen Versprechen an die Araber wenigstens teilweise zu erfüllen, setzte Großbritannien 1921 Emir Abdallah vorübergehend als Verwalter des Gebiets von Transjordanien ein, das somit erstmals als eigene Einheit definiert wurde. Eine nationale Identität oder eine ökonomische Basis fehlten aber völlig. Großbritannien betrachtete Jordanien in erster Linie als Transitkorridor für künftige Öllieferungen und hatte von daher Interesse an stabilen Verhältnissen. Man half, eine effiziente und pro-britische Verwaltung sowie ein Militär unter britischem Oberbefehl, die Arabische Legion, aufzubauen.

Die Briten mischen mit

Um die Führer der Beduinenstämme in das neu geschaffene Gemeinwesen zu integrieren, wurde u. a. die so genannte **Desert Patrol** (Wüstenpolizei) gegründet, in der den Beduinen polizeiliche Aufga-

▶ Der Weg in die Unabhängigkeit

ben vor allem in den grenznahen Wüstengebieten zugewiesen wurden. Diese Wüstenpolizei gibt es heute noch.

Zwar wurde mit dem Vertrag von London vom **22. März 1946** die offizielle Unabhängigkeit des Landes eingeleitet, die finanzielle Abhängigkeit von Großbritannien und der britische Oberbefehl über die Armee blieben aber vorerst bestehen. Damit war die tatsächliche Souveränität des jungen Staates stark eingeschränkt.

Schon jetzt allerdings hatten sich die Konstanten herausgebildet, die die Entwicklung des modernen jordanischen Staates bis heute bestimmen: die Herrschaft der Haschemitendynastie, die Abhängigkeit von ausländischer Unterstützung (bis 1957 in erster Linie von Großbritannien), das Problem der Herausbildung einer nationalen Identität und das der Einbindung der Stämme ins Gemeinwesen. Maßgebend für Jordanien sollte darüber hinaus auch der israelisch-arabische Konflikt, die Wellen palästinensischer Flüchtlinge und die Auseinandersetzungen zwischen dem palästinensischen und dem beduinischen Bevölkerungsteil werden.

Die Fahne der Arabischen Revolution flattert stolz über Aqaba.

Geburt eines Königreichs

Den ersten arabisch-israelischen Krieg von 1948 konnte Abdallah dazu nutzen, die Grenzen Jordaniens nach Westen auszudehnen: Die Arabische Legion besetzte ungefähr das Gebiet, das den Arabern nach dem UN-Teilungsplan von 1947 zugesprochen worden war und ließ den Anschluss der Westbank und Ostjerusalems im Dezember 1948 in einer Versammlung von religiösen Führern, Stammesscheichs und Abgeordneten von Flüchtlingscamps absegnen. Abdallah rief 1949 das **Haschemitische Königreich Jordanien** aus, die Bewohner der Westbank bekamen gleiche staatsbürgerliche Rechte, und Jordanien übernahm den Vertretungsanspruch für das palästinensische Volk auf internationaler Ebene.

Die Vereinigung veränderte die Gesellschaftsstruktur Jordaniens: Mit den Palästinensern wurde eine weitgehend urbane Bevölkerung mit relativ hohem Bildungsniveau ins Königreich geholt; gleichzeitig mussten Hunderttausende von Menschen integriert werden, die aus dem Gebiet des neu ausgerufenen israelischen Staates geflüchtet oder vertrieben worden waren.

König Abdallah wurde in der arabischen Welt, insbesondere von vielen Palästinensern, als Verräter angesehen, der den Judenstaat de facto anerkannt und das Selbstbestimmungsrecht der Palästinenser seinen Machtinteressen untergeordnet hatte. Am 20. Juli 1951 wurde er in Jerusalem ermordet. Nachfolger wurde sein ältester Sohn Talal, der aber bereits nach einem Jahr aus gesundheitlichen Gründen zugunsten seines Sohnes Hussein zurücktrat.

Abdallah wird ermordet

Jordanien unter König Hussein

1967	Arabisch-israelischer Krieg: Die Westbank geht verloren.
1970	Schwarzer September
1974	Abtrennung der Westbank
1990	Die Nationalcharta wird verabschiedet.
1990/91	Golfkrieg: Jordanien nimmt pro-irakische Haltung ein.
1994	Jordanien und Israel schließen Frieden.

1953 trat Hussein die Herrschaft an. Die ersten Jahre waren von einem liberalen politischen Kurs gekennzeichnet: Parteien und Presse konnten sich relativ frei entfalten, und es fanden regelmäßig Wahlen statt. Immer wieder kam es zu Unruhen in der Bevölkerung, allen voran ihres palästinensischen Teils. Mit der spektakulären Entlassung des britischen Oberkommandierenden der jordanischen Armee, Glubb Pascha (▶ Berühmte Persönlichkeiten), wurde 1956 die Ablösung von der ehemaligen Mandatsmacht eingeleitet, und im darauffolgenden Jahr das britisch-jordanische Abkommen gekündigt. Die Briten reagierten mit der Einstellung ihrer Finanzhilfe, die jedoch bereits wenig später durch die USA übernommen wurde.

Das demokratische Experiment

Abgesehen von der schweren militärischen Niederlage hatte der **Sechs-Tage-Krieg 1967** für Jordanien dramatische wirtschaftliche Folgen. Die Westbank und Ostjerusalem wurden von Israel erobert und besetzt; damit verlor Jordanien nicht nur sein ökonomisches Zentrum, die besten landwirtschaftlichen Gebiete und wichtige touristische Attraktionen, sondern wurde von Neuem mit einem enormen Zustrom palästinensischer Flüchtlinge konfrontiert, die es zu versorgen und zu integrieren galt. Mit dem Krieg verhängte die Regierung den Ausnahmezustand, der sie weitgehend von der Ver-

Verlust großer Teile des Landes

pflichtung auf die Verfassung entband und der die innenpolitische Entwicklung in den folgenden Jahren kennzeichnen sollte.

Kampf mit der PLO

Unter dem Eindruck der Niederlage der arabischen Staaten gegen Israel gewann die 1964 gegründete **PLO** (Palästinensische Befreiungsorganisation) unter Führung der Fatah-Fraktion Arafats in Jordanien zunehmend an Einfluss und entwickelte sich bald zu einer Bedrohung für die haschemitische Herrschaft. Die PLO hatte in Jordanien einen Staat im Staate aufgebaut, einschließlich einer medizinischen Versorgung, Schulen und Verwaltung. Bewaffnete palästinensische Guerillakämpfer patroullierten in Ammans Straßen und führten von hier ihre Aktionen gegen Israel durch. Das Regime fürchtete, in eine offene Auseinandersetzung mit Israel hineingezogen zu werden, vor allem aber eine Machtübernahme der PLO und zerschlug die Organisation im September 1970, der als **»Schwarzer September«** in die Geschichte einging. Zehntausende palästinensischer Zivilisten wurden getötet. Jordanien wurde deswegen von den arabischen Staaten scharf kritisiert.

Verzicht auf die Westbank

Als Folge des Gipfels der Arabischen Liga in Rabat 1974 und auf Druck der arabischen Staaten erkannte König Hussein die PLO schließlich als die legitime Vertretung der Palästinenser in der Westbank an und konnte dadurch die Stellung Jordaniens innerhalb der arabischen Staatengemeinschaft erheblich verbessern. Der endgültige Verzicht auf die Westbank erfolgte erst, als es in Jordanien zunehmend zu Solidaritätskundgebungen mit der **Intifada**, dem palästinensischen Aufstand gegen die israelische Besatzung, kam. Um ein Übergreifen der Unruhen auf das Königreich zu verhindern, gab König Hussein am 31. Juli 1988 alle Ansprüche auf Palästina auf. Jordanien entledigte sich auch schnell sämtlicher administrativer Bindungen und finanzieller Verpflichtungen für die besetzten Gebiete.

Mehr politische Freiheit

Nach Unruhen im eigenen Land, bei denen auch Forderungen nach größeren politischen Freiheiten laut wurden, kam ein Prozess der Öffnung in Gange. Dieser brachte in der ersten Phase bis 1990/1991 eine weitgehende politische Liberalisierung und wichtige institutionelle Veränderungen. Der Ausnahmezustand wurde nun endlich aufgehoben und damit die Befugnisse der Militär- und Sondergerichtshöfe eingeschränkt, politische Gefangene wurden freigelassen und die aus politischen Gründen entlassenen Angestellten des öffentlichen Dienstes wieder eingestellt. Unter Einbeziehung aller politischen und gesellschaftlichen Kräfte, allerdings unter Umgehung des gewählten Parlaments, wurde eine **Nationalcharta** erarbeitet, die demokratische Grundwerte festlegte. 1992 wurden dann politische Parteien zugelassen und 1993 ein neues, relativ liberales Pressegesetz verkündet. Als besonders erfolgreich lässt sich die Einbindung der Islamisten ins politische System bezeichnen, durch die eine Radikalisierung verhindert werden konnte.

Jordanien unter König Hussein

Auf Seiten von Saddam Hussein

1990/1991, als der irakische Diktator Saddam Hussein seine Truppen in Kuweit einmarschieren ließ, nahm Jordanien eine pro-irakische Haltung ein und bezog damit Stellung gegen die westliche Welt und die arabischen Staaten. Die Auswirkungen auf die wirtschafliche und soziale Lage in Jordanien waren katastrophal: Hunderttausende von Flüchtlingen suchten im Königreich Zuflucht. Gleichzeitig brach der Handel mit dem bedeutendsten Außenhandelspartner, dem Irak, infolge des UN-Embargos fast ganz zusammen.
Die Golfstaaten wiesen rund 300 000 jordanische und palästinensische Gastarbeiter aus und strichen, ebenso wie die USA, ihre beträchtlichen Finanzhilfen für das Königreich. Zudem sah sich Jordanien in der Gefahr, selbst zum Schlachtfeld zu werden, sobald Israel in den Krieg eingreifen würde.

Frieden mit Israel

Das Ende des Golfkriegs ermöglichte eine neue Friedensinitiative in Bezug auf die Palästina-Frage. König Hussein, der selbst schon mehrere Pläne zur deren Lösung vorgelegt hatte, sagte die Teilnahme Jordaniens an einer regionalen Friedenskonferenz zu. Auch der Zentralrat der PLO stimmte einer jordanisch-palästinensischen Delegation zur Friedenskonferenz in Madrid 1991 zu.

Anerkennung des Existenzrechts Israels

Die offiziellen Beratungen der Konferenz führten zwar nicht weiter. Jedoch konnte in darauf folgenden, geheimen Verhandlungen zwischen der PLO und Israel, an denen auch Jordanien beteiligt war, ein Durchbruch erzielt werden: In der Prinzipienerklärung von **Oslo** des Jahres 1993 erkannte die PLO das Existenzrecht des Staates Israel und Israel die Existenz des palästinensischen Volkes an. Die Prinzipienerklärung leitete eine **palästinensische Selbstverwaltung in den besetzten Gebieten** ein. 1994 unterzeichneten Israel und Jordanien das Washingtoner Abkommen, das den 46 Jahre dauernden Kriegszustand zwischen beiden Ländern offiziell beendete.

Rückschritte im Inneren

Nachdem in Jordanien vor dem Golfkrieg ein Liberalisierungsprozess eingeleitet worden war, zog König Hussein die Zügel nun wieder straff an: Politische Freiheiten wurden schrittweise zurückgenommen, staatliche Repressionen richteten sich darauf, das herrschende Machtgefüge zu erhalten und Kritik am israelfreundlichen Kurs des Königs zu unterdrücken. Dieser Kurs wird in weiten Teilen der Bevölkerung unter anderem abgelehnt, weil er den versprochenen wirtschaftlichen Aufschwung bislang nicht gebracht hat. 1997 wurde ein äußerst restriktives Pressegesetz erlassen.

Überraschender Thronfolger

Am 7. Februar 1999 verstarb der schwer erkrankte König Hussein. Nur wenige Tage vor seinem Tod hatte er überraschend seinen jüngeren Bruder Kronprinz Hassan als Thronerbe entlassen und seinen eigenen Sohn Abdullah als Nachfolger benannt. Am 6. Februar legte der 37-Jährige den Amtseid als Regent ab und führt seither als Abdullah II. die Regierungsgeschäfte.

Jordanien heute

1999	König Abdullah II. tritt die Herrschaft an.
2000	Papst Johannes Paul II. besucht Jordanien.
2003	Im Irakkrieg wird aus Amman berichtet.
2005	Terroranschlag in Amman

Neue Wege König Abdullah II., ausgebildet in England und den USA, begann bald nach seinem Amtsantritt, Computer- und Englischunterricht in den Schulen einzuführen und einen umfassenden Modernisierungsprozess in Politik und Wirtschaft in Gang zu setzen (▶ S. 34). Ein Wunsch ist, auch die Bevölkerung mehr in den politischen Prozess einzubinden. Seit Oktober 2003 sind erstmals auch Frauen im Kabinett vertreten.

Papstbesuch Im März 2000 reiste Papst Johannes Paul II. ins Heilige Land. In Jordanien besuchte er u. a. das erst jüngst ausgegrabene biblische ▶ Bethanien, die am Jordan gelegene Taufstelle von Jesus.

Papst Johannes Paul II. besuchte im Jahr 2000 den Berg Nebo.

> Jordanien heute   **FAKTEN** 55

Hatte sich nach dem Osloer Abkommen eine Entspannung im Nahen Osten abgezeichnet, wurde diese mit dem Besuch Ariel Scharons auf dem Jerusalemer Tempelberg im Jahr 2000 wieder zunichte gemacht. Die Palästinenser reagierten auf diesen Affront mit der **Ausrufung der zweiten Intifada.**
Neue Hoffnung auf Frieden im Nahen Osten kam 2003 auf. Damals verpflichteten sich Israel und die palästinensische Seite zur Durchsetzung der »Roadmap«. Dieser Friedensplan, der von EU, USA, Russland und UNO erarbeitet wurde, sieht eine endgültige Lösung des jahrzehntelangen Konflikts vor. Unter anderem sollen beide Seiten auf Terror und Gewalt verzichten, sollen die Palästinenser einen unabhängigen Staat gründen dürfen, der von Israel anerkannt wird, dafür aber einen demokratischen Umbau der Palästinenserbehörden betreiben müssen. So wurde nach dem Tod des palästinensischen Präsidenten Jassir Arafat im November 2004 Mahmoud Abbas in demokratischen Wahlen zum neuen Präsidenten gewählt.

Die »Roadmap for peace«

Das Jahr 2006 brachte neue Unruhen: In Palästina gewann die Hamas, die Israel das Existenzrecht abspricht, die Parlamentswahlen. Weil sich die Hamas weigerte, die Bedingungen der Roadmap zu erfüllen, froren EU und Israel alle Finanzhilfen ein. Die sich sodann im Juli abzeichnende Annäherung von Hamas und Fatah ging jedoch völlig im neuen Libanonkrieg unter, der am 12. Juli 2006 mit der Entführung zweier israelischer Soldaten durch libanesische Milizen begann. Kaum war dieser Krieg beendet, eskalierte der Streit zwischen Hamas und Fatah in einen regelrechten Bürgerkrieg, der mit der Machtübernahme der Hamas im Gazastreifen endete.

Innerpalästinensischer Streit

Nach den Terroranschlägen am 11. September 2001 in den USA brach der Tourismus auch in Jordanien vollends zusammen. Als wie sicher Jordanien schon bald wieder eingeschätzt wurde (und noch immer wird), zeigte sich 2003, als die USA und ihre Verbündeten gegen den irakischen Diktator Saddam Hussein ins Feld zogen. Journalisten aus der ganzen Welt bezogen Quartier in Amman und berichteten von hier aus über den Krieg im Irak. Nach Ende des Krieges wurde Jordanien Dreh- und Angelpunkt für den Wiederaufbau des Nachbarlandes.
2005 erreichte der Terror auch Jordanien. Am 9. November explodierten Bomben in drei Hotels in Amman, die überwiegend von Touristen und westlichen Geschäftsleuten besucht wurden. 57 Menschen starben, über 200 wurden verletzt. Die vier irakischen Selbstmordattentäter werden dem Terrornetzwerk Al-Qaida zugerechnet. Seither gibt es scharfe Sicherheitskontrollen an den Eingängen der Hotels. Am 4. September 2006 erschoss ein Attentäter einen Touristen im römischen Amphitheater von Amman. Nach wie vor gilt aber Jordanien als mit das sicherste Land im Nahen Osten. Das ist nicht zuletzt der politischen Stabilität zu verdanken, die das haschemitische Herrscherhaus aufrechtzuerhalten versteht.

Terrorismus

Kunst und Kultur

Jordanien liegt im Schnittpunkt der bedeutendsten Kulturen des Vorderen Orients und nahm Einflüsse auch aus Rom und Griechenland auf. Herausragendstes Denkmal ist die Felsenstadt Petra, die die Nabatäer erbauten. Nicht zu vergessen: Jordanien ist Teil des Heiligen Landes und damit eine Wiege der abendländischen Kultur.

Kunstgeschichte

Mit einer Siedlungsgeschichte, die bis ins 8. Jt. v. Chr. zurückreicht, besitzt Jordanien eine der ältesten Kulturgeschichten der Welt. Im Scheitelpunkt von Ägypten und Mesopotamien gelegen, war das Land östlich des Jordan stets ein Durchzugsgebiet für die unterschiedlichsten Völker, die nicht nur militärischen Druck ausgeübt, sondern Kunst und Kultur entscheidend mitgeprägt haben. In den vielfältigen kunsthistorischen Zeugnissen aus Jordaniens bewegter Vergangenheit sind die Hinterlassenschaften von Ägyptern, Assyrern, Babyloniern, Persern, Griechen, Römern, Byzantinern, Omaijaden und Osmanen heute noch lebendig.

10 000 Jahre Kultur

Frühe Kulturen

Im Verlauf des 9. und 8. Jt.s v. Chr., also der Jungsteinzeit im Nahen Osten, wurden Menschen erstmals zu beiden Seiten des Jordans sesshaft. In Jericho gründeten sie bereits im 9. Jt. v. Chr. eine stadtähnliche Siedlung, die mit einer Mauer verstärkt und mit einem Turm befestigt war. Zeugnis des Totenkults von Jericho legen die aus Gips modellierten, mit Kauri-Muscheln als Augen versehenen »Jericho-Schädel« im archäologischen Museum von Amman ab.

Die Schädel von Jericho

Spektakulär war die Entdeckung der »Ain-Ghazal-Figuren« im Jahr 1983 im gleichnamigen östlichen Vorort Ammans. Die ins frühe 7. Jt. v. Chr. datierten, im Durchschnitt etwa 80 cm hohen, zum Teil sogar lebensgroßen Figurinen aus Kalk und Binsen sind die ältesten am Jordan gefundenen Plastiken und heute im Archäologischen Museum in Amman zu sehen. Wer ihnen gegenübersteht, kann sich fast nicht losreißen von dem merkwürdigen Blick dieser frühen Meisterwerke (Bild umseitig). Vermutlich wurden sie für kultische oder magische Zwecke angefertigt. Zahlreiche Steingeräte, Hausmauern und gut erhaltene, verputzte Fußböden auf einem Areal mit einer Größe von mehr als zehn Hektar weisen darauf hin, dass Ain Ghazal vor fast 10 000 Jahren ein großes regionales Zentrum war.

Magische Augen

Aus dem Chalkolithikum (Kupferzeit, ca. 5000–3600 v. Chr.) sind zahlreiche Siedlungen in Jordanien bekannt, wobei die Hinterlassenschaften der Menschen zeigen, welch kulturelle Einheit die gesamte Region bildete. Herausragend sind die bunten Wandmalereien in den Wohnungen, deren berühmteste das Fresko aus Tulaylat al-Gasul ist. Es gilt als das »älteste Weltbild« und stellt einen Nachthimmel mit Mond und Sternen dar. Die Bestattungen unter dem Boden der Wohnräume wurden in chalkolithischer Zeit aufgegeben und von

Kulturen der Kupferzeit

← *Detail aus einem der Mosaikfußböden, die in der St. Georgskirche in Madaba zu sehen sind.*

Berühmte Kunst, wichtige Männer: Deutschlands Bundespräsident Horst Köhler und Jordaniens König Abdullah II. mit einer der Ain-Ghazal-Statuen in Berlin 2004.

Schachtgräbern außerhalb der Städte abgelöst – die Nekropole war »erfunden«. Lediglich Kinderskelette, in Tonkrügen geborgen, wurden weiterhin in den Wohnräumen aufbewahrt.

Fundplätze der Bronzezeit

Große runde Schachtkammern, die teils mehr als 100 Skelette bargen, waren der bevorzugte Grabtyp der frühen Bronzezeit. Eine der bekanntesten Belege hierfür ist der frühbronzezeitliche Friedhof von Bab adh-Dhira. Hatten sich in der frühen Bronzezeit die Dörfer zu Städten entwickelt, brach die städtische Kultur um 2300 v. Chr. zusammen. Ob dafür schlechteres Klima oder die Übernutzung der Ressourcen verantwortlich war, ist noch nicht geklärt. Erst um 2000 v. Chr. setzte sich die städtische Lebensform wieder durch, von nun an dauerhaft.

Fernkontakte in der Bronzezeit

Ab der Mittelbronzezeit (ca. 2000 v. Chr.) beeinflussen Nachbarvölker wie die Amoriter, die Hyksos und die Ägypter das Ostjordanland. Die Amoriter griffen in dessen Geschichte nicht nur als Plünderer und Zerstörer, sondern auch als Vermittler kultureller Errungenschaften ein. Vermutlich waren sie es, die für die Verwaltung die sumerische Keilschrift, die im Verlauf des 4. Jt.s v. Chr. entwickelt worden war, einführten und somit die Basis schufen für den Ausbau weit gespannter Handelsbeziehungen. Außerdem brachten sie die Kunst des Siegelschneidens mit ins Ostjordanland. Seit dem 18. Jh. v. Chr. kannte man hier auch die **Töpferscheibe**.

Zwischen 1900 und 1500 v. Chr. stand das Ostjordanland unter dem Einfluss der Hyksos, einem Volk, das Mitte des 2. Jt.s v. Chr. die Herrschaft in Ägypten angetreten und dort die 15. Dynastie gegründet hatte. Von ihnen lernten die Bewohner des Ostjordanlandes Pferd, Streitwagen und das Glacis (d. h. eine Erdaufschüttung vor der Burgmauer, durch die bei der Anlage von Festungsgräben ein toter Winkel vermieden wird) kennen, wie es Befestigungen in Amman und am Tell Safut bei Suweileh belegen.

Ägyptens Einfluss auf das Ostjordanland festigte sich unter Pharao Thuthmosis III., der 17 Feldzüge nach Syrien-Palästina unternahm. Das Ostjordanland profitierte von der wirtschaftlichen Blüte des Neuen Reichs, und Funde in Tell Deir Alla, Pella und Amman bezeugen Handelskontakte bis nach Griechenland und Zypern. Beredtes Zeugnis für die Rezeption »ausländischer« Kunst ist das Pella-Kästchen (Bild S. 217) mit seinen Anleihen am syrisch-mesopotamischen und ägyptischen Stil.

Epoche des Alten Testaments

Die wichtigste Quelle für die Eisenzeit ist das Alte Testament. Zahlreiche darin geschilderte Ereignisse sind im Gebiet des heutigen Jordanien lokalisiert, eine Reise nach Jordanien ist auch eine Reise durch das Land der Bibel. In Tell Deir Alla im Jordantal, dem biblischen Sukkoth, soll sich Jakob nach dem Kampf mit einem Engel Hütten gebaut haben. Der Exodus der Israeliten aus Ägypten unter Moses führte, ehe die Stadtstaaten Kanaans erobert wurden, durch das Ostjordanland. Auf dem Berg Nebo durfte Moses, bevor er starb, einen Blick auf das Heilige Land werfen. Obwohl die alttestamentlichen Schilderungen dieser Vorgänge theologisch und literarisch überhöht wurden, sind sie wegen ihrer alltags- und kulturgeschichtlichen Hinweise von unschätzbarem Wert.

Funde aus der Bibelzeit

Die archäologischen Funde aus der Zeit vor dem 9. und 8. Jh. v. Chr., die die im Alten Testament geschilderten Ereignisse stützen, sind nicht sehr zahlreich. Umso bedeutender sind Einzelfunde, die sich mit biblischen Schilderungen, wenn auch aus nicht-israelitischer Sicht, decken. Spektakulärster Fund in dieser Hinsicht ist die 1868 in Moab entdeckte »Mesha-Stele« aus dem 9. Jh. v. Chr. (Bild S. 44). Die Originalstele befindet sich im Pariser Louvre, die Museen von Amman, Madaba und Kerak sind jedoch im Besitz von Kopien. Auf der Inschriftenstele rühmt sich der moabitische König Mesha sei-

> **? WUSSTEN SIE SCHON …?**
>
> ■ … dass das Zerbrechen der Mesha-Stele nicht dem Zahn der Zeit zuzurechnen ist, sondern geplanter Zerstörung? Weil sich französische und preußische Ankäufer und osmanische Behörden stritten, sprengten die Beduinen die Stele kurzerhand und verteilten die Stücke unter sich. Erst im Louvre kamen 20 Fragmente wieder zusammen. Und nur weil der Stelen-Finder, der deutsche Missionar F.A.Klein, einen Abklatsch gemacht hatte, konnten die fehlenden Teile ergänzt werden.

Als schönstes hellenistisches Bauwerk Jordaniens gilt Irak al-Amir bei Amman. Geradezu liebevoll gestaltet sind die Löwenfriese.

nes Sieges über die Israeliten und bestätigt damit die entsprechende Darstellung in 2. Könige 3, 4–27. Auf der Stele wird außerdem zum ersten Mal außerhalb des Alten Testaments der Gottesname JHWH genannt. Bedeutend ist die Mesha-Stele auch, weil sie die Schrift jener Zeit dokumentiert: Im syrisch-palästinensischen Raum vollzog sich damals die Entwicklung von Schriftsystemen mit vielen hundert Zeichen zu einer Alphabetschrift mit ca. 20 Buchstaben. Bei der moabitischen Schrift der Mesha-Stele handelt es sich um die um 1400 v. Chr. in Byblos entwickelte phönizische Alphabetschrift.

Einflüsse der Assyrer Seit dem 8. Jh. v. Chr. übten die Assyrer die politische und militärische, aber auch die kulturelle Vorherrschaft über die Reiche Ammon, Moab und Edom aus. Rundplastische Skulpturen von Königen sowie janusköpfige Frauenporträts aus dem 8.–6. Jh. v. Chr., gefunden auf der Zitadelle von Amman und heute im archäologischen Museum ausgestellt, zeigen, wie stark sich die ammonitischen Künstler jener Zeit an Mesopotamien orientierten.

Unter griechischer und römischer Herrschaft

Hellenismus Mit den Griechen und Römern übernahmen zum ersten Mal nichtorientalische Mächte die Vorherrschaft im Vorderen Orient: Orient und Europa profitierten vom wechselseitigen kulturellen Austausch und traten in eine Epoche ein, die als »Hellenismus« bezeichnet wird. Von den Zeugnissen der Griechenherrschaft (332 – 63 v. Chr.) im Ostjordanland ist nicht besonders viel erhalten geblieben. An den wenigen Bauwerken, die unverkennbar hellenistischen Einfluss aufweisen, ist immer auch eine regionale »Überformung« zu erkennen, so etwa an Iraq al-Amir (▶Amman), dem Palast des jordanischen Statthalters Hyrkan. Die megalithische Bauweise dieses Palastes fußt auf einer Technik syrisch-phönizischer Tradition; der architektonische Dekor aber (Säulen, Kapitelle und korinthisches oder dorisches Gebälk) ist griechisch.

Was sich jedoch in den späteren Dekapolis-Städten erhalten hat, ist die Struktur der griechischen Siedlungen. So weisen namentlich Gerasa (▶Jerash) und Gadara (▶Umm Qays) noch typische Kennzeichen seleukidischer Städte auf: Die Befestigungsmauern sind an die topographischen Gegebenheiten der Landschaft angeglichen, das Stadtareal ist in einzelne Parzellen eingeteilt, eine Straßenachse ist dominant. Antike Autoren berichten, welch bedeutende Rolle diese griechisch geprägten Städte im Prozess der »Hellenisierung des Orients« spielten. Geographen, Philosophen und Geschichtsschreiber ließen sich dort nieder und wirkten in die umliegenden Regionen hinein. Zahlreiche Gottheiten der Eroberer wurden in die Religion integriert oder mit eigenen Gottheiten identifiziert.

Gerasa und Gadara

Um die Mitte des 2. Jh.s v. Chr. traten die Nabatäer (▶Baedeker-Special S. 222) mit einer eigenen Kultur in Erscheinung. Als Konstrukteure von Brunnen und Wasserleitungen waren sie bereits erfolgreich, nun betätigten sie sich auch als Baumeister, Bildhauer und Töpfer. Als Baumeister beherrschten sie sowohl die Lehmziegelbauweise (Wohnhäuser) als auch die Bearbeitung des weichen Sandsteins in ▶Petra. Der hohen Bedeutung des Toten- und Begräbniskultes der Nabatäer verdanken wir die in den Fels gehauenen Grabbauten mit ihren reich gestalteten, z. T. an Palastarchitektur erinnernden Fassaden, aber auch Heiligtümer und gemeißelte Götterbildnisse belegen die Meisterschaft im Umgang mit dem Stein. Interessant ist, wie sehr sich die Nabatäer der hellenistisch-römischen Kultur öffneten, gleichzeitig ihr arabisches Erbe beibehielten und damit einen ganz eigenen Stil schufen.

Die Nabatäer

Nach dem Machtantritt Roms 63 v. Chr. wurden im Gebiet des heutigen Jordanien keine neuen Städte gegründet, vielmehr verliehen die Römer den vorhandenen Metropolen durch Thermen, Theater, Säulenstraßen und Tempel ein römisches Gepräge. Allerdings hatte dies zur Folge, dass es in Jordanien keine rein römische Stadt gibt, die dem etruskisch-römischen Ideal einer regelhaften, geometrischen Stadtanlage entspricht. Das ordnende Achsenkreuz wurde abgeschwächt, und eine Straßenachse (in Gerasa der Cardo, in Gadara der Decumanus) trat dominierend hervor.

Ausbau der Städte

Handel mit Luxusgütern

Durch den Ausbau der alten Königsstraße zur »Via Nova Trajana« in den Jahren 111–114 wurde nicht nur das Wegesystem von Syrien bis hinunter zum Golf von Aqaba verbessert, sondern auch der Handel erleichtert. Der Reichtum durch den Handel mit Luxusgütern, Gewürzen und Duftstoffen, Edelmetallen und Elfenbein, die über die Dekapolisstädte in den »fruchtbaren Halbmond« und nach Mesopotamien transportiert wurden, ermöglichte die Verschönerung der Städte mit Luxusbauten, Nymphäen, Tempeln und Foren.

Roms fremde Götter

Wie in der Architektur setzten sich auch im religiösen Bereich Mischformen durch. Ausgehend vom kultisch-religiösen Bereich kann man – vor allem seit dem 2. Jh. – auch von einer »Orientalisierung« des Römischen Reiches sprechen. Das römische Militär lernte orientalische Gottheiten wie den Sonnengott Mithras, Adonis, die Dea Syria, Kybele, Attis sowie Isis und Osiris kennen, und es verbreitete ihre Kulte im gesamten Römischen Reich. Beinahe alle römischen Stadttempel des 3. Jh.s in Jordanien waren orientalischen Gottheiten geweiht.

Christliche Kunst in byzantinischer Zeit

Christliche Kirchen

Nach einem vorübergehenden Niedergang im 3. Jh. erlebte das Ostjordanland in byzantinischer Zeit (330–636 n. Chr.) erneut eine wirtschaftliche und kulturelle Blüte. Die älteste christliche Kirche Jordaniens ist wahrscheinlich die im Jahr 345 erbaute »Julianuskirche« in Umm el-Jimal. 14 Kirchen allein in Gerasa und 15 Kirchen in Madaba sind heute bekannt. Auch hier griffen die Baumeister auf den Formenschatz älterer Kulturen zurück. Der profane Mehrzweckbau der römischen Basilika wurde von den Christen zum Versammlungshaus für die Gemeinde erhöht, und auch altorientalische Stilelemente wurden in die christliche Architektur integriert: Vermutlich war die frühbyzantinische Chorkomposition mit zentraler Apsis und zwei Seitenkammern der Cella-Stirn nabatäischer und syrischer Tempel nachempfunden. Funde belegen, dass die frühen Kirchen Glasfenster besaßen und unter dem Altar Reliquiare aufbewahrt wurden. Heute bestechen sie durch ihre gut erhaltenen Mosaikböden.

Islamische Kunst

Omaijadische Wüstenschlösser

Seit dem 7. Jh. bestimmt die neue Religion des Islam das kulturelle Leben des Vorderen Orients. Eindrucksvollstes Zeugnis gibt davon die Omaijadenmoschee in Damaskus. Aber auch profane Meisterwerke der Bau- und Freskenkunst entstanden in dieser Zeit, wie die Schlösser der Omaijaden bezeugen, die auf dem Gebiet des heutigen Jordanien die wichtigsten Bauzeugnisse aus frühislamischer Zeit sind. Wirkliche »Schlösser« waren sie nicht, vielmehr kleinere Residenzen oder Jagdschlösschen, vielleicht auch repräsentative Stützpunkte an den Grenzen zu den Beduinenstämmen. Wie die herrlichen Fresken

Herrliche Fresken überziehen die Räume in Qusair Amra.

in Qusair Amra (►Azraq) beweisen, hatte sich das islamische Bilderverbot hier noch nicht durchgesetzt. Gleichzeitig weisen sie darauf hin, dass in Amra wie auch bei den anderen Prachtbauten der Omaijaden byzantinische und sassanidische Handwerker tätig geworden waren.

Mit der Verlegung des Kalifats von Damaskus nach Bagdad verschob sich das muslimische Zentrum nach Mesopotamien, und das Ostjordanland verlor für die muslimischen Machthaber an Attraktivität. Hinweise auf eine ausschweifende, prunkliebende Hofhaltung, wie sie die »Märchen aus Tausendundeiner Nacht« vor allem für die Herrschaft des Kalifen Harun ar-Raschid (reg. 786–809) schildern, sucht man in Jordanien vergeblich. Vielmehr erlebte das abassidische Nordjordanien im 10. Jh. eine wirtschaftliche Blüte und auf kulturellem Gebiet einen Niedergang. Größere Bauvorhaben wurden in dieser Epoche nicht verwirklicht.

Kultureller Niedergang

Festungsarchitektur im Zeitalter der Kreuzzüge

1096 folgten die ersten Kreuzritter dem Aufruf Papst Urbans II., Jerusalem aus der Hand der »Ungläubigen« zu befreien. Nach der Eroberung der heiligen Stadt im Jahr 1099 dienten die Kreuzritterburgen

Die Burgen der Kreuzritter

dazu, die militärische Vorherrschaft der Christen zu sichern. Bis heute sind sie sichtbarstes Zeugnis der beinahe zweihundertjährigen Präsenz der Franken in »Oultrejourdain«. Die Festungen wurden nicht nur auf syrischem und palästinischem Gebiet, sondern auch im Ostjordanland außerhalb der Städte errichtet, um sich vor der feindlich gestimmten muslimischen Bevölkerung zu schützen. Charakteristisch für den fränkischen Wehrbau ist der normannische Donjon oder Bergfried, ein rechteckiger, hervorgehobener Turm, der zumeist dem Burgherrn als Residenz diente. Die durch Mauern geschützten Innenhöfe wurden mit Zisternen für die Wasserversorgung versehen. Manche Burgen – wie etwa Kerak – wurden zusätzlich dadurch gesichert, dass man sie nur durch unterirdische Felstunnel betreten konnte; aus demselben Grund wurden in Kerak Unterkunfts- und Küchenräume unterirdisch angelegt.

Araber und Franken
Da die abendländische Festungsarchitektur seinerzeit noch nicht weit entwickelt war, studierten die Kreuzritter die Lager und Kastelle römischen, aber auch arabischen Ursprungs mit großer Bewunderung. Viele orientalische Architekturelemente oder künstlerische Motive fanden durch die Kreuzritter Eingang in die Kunst des Okzidents, z.B. der Spitzbogen, der sich erstmals zu Beginn des 12. Jh.s im französischen Raum nachweisen lässt. Auch viele andere wichtige Impulse erhielt Europa durch die Vermittlung der verschiedenen Kreuzritterorden, insbesondere der Templer, der Johanniter und der Deutschordensritter.

Zwar war deren Aufgabe in erster Linie die Missionierung der »Heiden«, doch führte ihr Zusammenleben mit den Muslimen auch zur Aufnahme philosophischen Gedankenguts und naturwissenschaftlicher Erkenntnisse, die nach Europa weitervermittelt wurden. So profitierte die »rückständige« europäische **Medizin** sehr vom Wissen der arabischen Ärzte. Auch manche Ritter ließen sich im Umland der Burgen nieder, heirateten muslimische Frauen und blieben nach dem Untergang des Kreuzritterstaates im Orient ansässig. Wenn heute immer wieder auf die **fränkischen Vorfahren** der Bevölkerung Keraks verwiesen wird, so handelt es sich dabei um Kinder der damaligen christlich-muslimischen Mischehen.

Aijubiden und Mamelucken
Um die einmal eroberten Festungen nicht wieder an die Franken zu verlieren, haben die Araber die eingenommenen Burgen entweder zerstört – wahrscheinlich war dies in Aqaba der Fall – oder mit eigenen muslimischen Truppen besetzt. Shawbak und Kerak wurden zunächst von den seldschukischen Aijubiden und in der Folge noch einmal von den ägyptischen Mamelucken umgebaut und zu Verwaltungszentren umfunktioniert. Beide Burgen weisen somit heute neben den fränkischen auch Elemente der arabischen Architekturtradition auf. Eindrucksvolles Beispiel dieser aijubidisch-mameluckischen Baumaßnahmen ist ein über 100 m langer, unterirdischer Saal in der Festung von ▶Kerak.

Unter osmanischer Herrschaft

Die politische und kulturelle Vernachlässigung des Ostjordanlandes, die in mameluckischer Zeit begann, setzte sich unter der vier Jahrhunderte währenden Osmanenherrschaft (1516–1918) fort. Da die meisten Menschen als Nomaden lebten, entstanden in dieser Zeit keine nennenswerten Bauwerke. Größere Siedlungen gab es nur in der Umgebung älterer Wehrbauten, da das dort stationierte Militär die Bevölkerung vor Nomadenüberfällen schützen konnte. Nur weil die Pilgerroute von Damaskus nach Mekka durch das Ostjordanland führte, geriet die Region nicht vollkommen in Vergessenheit. Um Übergriffen der Beduinen auf die Pilger Einhalt zu gebieten, errichteten die Osmanen im 18. und 19. Jh. befestigte Wasserstationen, die »Pilgerforts«. Von diesen Wasserstationen sind allerdings nur drei erhalten: Qalaat Aneza, Qalaat al-Hesa sowie das Fort bei Qatrana.

An der Pilgerroute

Jordanische Kultur heute

Die Integration fremder Elemente in die eigene Kunst- und Bautradition ist auch das signifikanteste Merkmal der jordanischen Kultur im 20. Jahrhundert. Bestes Beispiel dafür ist die nach den Plänen des Architekten Jan Czeikas 1989 fertiggestellte **Abdallah-Moschee** in Amman, die – möglicherweise in Ermangelung anderer markanter Bauwerke – zum Wahrzeichen der modernen Metropole avancierte. Die zentrale Kuppel, die Einlegearbeiten in Türkisblau und nicht zuletzt die Minarette (aus Beton!) sind durch die Bauaufgabe vorgegeben; die abstrakt-modernen Formen, die für die tradierten Elemente verwendet werden, sind dem europäischen Einfluss zuzuschreiben. Wie von einem Picasso der Architektur entworfen und doch unverkennbar orientalisch wirken einige der in den 1970er- und 1980er-Jahren entstandenen Villen in Abdoun, einem vornehmen Vorort Ammans. Traditionell arabische Elemente wie Kuppel und Bögen sowie die Vorliebe, in die Breite statt in die Höhe zu bauen, gehen mit Materialien, die man eher aus der westlichen Architektur kennt – Stahl, Glas oder Beton – eine eigenwillige Verbindung ein.

Orient trifft Okzident

In diesem architektonischen Eklektizismus spiegelt sich der innere Zustand der jordanischen Gesellschaft. Die Aufgeschlossenheit gegenüber westlichen Moden und Technologien schließt eine wertkonservative Haltung nicht aus, die an überlieferten Normen, Sitten und an der religiösen Tradition festhält. So ist es in Jordanien in vielen Familien noch Brauch, dass Männer und Frauen sich nicht gemeinsam in einem Raum aufhalten, wenn Besuch kommt oder Feste gefeiert werden. Aus diesem Grund weisen viele Häuser zwei Wohnzimmer auf. Die jahrhundertealte islamische Einrichtung des »Harems«, der kein Privatbordell, sondern ursprünglich einen Bereich darstellt, zu dem die Männer keinen Zutritt haben, findet hier seinen Nachhall.

Zwei Wohnzimmer

Kunsthandwerk

Teppichweberei In einem Land mit vielen Schafherden kommt der Teppichweberei naturgemäß eine wichtige Rolle zu. Meister dieser Kunst sind die Beduinenfrauen, aber auch in den Städten, so v. a. in Madaba, werden Teppiche aus Schafswolle produziert. Früher haben die Beduinenfrauen nur für den Eigenbedarf Teppiche hergestellt, heute kann man ihre Teppiche auch kaufen. Durch Frauenförderungsprojekte wie das in Bani Hamida, die auch die Vermarktung der Teppiche übernehmen, wurde das alte Handwerk vor dem Aussterben bewahrt und neue Entwicklungen auf diesem Gebiet angeregt. Die Beduinenteppiche sind meist in kräftigen, eher dunklen Farben gehalten, die früher aus Pflanzen gewonnen wurden. Ihre Wirkung beruht hauptsächlich aus der Farbzusammenstellung, denn die traditionellen Muster bestehen im Wesentlichen aus Streifen und einfachen geometrischen Formen wie z. B. Rauten.

Teppichhändler in Wartestellung. Ein Tässchen Tee gibt es dann für die Kunden.

Kunsthandwerk

Bani Hamida Project

Bemerkenswert ist das 1985 ins Leben gerufene Bani Hamida Women's Weaving Project. Beduinenfrauen aus Bani Hamida bei Madaba besannen sich auf ihre fast schon verschütteten kunsthandwerklichen Traditionen und begannen, in Heimarbeit Teppiche zu weben. Damit war ein erster Schritt in die Richtung getan, das meist niedrige Einkommen der Familie aufzubessern, um beispielsweise ihren Kindern den Schulbesuch zu ermöglichen. Anfangs unterstützte die Königin-Noor-Stiftung das Projekt, doch mittlerweile ist diese Hilfe nicht mehr nötig, denn die handgewebten Teppiche sind begehrt, und die Zahl der Weberinnen nimmt ständig zu. Rund 650 ehemalige Nomadenfamilien und 1500 Beduinenfrauen sind heute an dem Bani-Hamida-Projekt beteiligt. Für die Teppiche verwenden sie ausschließlich handgesponnene Schafswolle. Mit der steigenden Nachfrage verändern sich allerdings auch die Produktionsbedingungen. So verwenden die Frauen mittlerweile auch synthetische Farben, während früher die Wolle ausschließlich mit Pflanzen gefärbt wurde. Verkauft werden die Teppiche in Amman, Madaba oder Mukavir.

Schwerter und Dolche

Die Herstellung von kunstvoll verzierten Waffen – seien es nun Dolche, Säbel oder Feuerwaffen – ist in allen Staaten des Nahen Ostens weit verbreitet. Von Damaskus, dem unbestrittenen Zentrum der Waffenschmiedekunst, gelangte das Handwerk auch nach Jordanien. Die mehr oder weniger stark gekrümmten Klingen werden bei hohen Temperaturen geschmiedet und immer wieder abgekühlt. Der Griff der Dolche besteht zumeist aus Horn, das Futteral für die Klinge wird aus Holz gefertigt. Es ist mit dünnen Silberplatten überzogen und mit Glas oder Halbedelsteinen besetzt.

Glas

Die Glasherstellung beispielsweise gehört zu den Handwerken, die bereits seit mehr als zwei Jahrtausenden im Nahen Osten ausgeübt werden. Die charakteristischen Farben der Glasware aus dem Nahen Osten, tiefes Blau oder Grün, entstehen dabei durch die Zugabe von Metalloxiden. Wenn die Temperaturen im Brennofen etwa 1000 Grad erreicht haben, kann der Glasbläser dem Material eine Form geben. Dazu bedient er sich der Glaspfeife, einem langen Eisenrohr, an dem der glühende, zähflüssige Stoff aus dem Ofen geholt wird. In einem Raum mit spezieller Temperatur wird das fertige Glasprodukt abgekühlt, bevor es ins Ladenregal wandert.

Trachten und Schmuck

Zur traditionellen Frauentracht der Beduinen gehörte Silberschmuck: Armbänder, steinbesetzte Ringe und Ketten mit einem meist dreieckigen amulettartigen Anhänger, der ebenfalls in der Regel mit Steinen besetzt ist. Bei der Wahl der Steine – häufig Türkis, Achat, Bernstein oder Malachit – achtete man darauf, welche Eigenschaften dem jeweiligen Stein zugeschrieben wurden. Heute wird dieser Silberschmuck hauptsächlich für die ausländischen Gäste hergestellt, denn Goldschmuck ist bei der jüngeren Generation der jordanischen Frauen weitaus beliebter.

Berühmte Persönlichkeiten

Welcher Waliser kämpfte für die Befreiung der Araber? Wer verbarg sich unter dem Namen »Scheich Ibrahim«? Welche Leidenschaft hatte König Hussein? Kleine Denkmäler für die, die dem Land zwischen Jordan und Wüste ihren Stempel aufgedrückt haben.

Abdallah Ibn al-Hussein (1882 – 1951)

Im Jahre 1920 fuhr Abdallah, zweitältester Sohn von Hussein, dem Sherif von Mekka, mit 300 Mann von Medina nach Maan und ein Jahr später weiter nach Amman, um den dort versammelten Beduinenstämmen zu erklären, dass er ihr König werden wolle. Er bot den Briten an, das Wüstenland zu regieren, und Kolonialminister Winston Churchill stimmte einer zunächst zeitlich begrenzten Regierung Abdallahs zu. Für den 1882 in Mekka geborenen Abdallah sprach, dass er eine Streitkraft von rund 8000 Mann hinter sich vereinte und als Mitglied der haschemitischen Dynastie, die seit dem 13. Jh. über die heiligsten Stätten des Islam wachte, seine **Abstammung bis auf den Urgroßvater des Propheten Mohammed** zurückführen konnte. Zudem sahen die Briten so eine Möglichkeit, ihr Versprechen auf arabische Unabhängigkeit einzulösen, ohne die Einrichtung einer nationalen Heimstätte für die Juden im Mandatgebiet Palästina zu gefährden. Doch der Weg zum jordanischen Staat war aufgrund des Ressourcenmangels und des Fehlens jeglicher zentralstaatlicher Organisation nicht leicht und zunächst nur mit britischer Unterstützung zu schaffen, so z. B. beim Aufbau der Arab Legion, der jordanischen Armee, die bis in die 1950er-Jahre unter britischer Führung stand. Im März 1946 wurde Transjordanien unabhängig und Abdallah bestieg zwei Monate später den Thron. Mit der Gründung Israels 1948 spitzte sich die politische Situation im Nahen Osten zu. Noch vor dem Ausbruch des jüdisch-arabischen Konfliktes 1947 einigte sich Abdallah mit den Israeli darauf, dass die Arabische Legion im Falle eines Krieges nicht eingreifen würde, wenn diese im Gegenzug den Haschemitenkönig nicht an der Annexion des westlichen Jordanufers hinderten, das die Vereinten Nationen 1947 den Arabern zugesprochen hatten. So beschränkte das jordanische Heer dann auch tatsächlich seine Kampfhandlungen auf die Westbank und Ost-Jerusalem und annektierte diese Gebiete. Diese Politik wurde von vielen Arabern als implizite Anerkennung Israels und Verrat an den Palästinensern verurteilt. Abdallah, der Begründer des Königreichs Jordanien, bezahlte dafür mit seinem Leben: Am 20. Juli 1951 wurde er beim Gebet in Jerusalem ermordet.

Begründer des Königreichs Jordanien

Johann Ludwig Burckhardt (1784 – 1817)

Als erster Europäer der Neuzeit betrat der Schweizer Entdeckungsreisende Johann Ludwig Burckhardt im August 1812 die Nabatäer-Hauptstadt **Petra**. Der am 25. November 1784 in Lausanne Geborene studierte in Leipzig und Göttingen, bevor er aufbrach, um die Quellen des Flusses Niger zu finden. Zur Vorbereitung seines Vorhabens hielt sich der junge Mann zwei Jahre in Aleppo und Damaskus auf,

Forschungsreisender

← *Schon zu Lebzeiten eine Legende: T.E.Lawrence, besser bekannt als »Lawrence von Arabien«*

Johann Ludwig Burckhardt

lernte Arabisch und machte sich mit den Grundlagen des Islam vertraut. Auf dem Weg nach Kairo, wo seine Niger-Expedition starten sollte, ritt der 25-Jährige in der Tracht eines Beduinen unter dem Namen **Scheich Ibrahim** durch das heutige Jordanien und fertigte u. a. die ersten Grundrisse der antiken Stadt Gerasa (Jerash). Als er von Einheimischen von einer alten Stadt in den Bergen hörte, machte er sich auf nach Petra. Seine ortskundigen Begleiter, die ihm den Weg dorthin nicht weisen wollten, überlistete er mit dem Vorwand, am Grab Aarons ein Opfer bringen zu wollen – wohl wissend oder vermutend, dass dieses Grab in der Nähe der unbekannten Stätte liegen musste. Und tatsächlich führten sie ihn direkt in den Sik und zu den Gräbern von Petra, die er auch in einigen heimlich angefertigten Skizzen festhielt. Als muslimischer Pilger besuchte er 1814 Mekka und 1815 Medina. Burckhardt starb wenige Jahre später, am 15. Oktober 1817, in Kairo an der Ruhr, ohne sein eigentliches Vorhaben, die Erkundung des Niger, realisiert zu haben.

Glubb Pascha (1897 – 1986)

Kommandeur der Arab Legion

Die Abenteuerlust führte John Bagot Glubb, der am 16. April 1897 in Preston als Sohn eines britischen Offiziers und einer irischen Mutter das Licht der Welt erblickt hatte, in den Orient – zunächst in den Irak, dann ab 1931 nach Transjordanien. Zu den drängendsten Problemen des jungen Staates gehörte die Integration der Beduinen, die in Transjordanien große Gebiete beherrschten und sich immer wieder gegen die Regierung Abdallahs auflehnten. Bagot Glubb, der ab 1939 die transjordanische Armee, die Arab Legion, befehligte, löste das Problem, indem er die Beduinen nicht bekämpfte, sondern sie in die Streitkräfte aufnahm und so ihre Loyalität gegenüber dem transjordanischen Emirat und späteren Staat festigte. Innerhalb weniger Jahre waren durch Glubb, der seit 1940 den **Ehrentitel »Pascha«** trug, die Arab Legion zu einer schlagkräftigen Armee und die Beduinen zu treuen Anhängern des Staates geworden. Obwohl sich in der kriegerischen Auseinandersetzung zwischen Israel und seinen Nachbarn 1948 die Arab Legion als die stärkste unter den arabischen

Streitkräften profilierte, begann Glubbs Stern unter dem erstarkenden arabischen Nationalismus zu sinken. Er selbst wollte offenbar nicht wahrhaben, dass die Forderungen nach einer Arabisierung der Armee zunahmen und seine Person – er war schließlich Brite – ins Zwielicht geriet. So traf es ihn offenbar völlig unerwartet, als ihn der junge König Hussein 1956 aus seinem Amt entließ und ihn bat, Jordanien zu verlassen. Nach fast 40 Jahren kehrte er, der eigentlich seinen Lebensabend in seiner zweiten Heimat Jordanien verbringen wollte, nach England zurück. In seinen letzten Lebensjahren verfasste er zahlreiche Bücher über die arabische Welt und seine Erfahrungen vor Ort. Glubb Pascha starb am 17. März 1986 in Mayfield.

Elisabeth Najeeb Halaby (geb. 1951)

Elisabeth Najeeb Halaby wurde am 23. August 1951 als Tochter einer angesehenen arabisch-amerikanischen Familie geboren und wuchs in den Vereinigten Staaten auf. Sie studierte Architektur und Stadtplanung an der Princeton University und arbeitete danach unter anderem bei der jordanischen Fluggesellschaft Royal Jordanian Airlines als Direktorin der Planungs- und Designabteilung. 1978 heiratete sie König Hussein. Die Mutter von vier Kindern – zwei Töchter und zwei Söhne – engagiert sich vor allem auf sozialem und kulturellem Gebiet. Zahlreiche Projekte, die auf die Verbesserung der Stellung der Frau, auf die Unterstützung von Kindern, auf den Umweltschutz und auf die Förderung der Kultur ausgerichtet sind, wurden von **Königin Nur**, wie sie seit ihrer Heirat heißt, initiiert. So begründete sie zum Beispiel das jährlich stattfindende, weit über Jordanien hinaus populäre Jerash-Kultur-Festival und die renommierte, jährlich in Amman veranstaltete Führungsakademie der Universität der Vereinten Nationen. Für ihre Aktivitäten wurde sie bereits mit mehreren Ehrendoktorwürden und internationalen Ehrungen ausgezeichnet. Die Königin gilt nicht nur als eine Verfechterin der interkulturellen Verständigung, sondern sie steht auch für die Modernität und Westorientierung des haschemitischen Königshauses.

Königin

Hussein II. (1935 – 1999)

Im Februar 1999 trauerte ein ganzes Volk um seinen verstorbenen König: Über 45 Jahre hatte Hussein sein Land regiert. Als der gerade 18-jährige Hussein Ibn Talal, Enkel des ermordeten Abdallah, am 2. Mai 1953 offiziell seinem Vater Talal als König nachfolgte, trat er kein leichtes Erbe an. Erst wenige Jahre vor seinem Amtsantritt war Transjordanien mit der Westbank zum Haschemitischen Königreich Jordanien vereint worden. Mit **großem politischen Spürsinn** hat der am 14. November 1935 in Amman geborene Hussein sein Land durch die Konflikte im Nahen Osten gesteuert – angefangen mit den israelisch-arabischen Auseinandersetzungen, über die palästinensischen Flüchtlingsströme bis hin zu den Machtkämpfen mit der PLO

König und Autosammler

▶ Berühmte Persönlichkeiten

König Hussein II. von Jordanien

und den beiden Golfkriegen in den 1980er- und 1990er-Jahren. Wie sein Großvater verfolgte Hussein gegenüber Israel den Weg der stillschweigenden Anerkennung, der schließlich 1994 zum Friedensschluss führte.

Der Regent genoss zwar breite Anerkennung, doch auch Feinde hatte der Staatsmann genug: **Zwanzig Attentate** wurden auf den König während seiner langen Amtszeit verübt. Heute sieht man noch immer Potraits des verstorbenen Königs an wichtigen Plätzen hängen neben denen seines jetzt regierenden Sohnes Abdullah. Wer nach Amman kommt, kann sich im Königlichen Automobilmuseum davon überzeugen, dass Husseins Herz auch für schnelle Autos schlug.

Thomas Edward Lawrence (1888 – 1935)

»Lawrence von Arabien«

Am 15. August 1888 in Wales geboren, verschlang T. E. Lawrence schon als Kind militärstrategische Literatur und entwickelte früh eine wahre Leidenschaft für Archäologie und Geschichte. Als gerade 23-Jähriger reiste er zum ersten Mal in den Nahen Osten – schon bald nicht mehr nur aus archäologischem Interesse. Im Frühjahr 1914, nur wenige Monate vor Ausbruch des Ersten Weltkrieges, erforschte und kartierte er den Nordteil des Sinai, also die Südgrenze des Osmanischen Reiches – eine Reise von eindeutig militärischem Charakter. Im Jahre 1916 nahm er im Auftrag der britischen Regierung Kontakt mit den aufständischen Arabern auf, um diese für einen gemeinsamen Kampf gegen die Osmanen zu gewinnen. Bald schon wurde er zum strategischen **Kopf des arabischen Aufstandes**. Unter seiner Führung attackierten die Araber die Hedschasbahn, eroberten Aqaba und rückten immer weiter nach Damaskus vor. Er erfuhr vom Sykes-Picot-Abkommen des Jahres 1916, in dem die Briten gemeinsam mit den Franzosen das Gebiet unter sich aufgeteilt hatten – entgegen ihres Versprechens, den Arabern einen eigenen unabhängigen Staat zu gewähren. Das brachte Lawrence in arge Gewissensnöte. Nach dem Sieg über die Osmanen und dem Ende des Ersten Weltkrieges setzte sich Lawrence auf der Pariser Friedenskonferenz für die Rechte der Araber ein, musste jedoch bald die Aussichtslosigkeit seiner Bemühungen erkennen. Einen Orden für seine militärischen

Dienste lehnte er ab und verpflichtete sich als einfacher Soldat unter anderem Namen bei der Royal Air Force. Im Alter von 46 Jahren starb er am 19. Mai 1935 an den Folgen eines Motorradunfalls.

Sein Buch »Die sieben Säulen der Weisheit« schildert seine ganz persönliche Sicht des arabischen Aufstands. Auch wenn der historische Wahrheitsgehalt des Buches umstritten ist, zeigt es doch eindrücklich den Zwiespalt des Autors zwischen britischer Distanz und persönlicher Anteilnahme an der Sache der Araber. Bei all seinen Reisen im Nahen Osten hatte Lawrence übrigens immer den Baedeker-Band »Palestine and Syria« im Gepäck.

David Leans Monumentalfilm »Lawrence of Arabia« aus dem Jahre 1962 mit Peter O´Toole in der Hauptrolle wurde überwiegend im Wadi Rum gedreht, gewann mehrere Oscars und machte Lawrence weltberühmt.

Alois Musil (1868 – 1944)

Sein Bekanntheitsgrad reicht zwar lange nicht an den seines Dichter-Vetters Robert Musil heran, doch in Fachkreisen erwarb sich der am 30. Juni 1868 im mährischen Rychtárŏov geborene Gelehrte und Universitätsprofessor größte Hochachtung durch seinen Beitrag zur topografischen Erforschung Jordaniens. Musil, den die Einheimischen **»Scheich Musa«** nannten, bereiste um die Jahrhundertwende den Vorderen Orient und kartierte einen Großteil der Gebiete, die er dort gesehen hatte. 1898 entdeckte er das Wüstenschloss **Qusair Amra** (▶ Azraq). Sein 1907/1908 erschienenes, zweibändiges Werk »Arabia Petraea« gehört zu den Klassikern der Reiseliteratur über die Arabische Halbinsel. Musil starb am 12. April 1944 in Neuhof bei Sternberg.

Orientalist

Rainald von Châtillon (um 1128 – 1187)

Als der französische Abenteurer, Kreuzritter und Gemahl von Konstanze von Antiochien Burgherr von Kerak wurde, hatte er 16 Jahre in syrischen Gefängnissen hinter sich gebracht. Durch seine ständigen Raubzüge gegen Karawanen und seinen **Überfall auf Mekka** reizte er seinen moslemischen Gegenspieler Saladin so lange, bis dieser zum Gegenschlag ausholte. Als Châtillon auch einen Überfall auf Verwandte von Saladin durchführte, schwor dieser, seinen Feind mit eigenen Händen zu töten. Alle früheren Belagerungen der Burg waren an der Uneinigkeit der Moslems gescheitert, doch nach dem Zusammenschluss von Ägypten und Syrien zu einem aijubidischen Einheitsstaat war die Voraussetzung für einen gemeinsamen moslemischen Feldzug gegen die christlichen Eroberer gegeben. Die beiden Belagerungen in den Jahren 1183 und 1184 scheiterten noch am Eingreifen christlicher Ersatztruppen aus Jerusalem, 1188 fiel die Burg aber doch Saladin in die Hände. Rainald von Châtillon hatte sein Wort gebrochen, keine Karawanen mehr zu überfallen, und nach der

Kreuzritter

vernichtenden Niederlage des christlichen Heeres 1187 bei Hattin gab es keine Ersatztruppen mehr. Von Châtillon wurde besiegt und Saldin hielt seinen Schwur, griff selbst zum Schwert und enthauptete seinen langjährigen Gegner.

Saladin (1137 / 38 – 1193)

Feldherr Als erbitterter Widersacher der christlichen Kreuzritter und Begründer der Aijubidendynastie wurde Saladin (Salah ed-Din) zu einer bedeutenden Figur in der mittelalterlichen Geschichte des Vorderen Orients. Der Sohn eines kurdischen Offiziers wurde 1137 oder 1138 im irakischen Tikrit geboren und übernahm 1169 die Führung der Truppen des Zangiden-Fürsten Nurredin von Damaskus. In Ägypten bekämpfte der sunnitische Moslem die schiitischen Fatimiden und übernahm nach dem Tode des letzten Kalifen die Herrschaft als Sultan von Ägypten und Syrien. Nach mehreren erfolglosen Feldzügen und Belagerungen der Kreuzfahrerburg Kerak schlug er 1187 das Kreuzfahrerheer bei Hattin und eroberte ein Jahr später Kerak und Jerusalem. In einem erneuten Kreuzzug gewannen die Truppen von Richard Löwenherz das Heilige Land allerdings bis auf Jerusalem zurück. Obwohl Saladin dem feindlichen muslimischen Lager angehörte, genoss er im Abendland ein hohes Ansehen. Der Dichter Gotthold Ephraim Lessing setzte ihm gar ein literarisches Denkmal in seinem Drama **»Nathan der Weise«**.

Abdul Hameed Shoman (1890 – 1974)

Gründer der Arabischen Bank Eine der größten privaten Kulturstiftungen in der arabischen Welt mit Sitz in Amman trägt seinen Namen: die Abdul Hameed Shoman Foundation, die es sich zu ihren Aufgaben gemacht hat, den wissenschaftlichen Nachwuchs in den arabischen Staaten zu fördern. So vergibt die Stiftung zum Beispiel jährlich den Abdul Hameed Shoman Preis an junge arabische Wissenschaftler, und in Amman unterhält sie eine öffentliche Bibliothek und ein Kultur- und Ausstellungszentrum. Der Mann, zu dessen Angedenken die Stiftung 1978 ins Leben gerufen wurde, hatte 1890 in dem Dorf Beit Hanina in der Nähe Jerusalems das Licht der Welt erblickt. 1911 emigrierte er in die USA. Als erfolgreicher Geschäftsmann kehrte er 1929 nach Palästina zurück und gründete ein Jahr später in Jerusalem die Arabische Bank, heute **die zweitgrößte Kreditanstalt der arabischen Welt**. Die erste Niederlassung in Amman wurde 1934 eröffnet. Vier Jahre nach dem Tod von Shoman rief die Generalversammlung der Arabischen Bank die besagte Stiftung ins Leben.

Rania al-Yasin (geb. 1970)

Königin von Jordanien Gattin des jordanischen Königs Abdullah II., Königin von Jordanien, Mutter von vier Kindern, Gründerin und Vorsitzende zahlreicher so-

► Berühmte Persönlichkeiten

zialer, karitativer und kultureller Vereinigungen, Trägerin internationaler Preise, darüber hinaus sehr attraktiv – Königin Rania von Jordanien wird, zum Stolze der Jordanier, von vielen Medien gerne **mit Lady Diana verglichen**. Rania al-Yasin stammt aus einer jordanischen Familie palästinensischer Herkunft und wurde 1970 in Kuwait geboren. Nach der Schulausbildung in Kuwait studierte sie Betriebswirtschaft an der amerikanischen Universität von Kairo, kehrte zurück nach Jordanien, spezialisierte sich auf Informationstechnologie und begann eine Karriere im Bankensektor. 1993 heiratete sie Prinz Abdullah, nicht wissend, dass gegen alle politischen Vorzeichen eines Tages er den Thron besteigen würde. Denn über Jahrzehnte hinweg war sein Onkel Hassan Kronprinz des Landes gewesen.

Königin Ranias Engagement gilt v.a. den Frauen und Kindern. Auf ihre Einladung geht z.B. eine Medienkampagne zurück, in der sich Medienverantwortliche aus allen

Königin Rania

arabischen Ländern zusammengefunden haben, um stereotypen Darstellungen der arabischen Frau in Fernsehen und Presse entgegenzutreten. In ihren Reden und Vorträgen motiviert sie andere Frauen, ihren eigenen Lebensplan zu entwerfen. Sie bricht Tabus und spricht Unangenehmes aus – kämpft sie doch in der von ihr mitgegründeten und geleiteten Gesellschaft »Jordan River Foundation« u.a. gegen Kindesmissbrauch. Königin Rania ist außerdem Vorsitzende des Nationalen Forums für die Sicherheit von Kindern, Vorstandsmitglied der Weltstiftung für Kinderschutzimpfung und Mitglied des UNICEF Global Leaderships. International hat sie viele Ehrungen und Preise erhalten, darunter den my way-Preis 2005 oder den **Deutschen Medienpreis 2002**.

Praktische Informationen

WANN IST DIE BESTE JAHRESZEIT FÜR EINE REISE NACH JORDANIEN? WELCHEN DRESSCODE GILT ES IN EINEM ARABISCHEN LAND ZU BEACHTEN? WAS IST MEZZE? LESEN SIE ES NACH – AM BESTEN NOCH VOR DER REISE!

Anreise · Reiseplanung

Mit dem Flugzeug — Von den großen europäischen Fluggesellschaften bieten Lufthansa, KLM, Air France und Austrian Airlines Flüge nach Jordanien an. Die jordanische Fluglinie Royal Jordanian Airlines fliegt u. a. von München, Frankfurt, Wien, Genf und Zürich nach Amman. Die Flugzeit beträgt rund vier Stunden. Drehscheibe des internationalen Flugverkehrs in Jordanien ist der **Queen Alia International Airport**, 35 km südlich von Amman an der Autobahn nach Aqaba gelegen.

Inlandsflüge — Royal Jordanian Airlines bedient auch die Inlandsstrecke **von Amman nach Aqaba**. Es gibt täglich in beide Richtungen zwei Flüge jeweils morgens und abends.

Mit dem Auto — Jordanien kann man auch auf dem Landweg über die Türkei und Syrien erreichen – allerdings ist der Zeitaufwand erheblich: Für die rund 4000 km lange Strecke von Deutschland nach Jordanien sollte man acht bis zehn Tage ansetzen. Der am meisten frequentierte Grenzübergang zwischen Syrien und Jordanien ist der zwischen Deera und Ramtha.

Über Syrien ▶

INFORMATIONEN FLUG

FLUGHÄFEN

▶ **Amman**
Vom Queen Alia International Airport (35 km südlich von Amman) erreicht man die Innenstadt mit dem Taxi in etwa 40 Minuten. Alle 30 Minuten fährt auch ein Bus vom Flughafen zur Abdali-Busstation in Amman.
Tel. (06) 454 11 32

▶ **Aqaba**
Der King Hussein International Ariport liegt ca. 9 km nördlich von Aqaba, wird nur von Amman aus angeflogen. Tel. (03) 201 21 11

FLUGGESELLSCHAFTEN INTERNATIONAL

▶ **Air France**
Amman, Tel. (06) 569 46 04
www.airfrance.com

▶ **Austrian Airlines**
Amman, Tel. (06) 569 46 04
www.aua.com

▶ **KLM**
Amman, Tel. (06) 465 52 67
www.klm.com

▶ **Lufthansa**
Amman, Tel. (06) 560 17 44
www.lufthansa.com

▶ **Royal Jordanian Airlines**
Frankfurt, Tel. (069) 23 18 53/4
Zürich, Tel. (043) 816 40 18
Wien, Tel. (01) 513 53 33
www.rja.com

Amman
Zentrale: Tel. (06) 566 35 25/6
Queen Alia International Airport:
Tel. (06) 644 53 33
www.rja.com.jo

Reisedokumente

Alle deutschen, österreichischen und Schweizer Staatsangehörigen benötigen zur Einreise einen Reisepass, der mindestens noch ein halbes Jahr gültig ist sowie ein Visum. Das Visum wird von den jordanischen Botschaften, am Flughafen in Amman oder an Grenzübergängen (s. u.) gegen eine Gebühr von 10 JD (in Jordanien zu zahlen in Landeswährung!) ausgestellt und ist vier Wochen gültig. Kinder unter 15 Jahren benötigen einen Kinderausweis (mit Bild) oder müssen im Pass der Eltern eingetragen sein. Bei Gruppen ab 5 Personen wird auf die Visa-Gebühren verzichtet. Bei der Ausreise wird eine Gebühr von 5 JD erhoben.

◀ **Visum**

◀ Ausreise

Grenzübergänge, die Touristen **von Israel aus** passieren dürfen, sind im Norden die **Sheikh Hussein Bridge** (Jordan River Crossing; 24 St. geöffnet) und im Süden **Arava bei Aqaba** (So.–Do. 6.30–22.00, Fr. und Sa. 8.00–20.00 Uhr). Dort erhält man ein Visum vor Ort ausgestellt. Die Ausreise allerdings muss über einen anderen Grenzübergang erfolgen
Anders verhält es sich mit dem Übergang King Hussein Brigde bzw. Allenby-Brücke ca. 5 km östlich von Jericho im Westjordanland (So.–Do. 8.00–22.00 für Ausreise, 8.00–14.00 für Einreise, Fr. und Sa. 8.00–14.00 Uhr Ein- und Ausreise). Wer hier einreisen will, muss bereits ein jordanisches Visum besitzen, denn es werden hier keine ausgestellt! Dies ist besonders zu beachen bei einem Tagesausflug ins Westjordanland, denn bei der Ausreise aus Jordanien verliert das z. B. am Flughafen in Amman erworbene Visum seine Gültigkeit und man wäre bei der Wiedereinreise nach Jordanien gezwungen, einen der beiden anderen Übergänge zu benutzen. Wer einen solchen Ausflug plant, sollte sich deshalb vorab ein Mehrfachvisum besorgen. Außerdem muss man bedenken, dass dieser Übergang nur mit öffentlichen Verkehrsmitteln angefahren und nur zu Fuß überquert werden darf. Von Amman fahren JETT-Busse und Service-Taxis (Abfahrt am Busbahnhof Abdali) zum King Hussein Bridge.
Für die Einreise **aus Syrien** sowie via Fähre **aus Ägypten** gelten dieselben Bedingungen wie an den beiden oben erwähnten israelisch-jordanischen Übergängen Sheikh Hussein Bridge und Arava.

◀ **Einreise aus den Nachbarländern**

◀ King Hussein Bridge: keine Visumausstellung!

Wer ein Auto in Jordanien leihen will, muss mindestens ein Jahr den Führerschein besitzen. An Papieren muss ein internationaler (nicht zwingend, aber hilfreich) oder europäischer Führerschein vorgelegt werden. Um mit dem eigenen Auto einzureisen, braucht man eine internationale Zulassung sowie einen Grenzüberschrittsschein, der für ca. 150 € bei den nationalen Automobilclubs erworben werden kann. Außerdem muss man an der Grenze eine Haftpflichtversicherung abschließen. Dieselfahrzeuge bedürfen einer Sondergenehmigung, die gegen Gebühr an der Grenze ausgestellt wird und die nicht länger als 3 Monate gilt.

Fahrzeugpapiere

Kranken-versicherung	Der Versicherungsschutz gesetzlicher Kassen in Deutschland erstreckt sich nicht auf Jordanien, daher unbedingt eine separate Auslandsreisekrankenversicherung, am besten mit Rückholversicherung, abschließen.
Impfungen	Um nach Jordanien zu reisen, benötigt man normalerweise keine Impfungen. Vorbeugend werden Impfungen gegen Hepatitis A, Kinderlähmung, Tetanus und Typhus empfohlen, bei längerem Aufenthalt auch gegen Tollwut.

Zollbestimmungen

Einreise	Gegenstände für den persönlichen Gebrauch, u. a. auch Foto- und Videoausrüstung, Laptop oder Sportausrüstung, können zollfrei eingeführt werden. Größere Elektrogeräte werden am Zoll in den Reisepass eingetragen und sollten deshalb deklariert werden. Zollfrei einzuführen sind (für Personen über 18 Jahren): 200 Zigaretten oder 50 Zigarren oder 200 g Tabak, 2 Flaschen Wein oder 1 l Spirituosen oder eine entsprechende Menge Eau de Toilette in geöffneten Flaschen sowie Geschenke im Wert von 50 JD. Die Einfuhr von Waffen und Munition ist verboten. Der jordanische Dinar darf nur im Gegenwert von ca. 50 € eingeführt werden, Devisen hingegen in unbegrenzter Höhe. Am Flughafen Amman lässt sich aber problemlos Geld tauschen.
Ausfuhrverbot	Bitte beachten: Nicht aus Jordanien ausgeführt werden dürfen Antiquitäten, die älter als 100 Jahre sind, und Korallen.
Einreise in EU-Länder	Bei der Wiedereinreise in die EU-Länder Deutschland und Österreich dürfen Personen über 15 Jahren zollfrei einführen: 500 g Kaffee oder 200 g Pulverkaffee und 100 g Tee oder 40 g Teeauszüge, 50 g Parfüm und 0,25 l Toilettenwasser. Personen über 17 Jahren dürfen zollfrei einführen: 1 l Spirituosen über 22 % oder 2 l Spirituosen unter 22 % oder 2 l Schaumwein und 2 l Wein sowie 200 Zigaretten oder 50 Zigarren oder 100 Zigarillos oder 250 g Tabak.
Einreise in die Schweiz	Für die Schweiz gelten folgende Freimengengrenzen: 250 g Kaffee, 100 g Tee, 200 Zigaretten oder 50 Zigarren oder 250 g Tabak, 2 l Wein oder andere Getränke bis 15 % Alkoholgehalt oder 1 l Spirituosen mit mehr als 15 % Alkoholgehalt. Souvenirs aller Art dürfen in die Schweiz bis zu einem Wert von 100 Franken zollfrei eingeführt werden.
Ausreisesteuer	Für die Ausreise aus Jordanien – und sei es nur für einen Tagesausflug über die Grenze, nach Israel zum Beispiel – ist eine Steuer fällig, die in der Regel 5 JD beträgt. Bei Gruppen von mindestens 15 Personen wiederum wird auf die Erhebung von Ausreisesteuern und Visa-Gebühren verzichtet.

Auskunft

WICHTIGE ADRESSEN

IN DEUTSCHLAND

▶ **Jordan Tourism Board**
Kleber PR Network GmbH
Hamburger Allee 45
60486 Frankfurt
Tel. (069) 71 91 36 62
Fax 71 91 36 51
E-Mail: germany@visitjordan.com
www.kprn.de
www.visitjordan.com

IN ÖSTERREICH UND IN DER SCHWEIZ

▶ **Jordanische Botschaft in Wien**
Rennweg 17/4
1030 Wien
Tel. (01) 405 10 25 28
Fax (01) 405 10 31
E-Mail: rweiss@jordanembassy.at,
austria@visitjordan.com
www.visitjordan.com

IN JORDANIEN

▶ **Jordan Tourism Board**
P. O. Box 83 06 88
Amman
Tel. (06) 567 84 44
Fax (06) 567 82 95
Kostenlose Servicenummer für
Informationen und Beschwerden:
Tel. 080 02 22 28
www.visitjordan.com

▶ **Ministry of Tourism and Antiquities**
Jebel Amman
3rd Circle
Tel. (06) 460 33 60
Fax 464 84 65
contacts@mota.gov.jo

JORDANISCHE BOTSCHAFTEN

▶ **In Deutschland**
Königlich-jordanische Botschaft
Heerstr. 201
13595 Berlin
Tel. (030) 36 99 60-51
www.jordanembassy.de

▶ **In Österreich**
Rennweg 17/4
1030 Wien
Tel. (01) 405 10 25
www.jordanembassy.at

▶ **In der Schweiz**
Königlich-jordanische Botschaft
Belpstraße 11, 3007 Bern
Tel. (031) 384 04 04
www.jordanie.ch

BOTSCHAFTEN IN JORDANIEN

▶ **Botschaft der Bundesrepublik Deutschland**
Jabal Amman, 25 Bengasi Street
P. O. Box 183, Amman
Tel. (06) 593 03 67, Fax 593 94 13
www.amman.diplo.de

▶ **Botschaft der Republik Österreich**
Mithqal Al-Fayez St. 36
P. O. Box 83 07 95, Amman
Tel. (06) 460 11 01, Fax 461 27 25

▶ **Botschaft der Schweizerischen Eidgenossenschaft**
19 Ibrahim Ayoub St.
P. O. Box 53 41, Amman
Tel. (06) 593 14 16, Fax 593 06 85

Mit Behinderung in Jordanien

Noch nicht barrierefrei

Seit geraumer Zeit ist es Vorschrift, Behinderten barrierefreie Zugänge zu allen öffentlichen Gebäuden zu ermöglichen. Doch die Umsetzung lässt auf sich warten, ganz zu schweigen von behindertengerechten Einrichtungen im öffentlichen Raum und den legendär hohen Bürgersteigen von Amman. Die Zugänge zu den großen Sehenswürdigkeiten bestehen meist aus holperigen Schotterwegen, nur in Petra kann man sich bis zum Schatzhaus mit der Kutsche bringen lassen, mit Sondererlaubnis auch noch weiter. So sollte man sich vor Reiseantritt bei den nationalen Behindertenorganisationen nach den aktuellsten Erfahrungen mit Jordanienreisen erkundigen.

ADRESSEN BEHINDERTENVERBÄNDE

▶ **Bundesverband Selbsthilfe Körperbehinderter**
Altkrautheimerstraße 20
74238 Krautheim/Jagst
Tel. (062 94) 42 81-0
Fax 42 81-79
www.bsk-ev.org

▶ **Verband aller Körperbehinderten Österreichs**
Schottenfeldgasse 29
1170 Wien
Tel. (01) 914 55 62
www.social.at

▶ **Mobility International Schweiz**
Froburgstr. 4
4600 Olten
Reisedienst
Tel. (062) 206 88 35
Fax 206 88 39
www.mis-ch.ch

Elektrizität

Das Stromnetz in Jordanien ist für 220 Volt Wechselstrom ausgelegt. In Hotels gehobener Preisklasse entsprechen die Steckdosen meist den in Europa gebräuchlichen, aber auch dreipolige Anschlüsse sind möglich. Wer in günstigeren Hotels absteigt, sollte einen Adapter mitnehmen.

Essen und Trinken

Verführerische arabische Küche

Die arabische Küche ist außerordentlich vielfältig und sehr gehaltvoll, insbesondere was die Vor- und Nachspeisen betrifft. Wer also streng auf seine Pfunde achtet, wird es hier in Anbetracht des verführerischen Angebots schwer haben. Da das gemeinsame Essen kommunikativ sein soll und das Genießen an erster Stelle steht, kann sich ein ausgiebiges Mahl durchaus zwei bis drei Stunden hinziehen. Es besteht meist aus drei Gängen. Zuerst werden in kleinen Schüsseln die Vorspeisen serviert, darauf folgt das Hauptgericht und zum Abschluss arabische Kuchenspezialitäten, frisches Obst oder Süßspeisen, zu denen ein Mokka serviert wird.

Am Anfang eines landestypischen Menüs steht die verwirrende Vielfalt der **Vorspeisen**, *Mezze* genannt. Dazu gehören in jedem Fall *Khubz* oder *Eish*, würzig duftende, flache Brotsorten. Fast auf jedem Vorspeisenteller findet man *Hummus*, eine mit Zitrone und Knoblauch gewürzte, köstliche Paste aus Kichererbsen und Sesamsamen. Beliebt als Vorspeise sind auch *Baba Ghanoush*, gebratene und pürierte, mit Knoblauch gewürzte Auberginen, sowie *Tabouleh*, ein Salat aus klein gehackter Petersilie, frischer Minze oder Tomaten mit *Bourghul*, gequollenem Weizenschrot. Nicht zu vergessen die *Ful Medames*, gekochte braune Bohnen mit Knoblauch, Zitronensaft, Kreuzkümmel und viel Olivenöl – ein traditionelles arabisches Frühstücksgericht (ursprünglich ein Arme-Leute-Essen), das man heute fast an allen Hotel- und Restaurant-Buffets findet. Bis zu 60 kleine Gerichte kann eine *Mezze* beinhalten und somit durchaus als Hauptgericht dienen.

> ! **Baedeker** TIPP
>
> **Hummus für Eilige**
>
> Wenn Sie keine Zeit haben, getrocknete Kichererbsen abzukochen, hier ein schnelles Vorspeisenrezept für 4 Personen:
> 240 g (Abtropfgewicht) Kichererbsen aus der Dose fein pürieren und mischen mit: 100 g weißem Tahin (Sesampaste), 2 – 3 EL Zitronensaft, 2 EL Olivenöl und 1 – 2 zerdrückten Knoblauchzehen. Mit Salz und Zitronensaft abschmecken, falls zu dick, etwas Wasser oder Joghurt beimischen, mit Petersilie garnieren, dazu Fladenbrot reichen – fertig.

Hauptspeisen

Auf die kalten Vorspeisen folgt der zumeist warme Hauptgang. Eine Spezialität des Landes ist der *Mansaf*. Er besteht aus geschmortem Lammfleisch und Reis, der mit Pinienkernen, Rosinen und Nüssen vermengt wurde. Dazu wird meist Joghurt gereicht. Dieses traditionelle Festmahl der Beduinen wird in den Restaurants allerdings oft nur gegen Vorbestellung serviert. Weitere Hauptgerichte sind die über einem Holzkohlefeuer gegrillten Fleischstücke, *Kebabs*. Handelt es sich um Hühnchenfleisch, dann heißt das Gericht *Shish Taouk*; *Kufta Kebab* bezeichnet gegrilltes und scharf gewürztes Lammhackfleisch, bei *Shish Kebab* wird Lamm- oder Rindfleisch verwendet. Beliebt sind auch *Farooj*, am Spieß gegrillte Hähnchen, die mit Brot und Salat gereicht werden.

Fisch wird in Jordanien – außer in Aqaba – nicht sehr häufig gegessen. Dennoch gibt es eine jordanische Fischspezialität: *Sayadiya*, gekochter Fisch mit Zitronensoße.

Die vielfältigen Vorspeisen, Mezze genannt, ersetzen gut und gern das Hauptgericht.

Der süße Abschluss

Die Auswahl an Nachspeisen ist riesig. Die meisten sind für europäische Maßstäbe sehr süß, aber aufgrund ihrer Zutaten unglaublich köstlich. Zu den unverzichtbaren Zutaten des jordanischen Kleingebäcks gehören Zuckersirup und Honig, und auch mit gerösteten Nüssen und frischen Pinienkernen wird nicht gespart. Ganz oben auf der Liste der arabischen Kuchenspezialitäten steht *Baklawa*, in Honigsirup getränkte Blätterteigtaschen, die mit Nüssen, Mandeln oder Pistazien gefüllt sind. *Karufa* ist zerrissener Teig mit Nüssen oder Ziegenkäse gefüllt und in Sirup gebacken. Während des Ramadan werden gern *Ataif* gegessen. Die kleinen Pfannkuchen sind mit Nüssen oder Käse gefüllt. Mit Rosenwasser parfümiert wird ein weiteres Feingebäck mit Nüssen oder Datteln, *Maamoul*. *Mohallabiya* nennt man einen mit Rosen- oder Orangenwasser verfeinerten Milchpudding.

Getränke

Wasser, Tee und Kaffee

Zum Essen trinkt man in Jordanien, wie in vielen arabischen Ländern, gewöhnlich Wasser. In den meisten Restaurants sieht man die Mineralwasserflaschen auf dem Tisch stehen, aber auch unterwegs bekommt man es fast überall. Vorsicht ist bei Leitungswasser und bei Eiswürfeln geboten. Nach dem Essen – gelegentlich auch schon vorher – wird in guten arabischen Lokalen Beduinenkaffee aus einer großen Kupferkanne angeboten, kochend heiß in kleinen Schälchen serviert. Er ist mit Kardamom gewürzt und schmeckt für europäische Gaumen etwas bitter, trägt aber zu einer guten Verdauung bei. Nicht nur im Beduinenzelt, sondern auch in Geschäften, in Büros oder an kleinen Imbissbuden und zu Hause wird man zum Tee eingeladen. Er wird aus kleinen Gläsern getrunken, sehr stark gesüßt und erhält durch frische Minzeblätter einen köstlichen Beigeschmack.

Alkoholische Getränke

Alkoholische Getränke sind gläubigen Muslimen untersagt, doch sie werden – mit Ausnahme der Ramadanzeit – in Supermärkten und einigen speziellen Geschäften verkauft und in den meisten Restaurants und Bars serviert, allerdings zu verhältnismäßig hohen Preisen. Mit dem »Amstel« hat Jordanien sogar ein selbst gebrautes Bier. In guten Restaurants lassen sich importierte Weine erhalten. Heimischer Weinbau wird mittlerweile um den Berg Nebo und im Jordantal betrieben, wenngleich die Künste vieler Winzer noch in den Kinderschuhen stecken. Trotzdem sollte man es sich nicht entgehen lassen, z.B. den »Mount Nebo« zu kosten.

Restaurants

Die meisten Hotels in Jordanien, insbesondere die Luxushotels in Amman, Aqaba und Petra, haben eigene Restaurants. In der Regel wird hier nicht nur arabische Küche geboten, sondern eine Mischung aus einheimischen Vorspeisen und internationalen Hauptgerichten. Wer der einheimischen Küche nicht so viel abgewinnen kann, muss zumindest in Amman deshalb nicht gleich auf Fastfood zurückgreifen (das es in Amman natürlich auch gibt), denn die Auswahl an italienischen, indischen und asiatischen Restaurants ist beachtlich. In den Provinzorten gibt es hingegen oft keine Alternative zum Hotel-Restaurant. Das Mittagessen wird im Allgemeinen zwischen 13.00 und 14.00, das Abendessen ab 20.00 Uhr oder noch später serviert. Die Restaurants öffnen meist ein bis eineinhalb Stunden vor diesen Zeiten.

 Restaurantkategorien

- Fein & Teuer: über 15 JD
- Erschwinglich: 6 bis 15 JD
- Preiswert: bis 6 JD

Die Preise gelten jeweils für ein Hauptgericht.

Feiertage, Feste und Events

Freitag ist Ruhetag

Der offizielle Ruhetag der Woche ist wie in fast allen islamischen Ländern der Freitag. Freitags sind die meisten Regierungsstellen, Banken und Büros geschlossen. Viele private Geschäfte dagegen öffnen, zumindest stundenweise, auch freitags. Christen schließen ihre Geschäfte auch sonntags.

FESTE IN JORDANIEN

NATIONALE FEIERTAGE

▶ **1. Januar**
Neujahr

▶ **30. Januar**
Geburtstag von
König Abdullah II.

▶ **22. März**
Tag der Arabischen Liga

▶ **1. Mai**
Tag der Arbeit

▶ **25. Mai**
Unabhängigkeitstag

▶ **10. Juni**
Tag der Armee

▶ **14. November**
Geburtstag von König Hussein

▶ **25. Dezember**
Weihnachten

RELIGIÖSE FEIERTAGE

▶ **1. Muharram:
islamischer Jahresbeginn**
2009: 18. Dezember
2010: 7. Dezember
2011: 27. November
2012: 15. November

▶ **12. Rabi al-Awwal:
Geburtstag des Propheten**
2009: 9. März
2010: 26. Februar
2011: 16. Februar
2012: 25. Januar

▶ **1. Ramadan: Beginn des Fastens**
2009: 22. August
2010: 10. August
2011: 1. August
2012: 20. Juli

▶ **1. – 3. Schawwal: Eid al-Fitr**
Fest am Ende des Fastenmonats Ramadan
2009: 21. September
2010: 10. September
2011: 31. August
2012: 19. August

▶ **10. – 12. Dhual Hidscha:
Eid al-Adha**
Opferfest am Ende des Monats der Pilgerfahrt nach Mekka
2009: 27. November
2010: 16. November
2011: 6. November
2012: 26. Oktober

VERANSTALTUNGEN

▶ **April**
Dead Sea Marathon: Jährlich von Amman ans Tote Meer, immer abwärts, immer Asphalt, fast immer heiß! Nur für ganz fitte Läuferinnen und Läufer.
www.deadseamarathon.com

Jerash Festival in römischen Ruinen

▶ **Juli**
Distant Heat – Wadi Rum Rave: Die Wüste bebt, wenn die Raver jeden Sommer die Verstärker auspacken. Ein Fest überwiegend für junge Leute, die Partystimmung lieben.
www.distantheat.com

▶ **Juli/August**
Zwei Wochen lang treffen sich beim Suk Ukaz in Amman lokale und internationale Talente zum Musik- und Kunstfestival.

▶ **August**
Jerash Festival: Zwei Wochen lang Folklore, Kunst und Kleinkunst machen das Jerash Festival zu einem Highlight im jordanischen Veranstaltungskalender. Informationen: www.jerashfestival.com.jo

▶ **November**
Jedes Jahr am 14. November, dem Geburtstag von König Hussein, Strömen die Zuschauer nach Aqaba, wo Wettkämpfe in den unterschiedlichsten Wassersportdisziplinen stattfinden.

Die religiösen Feiertage richten sich nach dem islamischen Jahr, dem Hejri. Dieses wird ebenfalls in 12 Monate unterteilt; denen aber die Mondphasen zugrunde liegen, und die sind nur 29 Tage lang. Das Jahr ist dadurch etwa 10 bis 12 Tage kürzer, und die religiösen Feste finden deshalb rund 10 bis 12 Tage früher statt als im Vorjahr.
Zum Abschluss des Ramadan und an den freien Tages des Opferfestes nutzen viele Jordanier die Gelegenheit, ans Rote und Tote Meer zu fahren. Entsprechend voll sind dann Hotels und Strände. Während des Ramadan läuft das Geschäftsleben erheblich geruhsamer als sonst ab, und öffentliche Einrichtungen, Ämter, Geschäfte und Banken sind im Ramadan nur vormittags geöffnet, die meisten Restaurants bis mindestens 12.00 Uhr geschlossen.

Wandernde Feiertage

Der islamische Kalender ist nicht gerade arm an Festen, doch diese werden weniger in der Öffentlichkeit als vielmehr im Kreis der Familie gefeiert. Abgesehen vom jährlichen Festival in Jerash ist das Angebot an kulturellen Veranstaltungen vorwiegend auf Amman konzentriert. Dasselbe gilt im Wesentlichen auch für Sportveranstaltungen.

Feste und Events

Geld

Die offizielle Landeswährung ist der Jordanische Dinar (JD). Er wird in 1000 Fils unterteilt. Zehn Fils werden in Jordanien oft auch als »Piaster« bezeichnet. Ein Dinar sind demnach 100 Piaster. Es zirkulieren Münzen zu 10, 25, 50, 100, 250, 500 Fils und 1 Dinar sowie Geldscheine zu 500 Fils, 1 Dinar, 5, 10, 20 und 50 Dinaren.

Währung

Ein- und Ausfuhr von Devisen	Für Devisen gibt es keine Ein- oder Ausfuhrbeschränkungen. Die Einfuhr von Jordanischen Dinar ist über dem Wert von ca. 50 € verboten. Am Flughafen Amman kann man aber Geld tauschen.
Welches Zahlungsmittel?	Für einen Kurzurlaub genügen Bargeld und eine internationale Kreditkarte. Mit Bargeld (Euro oder US-Dollar) hat man die geringsten Probleme beim Umtausch. In kleineren Geschäften wird jordanisches Bargeld als Zahlungsmittel bevorzugt, während in größeren Hotels und Gaststätten sowie in einigen Geschäften in Amman auch US-Dollar angenommen werden. Für längere Aufenthalte im Land empfehlen sich zusätzlich Reiseschecks, die in Euro oder US-Dollar ausgestellt sein sollten (Letzteres wird bevorzugt). Allerdings tauschen nicht alle Banken die Schecks ein. Bevorzugt werden American-Express-Reiseschecks.
	Kreditkarten werden in den meisten größeren Hotels, Mietwagenagenturen, vielen Gaststätten und Geschäften akzeptiert. Am weitesten verbreitet sind American Express, Visa, Diners Club und Euro/Mastercard. Die Zahl der Geldautomaten nimmt zwar zu, aber die meisten akzeptieren ausländische Karten noch nicht. Bei Banken, die mit einem Kreditkartennetz verbunden sind, kann man einen Bargeldvorschuss erhalten.
Geldwechsel	Die besten Kurse für den Geldtausch erhält man in den zahlreichen Geldwechselstuben, z. B. in Amman oder in Aqaba. Hier entfallen außerdem die banküblichen Gebühren. Auch bei der Bank am Flughafen kann man relativ günstig tauschen. Am teuersten wird der Geldwechsel in den Hotels.
Banken	Die Banken in Jordanien sind Sa.–Mi. 8.30–12.30 Uhr geöffnet. Manche haben auch nachmittags 15.30–17.30 Uhr Schalterstunden. Donnerstags öffnen sie 8.30–15.00 Uhr.

INFOS GELD

WECHSELKURSE

1 JD = 1,12 €
1 € = 0,89 JD
1 JD = 1,66 CHF
1 CHF = 0,60 JD

KREDITKARTE SPERREN

▶ **Kreditkarteninstitute Amman**
American Express:
Tel. (06) 560 70 14
Diners Club: Tel. (06) 567 58 50
MasterCard:. Tel. (06) 465 58 63
Visa: Tel. (06) 568 05 54

Seit 2005 gibt es in Deutschland einheitliche Nummern, mit der Bank- und Kreditkarten sowie Handys gesperrt werden können:

▶ **von Jordanien aus**
(00 49) 116 116
(00 49) 40 50 40 50

▶ **von Deutschland aus**
116 116

Gesundheit

Medikamente

Wer regelmäßig Medikamente braucht, sollte diese von zu Hause mitbringen. Außerdem empfiehlt es sich, bewährte Mittel gegen Übelkeit, Durchfall und Sonnenbrand mitzunehmen.

Apotheken

In der monatlich herausgegebenen Gratisbroschüre »Your Travel Guide to Amman« und in der englischsprachigen »Jordan Times« findet man ein Verzeichnis der durchgehend geöffneten Apotheken in Amman. Die bekanntesten Nachtapotheken sind in Amman Yacoub's Pharmacy, Third Circle, und Rawhi Pharmacy, in der Nähe des Khalidi-Krankenhauses. Das Personal dort spricht Englisch.

Ärztliche Hilfe

Jordanien hat einen hohen Standard in der medizinischen Versorgung erreicht. Viele Ärzte haben ihre Ausbildung in Europa oder in den USA abgeschlossen und sprechen deshalb auch Englisch. Größere Hotels und die Botschaften geben Empfehlungen für Ärzte oder Krankenhäuser. Jede medizinische Behandlung muss bar bezahlt werden, da **europäische Krankenscheine nicht akzeptiert** werden. Es empfiehlt sich deshalb, eine private Reisekrankenversicherung abzuschließen.

Mit Kindern unterwegs

Die Jordanier sind, wie allgemein in arabischen Ländern üblich, sehr kinderfreundlich. Auch wenn es kaum Angebote gibt, die speziell auf Kinder ausgerichtet sind, kann man mit Kindern einiges unternehmen: Ein Schlammbad am Toten Meer wird diese sicher begeistern, ein Kamelritt und eine Übernachtung im Wüstencamp des Wadi Rum haben echten Abenteuercharakter. In Aqaba macht neben allen üblichen Unternehmungen am Strand die Fahrt im Glasbodenboot besonderen Spaß. Und für etwas ältere, auch an Geschichte interessierte Kinder, bieten die Ruinen von Gerasa (► Jerash) ein besonderes Highlight: Die »Roman Chariot Show«, die anschaulich zeigt, wie das Leben zur Zeit der Römer war.

Knigge

Gastfreundliche Menschen

Jordanien ist ein ausgesprochen gastfreundliches Land, in dem Fremde mit großer Herzlichkeit empfangen werden. Wie im islamisch-arabischen Kulturkreis allgemein üblich, wird Ausländern ein großes

Vor allem auf dem Land tragen viele Frauen das Kopftuch.

Maß an Toleranz entgegengebracht. Darüber hinaus ist Jordanien in Vielem an Westeuropa und den USA orientiert. Dennoch gilt: Islamisch-arabische Traditionen und durch Geschichte, Politik und Gesellschaft geprägte Wertvorstellungen bestimmen persönliche Entwicklung und Alltag der Einheimischen. So sollte man bestimmte Verhaltensregeln beachten.

Kleidung Figurbetonte Kleider, Miniröcke und schulterfreie sowie tief dekolletierte Oberteile sollten Frauen auf jeden Fall vermeiden. Für Männer gilt: keine kurze Hosen. Diese werden in Jordanien als lächerlich empfunden.

Begrüßung Der Koran hält gläubige Muslims dazu an, sich dem anderen Geschlecht gegenüber zurückhaltend zu verhalten. So sollte man als Frau einem fremden Mann (vor allem, wenn es sich um einen Vertreter der älteren Generation handelt) nicht die Hand geben, sondern abwarten, wie er grüßt. Es ist keine Missachtung, wenn dies nicht durch Handschlag geschieht, sondern eine besonders strenge Auslegung des Koran. Legt das Gegenüber seine rechte Hand auf seine Brust, so ist das ein Zeichen des Respekts und Anerkennung. Es ist üblich, dass sich Sitzende zur Begrüßung erheben.

In arabischen Gesellschaften existieren eher steile Hierarchien. Schichtzugehörigkeit und akademische Titel haben für viele eine große Bedeutung. Wird jemand mit Titel vorgestellt, sollte man ihn auch damit ansprechen.

Fragen Sie als Mann einen Muslim nicht nach seiner Frau, Schwester, Mutter oder Tochter und vermeiden Sie Bemerkungen über diese. Auf den Austausch von Zärtlichkeiten zwischen Mann und Frau in der Öffentlichkeit sollte ebenfalls verzichtet werden. Fragen Sie Ihren Gesprächspartner nie nach seiner Religion, das wird als ein Akt der Unhöflichkeit empfunden. Kritik am Königshaus und dessen Politik ist ein absolutes Tabu! Allgemein gibt man Speisen usw. nur mit der **rechten Hand** weiter. Die linke Hand gilt im islamisch-arabischen Kulturkreis als unrein.

Fettnäpfchen

Da Jordanien (wie die meisten arabischen Länder) eine im Vergleich zu Europa und den USA extrem niedrige Kriminalitätsrate hat und eine alleine reisende Ausländerin der Tradition nach als schutzbedürftig und schutzberechtigt gilt, ist eine Reise durch Jordanien für alleine reisende Frauen in aller Regel kein Problem. Allerdings sollte auf entsprechende Kleidung (s.o.) und ein zurückhaltendes Verhalten Männern gegenüber in ganz besonderer Weise geachtet werden. Wer sich sehr locker gibt, kann missverstanden werden. Manche Alleinreisende trägt auch einen (vermeintlichen) Ehering und betont in Gesprächen mit Männern ihre glückliche Ehe.

Als Frau alleine unterwegs

Während des Fastenmonats Ramadan (▶Termine S. 86) ist besondere Rücksichtnahme geboten. Auch nichtmuslimische Reisende sollten auf Essen, Trinken und Rauchen in der Öffentlichkeit in dieser Zeit verzichten.

Ramadan

In Moscheen ist es üblich, sich die Schuhe auszuziehen. Frauen sollten ein Kopftuch tragen und Arme, Dekolleté und Beine bedecken. Für Männer sind hier (wie grundsätzlich im Lande, Badestrände ausgenommen) kurze Hosen tabu. Um die Betenden nicht zu stören, sollte man auf keinen Fall innerhalb des Gebetsraumes fotografieren und darauf achten, während des Gebets nicht vor ihnen vorbeizugehen. Nach islamischer Überzeugung würde dadurch das Gebet ungültig und müsste wiederholt werden. Bitte beachten: In Jordanien sind nicht alle Moscheen auch für Christen offen. Vor dem Betreten muss man sich also erkundigen.

Moscheen

Einladungen zu einem Tässchen Tee werden bei jeder Gelegenheit ausgesprochen, sind aber nicht immer ernst gemeint. Werden Sie zum Essen eingeladen, so bringen Sie ein kleines Gastgeschenk mit, zum Beispiel Blumen oder arabische Kuchenspezialitäten. Ziehen Sie vor dem Betreten von Wohnungen immer die Schuhe aus. Lassen Sie, wenn Sie satt sind, ein bisschen Essen auf dem Teller zurück.

Zu Gast

Denn leere Teller signalisieren noch mehr Hunger und werden stets aufs Neue nachgefüllt. Sobald am Ende des Essens der arabische Kaffee getrunken wurde, schickt es sich für die Gäste, aufzubrechen.

Fotografieren Das Fotografieren von militärischen Anlagen und Objekten ist grundsätzlich verboten. Bei Fotoaufnahmen von Menschen sollte man vorher das Einverständnis der jeweiligen Person einholen und ein eventuelles Nein respektieren. Dies gilt insbesondere bei verschleierten Frauen.

Literaturempfehlungen

Die meisten genannten Bücher beschäftigen sich nicht speziell mit Jordanien, sondern mit dem Alltagsleben in einem arabischen Land, mit der Rolle des Islam oder mit dem Schicksal der Palästinenser. Es gibt kaum jordanische Schriftsteller, die ins Deutsche übersetzt worden sind. Zudem ist die jordanische Literaturszene ganz wesentlich von palästinensischen Autoren geprägt.

Kunst- und Kulturgeschichte **Stierlin, Henri:** Städte in der Wüste (Benedikt Taschen Verlag, 1994)
Ein Band mit interessanten Beiträgen und schönen Fotografien über die bedeutendsten Handelsstädte des Nahen Ostens, darunter Petra.

Weber, Thomas und Wenning, Robert (Hg.), Petra. Antike Felsenstadt zwischen arabischer Tradition und griechischer Norm (Philipp von Zabern Verlag, 1997)
Eines der besten und umfassendsten Werke über die »rosarote Stadt«, deren Entdeckungsgeschichte, Architektur und Götterwelt.

Geschichte und Politik **Lawrence, Thomas E.:** Die sieben Säulen der Weisheit (engl. Original 1926, dtv 2005)
»Lawrence von Arabien« (▶ Berühmte Persönlichkeiten) beschreibt hier den Aufstand der Araber 1917/18 gegen die Türken. Zwar ist Lawrence keineswegs unbefangen und viele politische Details sind fragwürdig, doch die Schilderung der Sitten und Gebräuche der Wüstenvölker sowie der Landschaften machen das Buch überaus lesenswert.

Haarmann, Ulrich (Hg.): Geschichte der arabischen Welt (Beck Verlag, 2001)
Ein Sammelband mit Beiträgen namhafter Orientalisten zu den wichtigsten Themenbereichen der arabisch-islamischen Geschichte.

Schulze, Reinhard: Geschichte der islamischen Welt im 20. Jh. (Beck Verlag, 2002). Ein Standardwerk zur Zeitgeschichte der arabischen Staaten, sorgfältig recherchiert, jedoch schwierige Lektüre.

Antes, Peter: Der Islam. Religion – Ethik – Politik (Kohlhammer Verlag, 1991). Kurze Einführung in die Geschichte des Islam.

Islam

Elger, Ralf (Hrg.): Kleines Islam-Lexikon (Becksche Reihe 2001)
Sehr gut lesbar, gibt es Einblick in zahllose Themen, die mit dem Islam und dem Orient zusammenhängen.

Hecht-El Minshawi, Beatrice und Kehl-Bodrogi, Krisztina: Muslime in Beruf und Alltag verstehen. Business zwischen Orient und Okzident (Beltz Verlag, 2004)
Ansprechend geschrieben und hilfreich, wenn man Fettnäpfchen vermeiden will.

Kanafani, Ghassan: Das Land der traurigen Orangen (Lenos Verlag, 1983)
Die Erzählung handelt von der Vertreibung und dem Alltag der Palästinenser. Der 1936 in Akko geborene Kanafani kam 1972 bei einem Attentat in Beirut ums Leben. Er gilt als einer der bedeutendsten palästinensischen Schriftsteller.

Arabische Literatur

Khalifa, Sahar: Der Feigenkaktus (1983), Die Sonnenblume (1986), Memoiren einer unrealistischen Frau (1991; alle Bände sind erschienen im Unionsverlag, Zürich)
Die 1941 in Nablus geborene palästinensische Autorin lebt heute in Amman. Ihre Romane beschreiben das Leben in der Westbank und im Exil aus der Perspektive einer Frau.

Munif, Abdarrahman: Salzstädte (Heyne, 2005)
Dem 2004 verstorbenen Autor – einer der wichtigsten arabischen Schriftsteller überhaupt – wurde nach dem Erscheinen dieses Werkes die saudi-arabische Staatsbürgerschaft aberkannt, beschreibt er doch, wie die saudische Gesellschaft aufgrund ausländischer und ökonomischer Einflüsse im Rahmen erster Erdölfunde zerfällt. Munif wurde in Amman geboren und erinnert sich in »Geschichte einer Stadt« (Lenos, 1996) an das Amman der 1940er-Jahre.

Schami, Rafik: Zeiten des Erzählens (Herder Verlag, 1994)
Der 1946 in Damaskus geborene Rafik Schami gehört zu den prominentesten arabischen Erzählern der Gegenwart. Der promovierte Chemiker lebt seit 1971 in Deutschland und schreibt in deutscher Sprache. Er ist vor allem durch seine Märchen bekannt.

Bourbon, Fabio und Attini, Antonio (Hg.): Das heilige Land gestern und heute. Lithographien und Reisetagebuch von David Roberts (Karl Müller Verlag, 1997)
David Roberts reiste 1838 durch das West- und Ostjordanland. Seine im Buch abgebildeten Lithographien mit Ansichten berühmter Stätten in Jordanien werden überall im Land als Postkarten verkauft.

Medien

Fernsehen   Die staatliche Rundfunkgesellschaft »Jordan TV« strahlt zwei Fernsehprogramme aus, das erste in Arabisch, das zweite in englischer und französischer Sprache. Das Programm wird täglich in der »Jordan Times« veröffentlicht. In allen größeren Hotels kann man auch CNN und andere Satellitenprogramme empfangen.

Zeitungen   In Jordanien erscheinen drei bedeutende Tageszeitungen – Al Destour, Al-Rai und Sawt Ash-Shaab – sowie eine Reihe politischer Wochenzeitungen. Wer des Arabischen nicht mächtig ist, kann sich mit der englischsprachigen »Jordan Times«, die täglich erscheint und mit der Wochenzeitschrift »The Star« (jeden Donnerstag mit einer französischsprachigen Beilage) informieren. In Amman sind auch internationale Zeitungen und Magazine erhältlich.

Pressefreiheit   Seit der Verkündung des neuen, liberalen Pressegesetzes 1993 sind zusätzlich zu den oben genannten Tageszeitungen weit über 20 private Tages- und Wochenzeitungen gegründet worden. Zum großen Teil sind dies wenig kritische Boulevardzeitungen, teils aber auch oppositionelle, oft parteinahe Blätter. 1997 wurde die Pressefreiheit erheblich eingeschränkt, vor allem um die Kritik am israelfreundlichen Kurs des Königs zum Schweigen zu bringen. So darf keine Kritik am König und an befreundeten Staatsoberhäuptern geübt oder die nationale Einheit in Frage gestellt werden. Zwar ist das Dekret im Frühjahr 1998 gerichtlich für ungültig erklärt worden, es hat aber schon zur Schließung bedeutender Oppositionsblätter geführt.

Radio   Die staatliche Rundfunkgesellschaft Jordan Radio and Television sendet in Arabisch und Englisch. Mittlerweile gibt es jede Menge private Rundfunkstationen, die auch über politische Themen berichten.

Notrufe

DIE WICHTIGSTEN RUFNUMMERN

- **Polizei**
  Tel. 191 oder 192

- **Krankenwagen**
  Tel. 193

- **Feuerwehr**
  Tel. 193

- **Verkehrspolizei**
  Tel. (06) 465 63 90/ 91

Post · Telekommunikation

Postämter — In allen Städten und größeren Ortschaften gibt es Postämter. Sie sind in der Regel 8.00–17.00 Uhr (Winter) bzw. 7.00–19.00 Uhr (Sommer) geöffnet. Briefmarken erhält man in Postämtern und dort, wo es Postkarten gibt. Viele Vier- und Fünfsternehotels kümmern sich um die Post der Gäste. Briefe und Postkarten per Luftpost sind nach Mitteleuropa rund eine Woche, manchmal auch länger, unterwegs.

◂ **Postämter in Amman** — Die Hauptpost in Amman befindet sich in der Prince Mohammed Street im unteren Stadtzentrum. Sie ist im Sommer 7.00–19.00, im Winter bis 17.00 Uhr geöffnet. Nur von hier kann man Pakete abschicken.

In Jordanien gibt es **keine Postzustellung ins Haus**, sondern nur in Postfächer. Der Grund dafür: Nur die Namen der größeren Straßen sind überhaupt bekannt.

Telefon — Das Telefonnetz in Jordanien ist gut ausgebaut. Telefonzellen gibt es in allen Postämtern und in vielen Geschäften, von denen aus man Stadtgespräche führen kann. Auch mit dem **Handy** hat man in Jordanien keine Schwierigkeiten, es wählt sich automatisch ins Netz des Roamingpartners ein. In der Wüste und in entlegenen Gebieten hapert es allerdings mit der Netzabdeckung.

Auslandsgespräche — Telefonieren ins Ausland ist in Jordanien kein billiges Vergnügen, denn es werden grundsätzlich für jedes Gespräch mindestens drei Minuten abgerechnet. Noch teurer wird es, wenn man vom Hotel aus internationale Telefonate führt.

Internet — War einst ein Internetzugang aufgrund der hohen Kosten nur für Gutverdienende erschwinglich, sind die Preise für einen DSL-Zugang mittlerweile auf ca. 25 JD pro Monat gefallen. In allen größeren Städten ist es kein Problem, ein Internetcafé zu finden. In Amman kann man im Café Wild Jordan kostenlos surfen. Viele große Hotels haben Internetzugänge auf den Zimmern.

▶ TELEFONIEREN

TELEFONAUSKUNFT
National von Amman aus: Tel. 121
National übriges Land: Tel. 131
International: Tel. 0132

VORWAHLNUMMERN
▸ **nach Jordanien**
Tel. 00 962

▸ **von Jordanien**
nach Deutschland: Tel. 00 49
nach Österreich: Tel. 00 43
in die Schweiz: Tel. 00 41

Die 0 der jeweiligen Ortskennzahl entfällt.

Preise · Vergünstigungen

Trinkgeld Im Restaurant etwa rechnet man 6–8 % des Rechnungsbetrages als Trinkgeld dazu, bei Taxifahrern rundet man den Betrag auf, für Zimmermädchen (pro Aufenthaltstag) und Kofferträger ist ein halber Dinar angemessen. Auch Reiseleiter, einheimische Führer, Busfahrer und Aufsichtspersonal sollte man beim Trinkgeld nicht vergessen.
Mit Ausnahme von Petra geschieht es in Jordanien selten, dass Kinder um Geld oder anderes bitten. Dem sollte man nicht nachgeben. Wer Kinder unterstützen möchten, kauft ihnen am besten etwas ab. Wenn allerdings das Einkommen der Kinder einen beträchtlichen Anteil des Familienbudgets ausmacht, wird dies die Eltern nicht motivieren, ihre Kinder in die Schule zu schicken und ihnen eine Zukunft jenseits des Touristengeschäfts in Petra zu ermöglichen.

Hotels Die Hotelpreise sind saisonabhängig. Außerhalb der Hauptreisezeit, d. h. von Ende Oktober bis Ende März, gibt es Sonderkonditionen, die man aushandeln muss. Nicht selten gelten in den Hotels unterschiedliche Preise für Jordanier und Gäste aus dem Ausland. Auf den Zimmerpreis wird – mit Ausnahme bei den Einsternehotels – außerdem 10 % Steuer und 10 % für den Service aufgeschlagen.

Eine zweischneidige Sache: Viele Kinder, wie hier in Petra, tragen mit ihrer Arbeit zum Familieneinkommen bei. Die Schule kommt dabei oft zu kurz.

WAS KOSTET WIE VIEL?

1 Glas Bier
ab 5,50 JD

1 Tasse Kaffee
ab 0,20 JD

Einfaches Essen
ab 3 JD

Gehobenes Menü
ab 15 JD

Hotelzimmer
ab 15 JD

Sammeltaxi
ab 1 JD

Reisezeit

Die angenehmsten Reisezeiten sind von Ende März bis Mitte Mai und von Anfang Oktober bis Mitte November. In diesen Monaten gibt es in der Regel wenig Niederschläge, und die Temperaturen sind gemäßigt. Besonders reizvoll ist die Blütezeit im April. — Frühjahr und Herbst

Den Norden von Jordanien (Gebiet nördlich von Amman) kann man auch im Hochsommer gut bereisen. Allerdings gibt es dann stärkere Unterschiede zwischen den Tages- und Nachttemperaturen als im Mittelmeerraum. Im Süden des Landes herrscht im Hochsommer trockene Hitze mit Temperaturen bis zu 40 °C oder darüber – zu heiß für Wanderungen oder Besichtigungstouren in den archäologischen Stätten, aber noch annehmbar zum Baden in Aqaba und für Aufenthalte am Toten Meer. — Sommer

Baedeker TIPP

Die richtigen Schuhe

Packen Sie auch im Hochsommer festes, geschlossenes Schuhwerk, mindestens Turnschuhe, ein: Mit dünnen Sandalen werden Sie auf den Schotterwegen und dem groben Steinpflaster von Petra und anderen Stätten verzweifeln.

Bei Reisen in den **Wintermonaten** muss man im Norden, der Mitte Jordaniens sowie in der Region um Petra mit stärkeren Regenfällen, im Januar und Februar auch mit Schnee rechnen. Das Tote Meer, das Jordantal und Aqaba dagegen bieten sich als ideale Winterziele an. Hier fallen die Lufttemperaturen selten, die Wassertemperaturen praktisch nie unter 20 °C.

Shopping

Öffnungszeiten

Freitag Ruhetag Offizieller Ruhetag ist der Freitag. Banken, Behörden und viele Geschäfte haben an diesem Tag geschlossen. Christliche Geschäftsinhaber schließen allerdings am Sonntag. Viele Banken und Behörden haben auch am Donnerstag und Samstagnachmittag nicht geöffnet. Behörden haben in der Regel 8.30–14.00 Uhr Sprechzeiten.

Geschäfte Für Geschäfte gelten grundsätzlich keine festen Öffnungszeiten; die nachfolgenden Zeiten können deshalb nur als Anhaltspunkte dienen. Die Kernzeiten liegen in etwa zwischen 8.30 und 13.30 Uhr und zwischen 15.30 und 18.30 Uhr; es gibt aber auch Geschäfte mit durchgehenden Öffnungszeiten von 8.00 bis 20.00 Uhr oder noch später. Im Sommer haben die Geschäfte oft eine Stunde länger geöffnet als im Winter. Im Ramadan gelten oft verkürzte Öffnungszeiten; manche Geschäfte öffnen abends nach der Fastenpause um 20.00 oder 21.00 Uhr erneut.

Frisches Gemüse auf dem Suk in Aqaba

Lebensmittel und Gegenstände für den täglichen Gebrauch erhält man problemlos in allen Städten und größeren Ortschaften. Auch in den größeren Hotels und in den staatlichen Resthouses kann man in der Regel Gebrauchsartikel und Souvenirs kaufen – allerdings meist zu höheren Preisen als in den Geschäften in der Stadt.

Lebensmittel

Souvenirs

Das beste Angebot an Souvenirs bieten Amman und die touristischen Zentren des Landes. Im Café Wild Jordan ►Amman und vor Ort in ►Dana und ►Ajlun erhält man die Produkte der Naturschutzgebiete, die unter dem Label **Wild Jordan** verkauft werden. In Jerash bieten im Eingangsbereich der antiken Ruinenstadt Souvenirhändler ihre Waren feil, ebenso in Wadi Musa, den bei Petra gelegenen Ort.

Zu den meistgekauften Mitbringseln gehören Gefäße aus Ton. Eine beliebte Form der Keramik sind die Jerusalem-Tonwaren – Teller, Schüsseln, Krüge, Eierbecher oder Kerzenhalter –, die mit geometrischen Mustern, Fischen, farbenprächtigen Pfauen, Granatäpfeln und Trauben verziert sind.

Keramik

Besonders hübsch verpackt werden die Wild-Jordan-Produkte.

Nichts für zitttrige Hände: Herstellung der beliebten Sandfläschchen

Hebron-Glas Mundgeblasenes Glas, sog. »Hebron-Glas«, wird heute aus wiederverwertbaren Flaschen gemacht. Die Formen sind einfach und die Farben den Edelsteinen nachempfunden. Sie reichen von kobaltfarben über flaschengrün und türkis bis zu bernsteinfarben oder rosa.

Bottle Art Ein beliebtes und außerdem günstiges Souvenir sind die sandgefüllten Flaschen, die man überall im Land erstehen kann. Sie zeigen für Jordanien typische Motive wie Landschaften, Kamele oder berühmte Sehenswürdigkeiten. Der verwendete Sand ist zum größten Teil nicht künstlich gefärbt, denn es gibt in Petra, wie man vor Ort selbst sehen kann, über 20 verschiedene Sandsteinfärbungen.

Schmuck Goldschmuck ist in Jordanien in der Regel billiger als in Europa, weil er meist nach Gewicht verkauft wird. Der Edelmetallgehalt wird mit arabischen Punzzeichen angegeben. Die arabischen Frauen bevorzugen Gold, das möglichst fein verarbeitet ist und 22 bis 24 Karat hat. Viele Silberornamente gehen auf beduinische Originale zurück.

Teppiche Vielseitig ist auch das Angebot an Teppichen, Kissen und Wandbehängen, die sowohl von den Palästinensern als auch von Beduinen angefertigt werden. Sie verwenden dabei gerne die typischen, zum Teil sehr alten Muster. Die Kunst, Stoffe bunt zu besticken, ist vor allem bei den Palästinensern aus der West Bank weit verbreitet. Oft sind die Muster für Kleider, Tischdecken und Kissen von Dorf zu Dorf verschieden.

Wellness vom Toten Meer

Wer am Toten Meer war, bringt gerne ein Päckchen Badesalz von diesem extrem salzhaltigen Gewässer mit. Es wird in unterschiedlichen Größen und Verpackungen, so zum Beispiel in Stoffbeutel abgefüllt, angeboten. Wegen des hohen Gehalts an Mineralien (Magnesium, Kalzium und Chlorkalzium) gelten die Produkte aus dem Toten Meer als hervorragende Naturkosmetik. So bieten verschiedene Firmen auch den aufbereiteten Schlamm an, der als Gesichts- oder Ganzkörperpackung zuhause angewendet werden kann.

Arabische Dolche

Reich ist das Angebot an arabischen Dolchen. Viele Waffenschmiede, die einst im Jemen die schönsten Stücke produzierten, sind im 20. Jh. nach Jordanien ausgewandert. So findet man heute eine Vielzahl unterschiedlicher Ausführungen vom billigen Brieföffner aus unedlen Metallen bis zum fein ziselierten Silberdolch, dessen Scheide oft noch mit Halbedelsteinen besetzt ist.

Antiquitäten

Es gibt Exportbeschränkungen für in Jordanien erworbene Waren, sofern sie älter sind als 100 Jahre. Gegenstände, die im 20. Jh. gefertigt wurden, unterliegen keiner Einschränkung.

Sprache

Arabisch und Englisch

Amtssprache in Jordanien ist Arabisch; der Reisende mit Englischkenntnissen kann sich jedoch meist problemlos verständigen.

Schrift

Das Arabische gehört zur Familie der semitischen Sprachen und verfügt über eine Konsonantenschrift. Das arabische Alphabet umfasst 28 Lautzeichen, wobei diese im wesentlichen das sinngebende Konsonantengerüst der Worte widergeben. Geschrieben wird von rechts nach links. Die Aussprache kann von Land zu Land stark abweichen, das macht die Transkription noch schwerer. Zudem verfügt das Arabische über Buchstaben, die im lateinischen Alphabet keine Entsprechung haben, das macht die Umschrift sehr schwer. Oft wird bei der Umschrift versucht, das arabische Original der englischen Aussprache anzupassen. So wird zwar »Wadi Rum« geschrieben, gesprochen dagegen »Ram« – nach dem im Koran genannten »Iram«, dem alten Namen für das Gebiet.

Zahlen

Araber verwenden indische Zahlenzeichen. Im Gegensatz zur Schrift werden mehrstellige Zahlen wie im europäischen Sprachraum auch auf Arabisch von links nach rechts geschrieben.

Aussprache

Zur Erleichterung der Aussprache sind alle arabischen Wörter im folgenden Sprachführer mit einer einfachen Aussprache (in der mittleren Spalte) versehen.

SPRACHFÜHRER ARABISCH

Auf einen Blick

Ja	na'am	نعم
Nein	la/kalla	كلا/لا
Bitte	'afwan	عفوا
Danke!	shukran	شكرا
Entschuldigung	'udhran	عذرا
Wie bitte?	na'am?	نعم؟
Guten Tag	as-salamu 'alaikum	السلام عليكم!
Guten Abend!	mas' l-chair	مساء الخير!
Hallo / Grüß Dich!	marhaban	مرحبا!
Auf Wiedersehen	ila l-liq' / ma' a s-slama	إلى القاء / مع السلامة!
Können Sie	hal tastai' musa'adati	هل تستطيع مساعدتي
mir bitte helfen?	min fadlika	من فضلك؟
Ich möchte ...	urd...	أريد ...
Wie viel kostet es?	mdha jukallif?	ماذا يكلف؟
Wie viel Uhr ist es?	kam is-sa'a?	كم الساعة؟

Plätze

Busbahnhof	markaz intilaq otobisat	مركز إنطلاق أوتوبيسات
Flughafen	matar	مطار
Damentoilette	mirhad as-sayidt	مرحاض السيدات
Herrentoilette	mirhad irridjl	مرحاض للرجال
Postamt	maktab al-bard	مكتب البريد
Taxi	udjra / taksi	أجرة / تكسي
Touristeninformation	marakiz ista`lamat assiyaha	مركز إستعلمات السياحة
Straße	shari`	شارع
Markt	suq	سوق
Restaurant	mat`am	مطعم
Hotel	funduq	فندق
Burg / Festung	qal`at	قلعة
Palast	qasr	قصر
Tal	wad	وادي
Moschee	djami`	جامع
Museum	mathaf	متحف
Kloster	deir	دير
Berg	djabal	جبل

Unterwegs

links / rechts	jasran / jaminjan	يسارا / يمينا

Deutsch	Transkription	العربية
geradeaus	ila l-amm	إلى الأمام
nah / weit	qarib / ba`d	قريب
Bitte, wo ist ...?	min fadlak aina	من فضلك أين
Wie weit ist das?	kam il masfa	كم المسافة
Ich möchte ... Liter	´urid ... litran	أريد ... لترا
Normalbenzin.	min al-banin al-`d	من البنزين العادي
Super.	min al-banin al-mumta	من البنزين الممتاز
Diesel.	min id-dil	من الديزل
Volltanken, bitte.	imla´ il-khaan min fadlika	إملأ الخزان من فضلك
Ich habe eine Panne.	ta`atalat sayyarati	تعطلت سيارتي
Würden Sie mein Auto bis zur nächsten Tankstelle abschleppen?	hal tastati` sahb sayyarati ila aqrab warsha	هل تستطيع سحب سيارتي إلى أقرب ورشة؟
Wo ist hier die nächste Werkstatt?	`aina tudjad aqrab warsha	أين توجد أقرب ورشة؟
Hilfe!	al-nadjda!	النجدة
Rufen Sie bitte schnell	utlub (f-bi) bi sur`a	أطلب بسرعة
	min fadlak	من فضلك ...
einen Krankenwagen.	sayyarat ´is`f	سيارة إسعاف
die Polizei.	ash-shurta	الشرطة
Es war meine / Ihre Schuld.	ana / anta (f ti) l-mas´ul `an wuqu` hadha l-hadith	أنا / أنت المسؤول عن وقوع هذا الحادث

Arzt

| Können Sie mir einen Arzt empfehlen? | hal tastati` an tushir li bi tabib? | هل تستطيع أن تشير بطبيب |

Bank

Wo ist hier eine Bank?	aiyna yudjad masraf huna?	أين يوجد مصرف هنا؟
Ich möchte	´urid an uhauwil	أريد أن أحول
... Euro	min al-yuro	من اليورو
... Schweizer Franken	nim al frank as-swisri	من الفرنك السويسري
in ... wechseln.	ila	إلى

Übernachtung

Können Sie mir bitte	hal yumkinuka an turshdni ila	هل يمكنك أن ترشدني إلى
... empfehlen		
... ein gutes Hotel	ila funduq djayid	إلى فندق جيد؟
... eine Pension	nuzul / bansiyon	نزول / بنسيون
Haben Sie noch Zimmer frei?	hal ladaykum ghurfa?	هل لديكم غرفة ...

ein Einzelzimmer	ghurfa li-schakhs wahid	غرفة لشخص واحد
ein Zweibettzimmer	ghurfa li-shakhsain	غرفة لشخصين
mit Bad	fiha hammam	فيها حمام
für eine Nacht	li-layla wahida	لليلة واحدة
für eine Woche	li-´usbu`	لأسبوع
Was kostet das Zimmer mit ...	kam tukallif al-ghurfa?	كم تكلف الغرفة
Frühstück	ma` l-futur	مع الفطور؟
Halbpension	ma` wadjbatein	مع وجبتين؟

Essen und Trinken

Wo gibt es hier	aina yudjad huna	هل يوجد هنا
ein gutes Restaurant?	mat`am djayied	مطعم جيد؟
ein nicht zu teures Restaurant?	mat`am mu`tadil	مطعم معتدل
Gibt es hier ein Café/ eine Teestube?	hal tudjad huna maqha	هل توجد هنا مقهى؟
Reservieren Sie uns bitte für heute Abend.	ihdjiz lana min fadlika twila li araba`a	إحجز لنا من فضلك طاولة لأربعة أشخاص هذا المساء
einen Tisch für vier Personen	´ashkhs hadha l-mas´	
Auf Ihr Wohl!	f sahatak (f -ik)	في صحتك
Bezahlen, bitte.	al-hisb min fadlak	الحساب من فضلك
Hat es geschmeckt?	hal kana at-ta`m djayied	هل كان الطعام جيد
Das Essen war ausgezeichnet.	kana it-ta`m mumt	كان الطعام ممتازا

Frühstück

Fladenbrot	raghif	رغيف
Brot	khub	خبز
Toast	tost / kubz muqammar	توست / خبز مقمر
weich gekochtes Ei	baida nisf masluqa	بيضة نصف مسلوقة
hart gekochtes Ei	baida maslqa	بيضة مسلوقة
Spiegeleier	baid maqli	بيض مقلي
Butter	ubda	زبدة
Käse	djubn	جبن
Schafskäse	djubn min laban il-ghanam	جبن من لبن الغنم
Ziegenkäse	djubn min laban il-ma`i	جبن من لبن الماعز
Weichkäse	djubn tarri	جبن طري
Wurst	sudjuq	سجق
Honig	`asal	عسل
Marmelade	murabba	مربى
Jogurt	laban abadi	لبن زبادي
Omelett	ùdjdja	عجة

Imbiss

Falafel	falfil	فلافل
Leber-Sandwich	sandawish kibda	سندويش كبدة
Kebab	kabb	كباب
Würste	naqniq	نقنيق

Hauptmahlzeit

Mezze (verschiedene Vorspeisen)	maa munawa`a	مزة منوعة
gegrillte Garnelen	djambari mashwi	جمبري مشوي
Fleischbraten	lahm muhammar	لحم محمر
gegrilltes Fleisch	lahm mashwi	لحم مشوي
gegrillter Fisch	samak mashwi	سمك مشوي
Hackfleischbällchen	kifta	كفتى
gebackenes Hähnchen	dadjadj fi-l-furn	دجاج في الفرن
Nudelauflauf	ma`karuna fi-l-furn	معكرونة في الفرن
Reis	ru	رز
Kartoffeln	Batta	بطاطا
Nudeln	Ma`karuna	معكرونة
Gemüsesuppe	shurbar khudar	شوربة خضر
Fischsuppe	shurbat samak	شوربة سمك
grüner Salat	salata khadra	سلطة خضرة
Tomatensalat	Salata Tamtim	سلطة طماطم

Obst und Süßspeisen

Orangen	burtuql	برتقال
Äpfel	tuffh	تفاح
Birnen	idjs	إجاص
Granatäpfel	rummn	رمان
Feigen	tn	تين
Kaktusfeigen	tn shauki	تين شوكي
Pfirsiche	khaukh / durraq	خوخ / دراق
Aprikosen	mishmish	مشمش
Mango	mango	منغو
frische Datteln	balah	بلح
getrocknete Datteln	tamr	تمر
Trauben	`inab	عنب
Melonen	battikh	بطيخ
Quitten	sfardjal	سفرجل
Bananen	mawz	موز
Baklawa	baqlwa	بقلاوة
Keks-Feingebäck	ka`k	كعك

Getränke

Tee mit Milch / mit Zitrone	shai bi-l-halb / bil-l-laimn	شاي بالحليب / بالليمون
schwarzer Kaffee	qahwa bila halb	قهوة بلا حليب
Kaffee mit Milch	qahwa bil halb	قهوة بالحليب
arabischer Kaffee	qahwa `arabiya	قهوة عربية
mit Karadamom	bi-l-hl	بالحال
kalte / warme Milch	halb barid / skhin	حليب بارد / ساخن
Limonade	laymonada	ليموناده
Mineralwasser	Ma´ madaniya	ماء معدنية
Orangensaft	`asr burtuql	عصير برتقال
Wein	khamr / nabdh	نبيذ
Weißwein	nabdh abiyad	نبيذ أبيض
Bier	bra	بيرة

Zahlen

	Transkription	Arabisch
0	sifr	٠ صفر
1	whid	١ واحد
2	´ithnain	٢ إثنين
3	thltha	٣ ثلاثة
4	´arba`a	٤ أربعة
5	khamsa	٥ خمسة
6	sitta	٦ ستة
7	saba`a	٧ سبعة
8	thamniya	٨ ثمانية
9	tis`a	٩ تسعة
10	`ashara	١٠ عشرة
11	´ahada `ashara	١١ أحد عشر
12	´ithn `ashara	١٢ إثنا عشر
13	thalthata `ashara	١٣ ثلاثة عشر
14	´arba`ata `ashara	١٤ أربعة عشر
15	khamsata `ashara	١٥ خمسة عشر
16	sittata `ashara	١٦ ستة عشر
17	sab`ata `ashara	١٧ سبعة عشر
18	thamniyata `ashara	١٨ ثمانية عشر
19	tis`ata `ashara	١٩ تسعة عشر
20	`ishrn	٢٠ عشرون
30	thalthn	٣٠ ثلاثون
40	´arba`n	٤٠ أربعون
50	khamsn	٥٠ خمسون
60	sittn	٦٠ ستون
70	sab`n	٧٠ سبعون
80	thamnn	٨٠ ثمانون
90	tis`n	٩٠ تسعون
100	miyya	١٠٠ مئة
1000	´alf	١٠٠٠ ألف
10 000	`asharat ´alf	١٠٠٠٠ عشرة الاف

Straßenschilder sind meist zweisprachig.

Übernachten

Camping

Zelten ist in Jordanien bislang eher unüblich, sodass man Campingplätze mit europäischem Standard vergeblich sucht. Herrlich zelten kann man nur im Naturreservat Dana, 8 km von Petra im Ammarin Bedouin Camp sowie im Wadi Rum, wo man nach Absprache mit den Rangern »wild« campen darf. Der Platz in Petra beim Resthouse existiert nicht mehr, zudem besteht rund ums Besucherzentrum wie so oft an touristischen Brennpunkten erhöhte Diebstahlgefahr. In Jerash bietet das Olive Branch Motel im Garten Campingmöglichkeiten an (Tel. 795 56 57 38).

Wohnmobil

Wer mit dem Campingwagen oder Wohnmobil nach Jordanien kommt, kann in einigen Fällen nach Absprache in der Nähe von Hotels übernachten, so zum Beispiel am Toten Meer. Am Strand südlich von Aqaba überwintern jedes Jahr einige Wohnmobilreisende (Sunset Village, Tel. 02/77 78 60 23).

Hotels

Eine Folge des steigenden Tourismus in Jordanien ist die ebenfalls wachsende Zahl an Hotels im Land. Als Hauptstadt und Geschäftsreiseziel verfügt Amman über die größte Auswahl an Unterkünften. Hier findet man Hotels aller Klassen von einem bis fünf Sterne.
Außerhalb der Touristenhochburgen ist das Hotelangebot eher dürftig. In einigen Städten und Orten gibt es noch Mittelklassehotels, in anderen dagegen wiederum nur sehr einfache Unterkünfte.

Resthouses

An einigen Orten, so z. B. in Kerak, Petra und Wadi Rum, gibt es sogenannte Resthouses (Rasthäuser). Sie sind weitaus preisgünstiger als etwa die Vier- und Fünfsterne-Häuser, aber komfortabler und sauberer als so manches Mittelklassehotel. Da die Bettenzahl meist nicht sehr hoch ist und sich die Vorteile der Rasthäuser bereits herumgesprochen haben, empfiehlt sich eine rechtzeitige Buchung.

INFOS ÜBERNACHTEN

HOTELS

▶ **Preise**
Die in diesem Reiseführer bei den einzelnen Orten genannten Hotels sind nach drei Kategorien unterteilt, die sich auf eine Nacht im Doppelzimmer mit Frühstück beziehen:
Luxus: ab 120 JD
Komfortabel: 50 bis 120 JD
Günstig: bis 50 JD

JUGENDHERBERGE

Nur in Amman gibt es beim 2nd Circle eine Jugendherberge, und die ist Frauen vorbehalten.

YMCA
P. O. Box 5014, Amman
Tel. (06) 462 14 88

Urlaub aktiv

Luftsport Ein ganz besonderes Erlebnis ist eine Fahrt mit dem Ballon übers Wadi Rum. Die Veranstalter organisieren auch Flüge über Petra. Gleitschirm- und Segelfliegen bietet sich vor allem im Wadi Ram an, denn die Thermik ist dank der aufsteigenden warmen Luft oft hervorragend.

Golf Golf darf man in Jordanien noch als echte Exotensportart werten. So müssen sich Golfspieler bislang noch mit einem einzigen 9-Loch-Platz begnügen. Gleich neben dem Airport Highway in Amman gelegen, bietet er immerhin Caddieservice und den Verleih von Ausrüstung, Trainingsmöglichkeiten gibt es auch für Gäste.

Reiten Der Royal Racing Club bei Amman bietet Reitstunden für Anfänger und Fortgeschrittene. In Aqaba kann man beim Royal Horse Riding Club Pferde für Ausritte mieten. Der schweizerische Reiseveranstalter Pegasus hat einen mehrtägigen Ritt durch das Wadi Rum im Programm, der allerdings nur geübten Reitern empfohlen wird.

Kameltouren ▶ Ein- bis mehrtägige Touren mit dem Kamel werden in Wadi Rum angeboten und gehören zu den Höhepunkten jeder Jordanienreise, besonders, wenn man sich ein paar Nächte unter dem Sternenhimmel der Wüste gönnt.

Eine der schönsten Arten, die Wüste kennenzulernen: die Tour mit dem Kamel

ADRESSEN AKTIVURLAUB

LUFTSPORT

▶ **The Royal Parachuting & Aero Sports Club of Jordan**
King Hussein International Airport, Aqaba, P.O. Box 1853
Tel. (03) 205 80 50
www.royalaeoroclub.com
(Ballonfahren, Gleitschirmfliegen)

▶ **Royal Jordanian Gliding Club**
Amman
Tel. (06) 489 14 01
www.rjglidingclub.com
(Segelfliegen)

GOLF

▶ **Bisharat Golf Club**
Amman
Tel. (079) 52 03 34

KAMELTOUREN

Adressen siehe ▶Wadi Rum

REITEN

▶ **Royal Horse Riding Club**
Aqaba, Tel. (03) 31 81 00

▶ **Pegasus**
Herrenweg 60
CH-4123 Allschwil
Tel. (0041) 61-303 31 03
Freeecall in Deutschland:
0800 505 18 01
www.equitour.com

▶ **Rum Horses**
Wadi Rum Road, Salrhia
Tel. (03) 203 35 08
www.desertguides.com

WANDERN

▶ **Petra Travel & Tourism Co.**
P.O. Box 19185, 11196 Amman
Tel. (06) 567 46 74, Fax 568 14 02
www.petratours.com

Ballonfahren im Wadi Rum

▶ **Royal Society for the Conservation of Nature (RSCN)**
P.O. Box 1215, 11941 Amman
Tel. (06) 461 65 23
www.rscn.org.jo
Heimische Ranger führen auf kurzen oder mehrtägigen Touren durch Jordaniens Naturschutzgebiete.

▶ **TRH Natürlich Reisen**
Das Unternehmen bietet organisierte Wanderungen an.
Im Schnepfelpflug 20, 67147 Forst
Tel. (06326) 967 57 53
Fax 967 57 56
www.trh-reisen.de

Schnorcheln genügt, um die farbenprächtigen Korallenriffe von Aqaba zu entdecken.

Schwimmen Der schmale Küstenstreifen am Roten Meer bei Aqaba ist ein beliebtes Revier bei Badeurlaubern, zumal man dort von Frühjahr bis Herbst, bisweilen auch sogar im Winter, mit Lufttemperaturen über 20 °C und Wassertemperaturen von mindestens 20 °C rechnen kann. Die Sandstrände direkt bei den Hotels sind allerdings nicht gerade weitläufig, aber in der Regel sehr gepflegt. Obwohl Aqaba vom (internationalen) Badetourismus lebt und man den Gästen die Badekleidung nachsieht, hat die Freizügigkeit ihre Grenzen, sprich »oben ohne« baden oder bräunen ist in jedem Fall unangebracht und im Übrigen auch verboten!

Wassersport Naturgemäß sind die Wassersportmöglichkeiten in Jordanien auf den Golf von Aqaba beschränkt, doch dort ist dafür fast alles möglich, was mit dem warmen Nass zu tun hat – die Palette reicht von Angeln (nicht vom Ufer, sondern von einer Jacht aus) über Surfen (Surfbrettverleih im Aquamarine I Beach Hotel), Schwimmen und Schnorcheln bis zu Wasserskifahren.

Tauchen Schon lange kein Geheimtipp mehr, aber nach wie vor Nummer eins unter den Wassersportarten am Golf: Tauchen. Die Korallenriffe im Roten Meer sind für viele Tauchbegeisterte Grund genug für eine Reise nach Aqaba. Dort gibt es einige sehr erfahrene Tauchschulen (Adressen ► Aqaba). Alle Clubs verleihen internationale Tauchscheine, organisieren Tauchgänge und vermieten die dafür nötige Ausrüstung.

Wander- und Trekking-Reisen kommen auch in Jordanien mehr und mehr in Mode. Vor allem Petra und das Wadi Rum, aber auch das Dana Naturreservat bieten dafür geradezu ideale Bedingungen. Geführte Touren bietet die Naturschutzbehörde RSCN an.

◂ Wandern, Klettern

Verkehr

Die wichtigste Verkehrsader in Jordanien – sowohl für den Güter- als auch für den Personenverkehr – ist das gut ausgebaute Straßennetz. Aufgrund der geringen Entfernungen sind nahezu alle größeren Orte und die meisten Sehenswürdigkeiten auf dem Landweg schnell und bequem zu erreichen. Verkehrsmittel Nummer eins in Jordanien ist das Auto bzw. der Bus. In Amman wird der öffentliche Nahverkehr mit Bussen bzw. Sammeltaxis (s.u.) bewältigt. Busse fahren von Amman aus die größeren Städte des Landes an.

◂ Mobil in Jordanien

Für die Benutzung öffentlicher Verkehrsmittel (Busse, Sammeltaxis) sind Grundkenntnisse des Arabischen von Vorteil, da die Fahrtziele immer in der Landessprache angeschrieben sind. Da Jordanien verhältnismäßig klein ist, kommt dem Luftverkehr keine große Bedeutung zu. Die einzige Inlandsverbindung besteht zwischen Amman und Aqaba. Auskunft erteilt Royal Jordanian Airlines (Adresse siehe ▸Anreise).

Bus und Bahn

Zwischen den größeren Städten Jordaniens verkehren sowohl staatliche (rot-weiße) Busse bzw. Minibusse (bei kleineren Städten) als auch Autobusse des privaten Busunternehmens JETT, das über einen modernen Fuhrpark mit klimatisierten, blau oder weiß lackierten Reisebussen verfügt. Regelmäßige Busverbindungen zu anderen Städten unterhält auch die Alpha Tourist Bus Company.

◂ Bus

In Amman gibt es zwei Abfahrtsplätze für diese Überlandbusse und für Minibusse: Abdali (zwischen Jabal Hussein und Jabal Weibdeh) und der Busterminal Wahdat im Süden der Stadt an der Ausfallstraße nach Aqaba, in der Nähe des Middle East Circle. Von **Abdali** starten die Busse in den Norden und Westen des Landes, so nach Ajlun, Irbid, Salt, Suweileh, Jerash und zur König-Hussein-Brücke. **Wahdat** ist der Busbahnhof für die südlichen Ziele wie Aqaba, Kerak, Madaba, Hammamet Main und Maan.

◂ Haltestellen

Täglich angeboten und vor allem von Touristen genutzt wird die Fahrt nach Petra (hin und zurück an einem Tag). Im Fahrtpreis inbegriffen sind auch die Eintrittsgelder sowie ein Mittagessen. Insbesondere für diese Fahrt, aber auch für die anderen Städteverbindungen empfiehlt sich eine **Platzreservierung** ein bis zwei Tage im Voraus sehr.

◂ Nach Petra

ADRESSEN VERKEHR

BUS

- **Alpha Tourist Bus Company**
  Tel. (06) 569 82 23

- **JETT (Jordan Express Travel and Tourism)**
  Büro an der Busstation Abdali in Amman
  Tel. (06) 566 41 46/47

- **Hijazi**
  Tel. (06) 463 81 10

- **Trust International Transport**
  Tel. (06) 581 34 27/28

BAHN

- **Hedschas-Bahn**
  Tel. (06) 489 54 13
  hedjaz-railroad.info

MIETWAGEN

- **AVIS**
  Stadtbüro Amman
  Tel. (06) 569 94 20/30

  Queen Alia Airport
  Tel. (074) 541 47 20
  www.avis.com.jo

- **Europcar**
  Stadtbüro Amman:
  Tel. (06) 565 55 81
  Queen Alia Airport:
  Tel. (06) 445 20 12
  www.europcar.jo

- **Hertz**
  Queen Alia Airport:
  Tel. (06) 471 17 71
  www.hertz.com

Die JETT-Busse fahren auch nach Syrien (Damaskus; Visum aus dem Heimatland erforderlich!), nach Ägypten, Israel und nach Saudi-Arabien (Visum aus dem Heimatland erforderlich).

Bahn Die alte Hedschas-Bahnlinie, die zu Beginn des 20. Jahrhunderts gebaut wurde, ist bis heute die einzige Bahnlinie in Jordanien. Einmal wöchentlich verkehrt auf einem Teilstück der Hedschasbahn ein Zug mit Personenbeförderung von Amman nach Damaskus und am nächsten Tag die gleiche Strecke zurück. Es werden auch Sonderfahrten für Gruppen angeboten (▶ Baedeker-Special S. 114).

Straßenverkehr

Fahren in Jordanien Das Straßennetz Jordaniens ist gut ausgebaut. Die Hauptverbindungsstraßen sind asphaltiert und zweispurig; nur die autobahnähnliche Wüstenstraße, der sog. Desert Highway, ist vierspurig befahrbar. Obwohl der rasante, zu Regelübertretungen neigende Fahrstil in arabischen Ländern für manchen etwas gewöhnungsbedürftig ist, kann man sich in Jordanien ohne Probleme selbst ans Steuer setzen. Für Fahrten auf Pistenstraßen benötigt man Fahrzeuge mit Allradantrieb. Bei Fahrten in die Wüste sind die üblichen Vorsichtsmaßnahmen zu beachten, z.B. genügend Sprit und Trinkwasser an Bord, Kompass/GPS etc.

Eine Radarkontrolle ist im Wadi Rum nicht zu erwarten, ebensowenig eine Tankstelle.

Verkehrsregeln

In Jordanien herrscht Rechtsverkehr. Die Verkehrsvorschriften entsprechen im Großen und Ganzen denen in Europa (u. a. Gurtpflicht). Außerhalb von Ortschaften gilt 80 km/h beziehungsweise 100 km/h, innerhalb von Städten und Ortschaften 50 km/h als **Höchstgeschwindigkeit**. Vor allem in und um Amman gibt es viele Radarkontrollen. Wer zu schnell fährt und erwischt wird, muss mit einer Geldstrafe rechnen.

Verkehrsschilder

Die Verkehrsschilder und die Hinweisschilder außerhalb der Städte sind meist zweisprachig, arabisch und englisch beschriftet. In den größeren Städten sind englisch beschriftete Schilder eher unüblich und eine Orientierung ist deshalb nicht ganz einfach.

Benzin

Das Tankstellennetz ist nur entlang der von Norden nach Süden verlaufenden Hauptrouten dicht. Bleifreies Benzin gibt es nicht.

Heute setzt der Lokführer nur noch zweimal die Woche zur Fahrt nach Damaskus die Maschine in Gang.

DAMPFLOK FÜR DIE PILGER

Als technische Meisterleistung ist die Hedschasbahn in die Geschichte des Eisenbahnwesens eingegangen. Auf 1308 km schlängelt sich ihr Schienenband von Damaskus durch Wüsten und Steppen bis nach Saudi Arabien. 1908 eröffnet, fuhren dann aber nur sieben Jahre lang die Züge. Bis heute ist sie bloß noch in Teilabschnitten befahrbar.

Vermutlich war der **militärische Nutzen** der entscheidende Anstoß zum Bau der Hedschasbahn, wenngleich in der Öffentlichkeit ein völlig anderer im Vordergrund stand: Die Bahnlinie sollte es den zahlreichen Pilgern ermöglichen, auf schnellem und sicherem Weg nach Mekka zu kommen. Jedes Jahr setzten sich endlos lange Pilgerkarawanen zu Fuß, zu Pferd oder Kamel von Damaskus in Richtung Mekka in Gang. Beduinen mit Wegzollforderungen machten das Wüstengebiet entlang der Pilgerroute unsicher. Vom Bau einer Bahnlinie versprach man sich also doppelten Vorteil: Die Pilger konnten schneller und unbehelligter reisen, und die Zugverbindung ließ sich auch für den Truppennachschub nutzen.

Bauleiter aus Leipzig

Im Jahre 1900 wurde mit dem Bau der Hedschasbahn begonnen. Planung und Ausführung oblag einem internationalen Team von 43 Ingenieuren; die Oberaufsicht über die Bauarbeiten hatte man Heinrich August Meissner aus Leipzig übertragen. Rund 5000 türkische Soldaten, beschützt (oder bewacht) von einer tscherkessischen Kavallerie, waren auf der Baustelle beschäftigt. Doch damit nicht genug: Zusätzlich »durfte« jeder von ihnen auch noch mit der Spende eines Monatslohns zur Finanzierung des ehrgeizigen Projekts beitragen. Insgesamt verschlang der Bau der Hedschasbahn 7,5 Mio. Reichsmark; je 250 000 Dollar steuerten der Schah von Persien und der von Ägypten bei. Den Löwenanteil trug das Osmanische Reich: Sultan Abdul Hamid II. rief seine gläubigen Untertanen zur Unterstützung auf und konnte so das meiste Geld für die Hedschasbahn durch Spenden eintreiben. Rund 1300 km Gleise wurden durch menschenfeindliche Wüste verlegt und Höhenunterschiede von mehr als 1300 m überwunden. Im Jahre 1903 war die Bahnlinie bis Amman, 1906 bis Maan und 1908 bis Medina fertiggestellt. Die Züge waren technisch **auf dem modernsten Stand** und bestens ausgestattet; in den

Pullmannwagen hatte man sogar eine fahrende Moschee eingebaut. Doch der arabische Aufstand 1916–1918, die Niederlage der Osmanen und das Gerangel der Kolonialmächte um die Gebiete im Vorderen Orient brachten das Projekt zum Stillstand. Ungezählte Male überfielen die von Lawrence von Arabien angeführten Beduinen die Eisenbahnlinie, verbogen Schienen und sprengten Brücken, sodass die Strecke immer wieder unpassierbar war. Die **Überfälle und Sabotageakte** richteten sich weniger gegen die Zivilisten, sondern in erster Linie gegen das osmanische Militär, das mit der Hedschasbahn Waffen und Lebensmittel in die entlegenen und nur schwer unter Kontrolle zu behaltenden Wüstengebiete transportierte. Das letzte Teilstück nach Mekka wurde schließlich nicht mehr realisiert.

Nostalgie auf Schienen

Nach dem Ersten Weltkrieg wurde die Bahnlinie zwar repariert und wieder befahrbar gemacht, doch sie warf keinen Gewinn mehr ab. 1948, nach der Gründung Israels, wurde das Streckennetz zerschnitten und die Bahn verlor weiter an Bedeutung. Erst in den 1970er-Jahren erinnerte man sich wieder an die Bahnlinie. Zwischen 1972 und 1975 verlegte Jordanien **mit bundesdeutscher Finanzhilfe** eine 116 km lange Bahnstrecke, die von der früheren Hedschas-Bahnstation Batn el-Ghul südlich von Maan nach Aqaba führt und die Verbindung von der alten Hedschaslinie zum Roten Meer herstellt. Sie wird ausschließlich für den Transport von Phosphat genutzt. Im Hafen von Aqaba wird das wichtige Exportgut dann auf Schiffe verladen.

Und die alte Hedschasbahn? Sie ist bis heute die einzige Eisenbahnstrecke in Jordanien und darüberhinaus die einzige Möglichkeit, mit der Bahn ins Nachbarland Syrien weiterzureisen.

Der heutige Fahrplan

Jede Woche Montag und Donnerstag verlässt gegen 8.00 Uhr morgens ein kleiner Zug die im Nordosten von Amman liegende Bahnstation in Richtung der syrischen Hauptstadt Damaskus. Auf der Rückfahrt am nächsten Tag befördert er in erster Linie Waren. Die genaue Ankunftszeit des Zuges steht jedoch in keinem Fahrplan, denn die Fahrtdauer schwankt zwischen fünf und sieben Stunden... (Platzreservierung unter Tel. 06 / 489 54 13, Fax 489 41 17; www.jhr.gov.jo).

Mietwagen

Allgemeines Am Flughafen in Amman sind alle bekannten internationalen Mietwagenfirmen vertreten, und die meisten großen Hotels haben eine Mietwagenvermittlung im Haus. Neben den internationalen Mietwagenfirmen gibt es auch zahlreiche einheimische Leihwagenanbieter, bei denen man mit etwas Verhandlungsgeschick meist zu günstigeren Konditionen einen Wagen erhält. Rabatte sind außerhalb der Saison möglich. Für einen Mittelklassewagen muss man mit einem Mietpreis von mindestens 30 JD pro Tag rechnen – Steuern und Versicherungen inklusive. In den Sommermonaten empfiehlt es sich, wegen der vielen Gäste aus den Golfstaaten, den Mietwagen im Voraus zu buchen. Die jordanisch-israelische Grenze darf man mit einem Mietwagen nicht passieren. Die Nummernschilder der Mietwagen sind grün mit gelber Schrift (Privatwagen haben weiße, Taxis grüne Nummernschilder).

Fahrzeugpapiere Um einen Wagen mieten zu können, muss man mindestens 25 Jahre alt sein. Ein internationaler Führerschein ist zwar nicht vorgeschrieben, aber unter Umständen hilfreich. Der nationale Führerschein muss mindestens ein Jahr alt sein.

Taxi

Gelb oder weiß? In allen größeren Städten Jordaniens gibt es zahlreiche private Taxis und mindestens so viele Sammel- oder Service-Taxis. Den Unterschied erkennt man an der Farbe der Autos: Private Taxis sind gelb und haben ein grünes Viereck in der Tür und grüne Nummernschilder, Sammeltaxis sind weiß lackiert.

Private Taxis Die Fahrer der privaten Taxis sind verpflichtet, ihren Taxameter zu benutzen – vor allem nachts wird das gerne mal vergessen. Ab Mitternacht wird ein Nachtzuschlag berechnet. Eine andere Möglichkeit ist, den Fahrpreis vor Fahrtbeginn auszuhandeln. Fahrten mit privaten Taxis innerhalb Ammans kosten in der Regel zwischen 1 und 2,5 JD. Als Trinkgeld wird der Fahrpreis meistens aufgerundet. Taxis, die vor den großen Hotels warten, versuchen gelegentlich, einen überhöhten Preis zu verlangen. Wer dies vermeiden will, sollte einem vorbeifahrenden Taxi winken. Maximal vier Personen dürfen mitfahren; Frauen sollten sich, wenn sie alleine mitfahren, möglichst auf die hintere Sitzbank setzen, um Missverständnissen vorzubeugen.

Sammeltaxis Sammeltaxis pendeln auf festgelegten Strecken, so etwa zwischen zwei Stadtteilen in Amman oder aber zwischen zwei Städten. Die Ziele dieser Taxis sind nur auf Arabisch angeschrieben. Man kann dem Fahrer das Fahrtziel zurufen, er wird dann anhalten, wenn es an seiner Strecke liegt. Der Fahrpreis bei Sammel-Taxis ist in der Regel sehr niedrig, maximal 0,5 bis 1 JD, da er unter den Fahrgästen geteilt wird. Während man in den privaten Taxis meist alleine sitzt, kommt man sich in diesen Taxis unter Umständen ziemlich nahe. Frauen sollten den Beifahreristz einnehmen, wenn hinten bereits männliche Fahrgäste sitzen.

In Amman fahren die Busse und Service-Taxis zu den Zielen außerhalb der Stadt von zwei Plätzen ab: In Abdali zwischen Jabal Hussein und Jabal Weibdeh befindet sich die Haltestelle für Fahrten nach Irbid, Jerash, Ramtha und gelegentlich auch nach Suweimeh am Toten Meer. Die Abfahrt nach Aqaba, Kerak, Madaba und Petra erfolgt vom Middle East Circle in el-Wabdat, an der Straße nach Aqaba. Auch zu weiter entfernten Zielen, so etwa nach Syrien, in den Libanon und in den Irak, kann man mit Service-Taxis fahren – und das bis zu 50 % billiger als mit dem Bus.

Haltestellen für Service-Taxis

Zeit

In Jordanien gilt die osteuropäische Zeit, das entspricht der Mitteleuropäischen Zeit (MEZ) zuzüglich einer Stunde. Von April bis September gilt die Sommerzeit, d.h. MEZ + 2 Stunden.

Touren

BADEN AN DEN STRÄNDEN DES TOTEN MEERES ODER DIE GEHEIMNISSE VON PETRA ERFORSCHEN? KREUZFAHRERBURGEN ODER ANTIKE TEMPEL? BERGIDYLL ODER WÜSTENEINSAMKEIT? DAS UND NOCH VIEL MEHR HÄLT JORDANIEN FÜR SIE BEREIT!

TOUREN DURCH JORDANIEN

Jordanien ist nicht sehr groß und besitzt recht passable Straßen. So kann man die wichtigsten Sehenswürdigkeiten gut erreichen. Etwas mehr Expeditionsgeist braucht man auf den Trips in die Wüste – auch da führen wir Sie gerne!

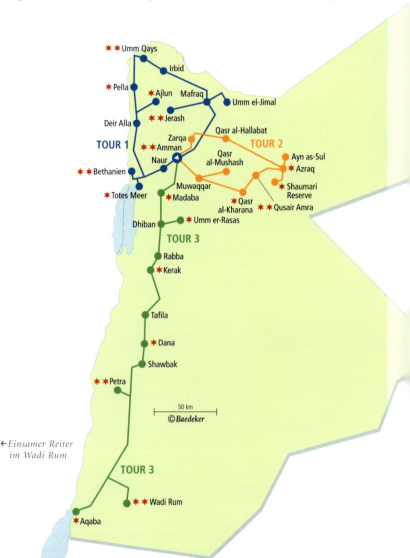

← *Einsamer Reiter im Wadi Rum*

Touren im Überblick

Bethanien
liegt unmittelbar am Jordan. Hier wurde zu Zeiten Jesu getauft.

▬ **TOUR 1** **Der grüne Norden**
Keinesfalls wird der Orient nur von Hitze und kargem Land beherrscht. Wie blühend und fruchtbar Jordanien sein kann, zeigt eine Reise in den Norden. ▸ **Seite 123**

▬ **TOUR 2** **Zu den Wüstenschlössern**
Riesige Wüsten bedecken weite Teile des Landes. Einen Abstecher in die östliche Wüste sollte man unbedingt wagen, vor allem, weil die Schlösser der Omaijaden diese Tour auch kulturell spannend gestalten. ▸ **Seite 126**

▬ **TOUR 3** **Entlang der Königsstraße**
4000 Jahre lang zogen die Karawanen diesen Weg entlang. Heute verbindet die Königstraße die Highlights des Landes von Nord nach Süd: Amman, Madaba, Petra, Wadi Rum und das Rote Meer. ▸ **Seite 129**

Aqaba
Glasklares Wasser und bildschöne Korallen sind die Markenzeichen des südlichsten Ortes des Landes.

Unterwegs in Jordanien

Das Straßennetz

Jordaniens Straßennetz ist sehr gut ausgebaut, nur auf den Wüstentouren in den fast unbewohnten Südosten braucht man Allradfahrzeuge. Ansonsten kommt man mit dem eigenen Auto oder einem Mietwagen gut durchs ganze Land. Die meisten Sehenswürdigkeiten, vor allem die im Norden, lassen sich von Amman aus in Tagesausflügen erreichen. Zwei große Fernstraßen verbinden den Norden Jordaniens mit dem Süden. Die im 16. Jh. von den Osmanen angelegte Wüstenstraße (Desert Highway, arab. Tariq al-Bint) verläuft, wie der Name schon sagt, in der Wüste. Wassermangel und die Überfälle von Beduinenstämmen machten sie allerdings bis ins beginnende 20. Jh. zu einem unsicheren Verkehrsweg. Heute ist der Desert Highway die Hauptverkehrsachse zwischen Nord- und Südjordanien und die schnellste, wenngleich auch eintönigste Verbindung zwischen Amman und Aqaba. Sehr viel schöner, wenn auch zeitaufwändiger, ist die Fahrt gen Süden auf der Königstraße (siehe dazu Tour 3).

Am Toten Meer führt der Dead Sea Highway entlang. Diese Schnellstraße beginnt an der Nordspitze des Toten Meeres und endet in Aqaba. Vorsicht: Tankstellen und Einkehrmöglichkeiten sind auf dieser Strecke sehr rar, also rechtzeitig volltanken und Proviant einpacken. Das Gleiche gilt für alle Fahrten in die Wüste (Tour 2).

Die großen Städte sowie die Orte mit wichtigen Sehenswürdigkeiten sind **mit dem Bus** erreichbar. Über die großen Hotels in Amman kann man sich auch einer geführten Tour mit einem Charterbus anschließen, z.B. zu den Wüstenschlössern oder einem Ausflug nach Jerash, Umm Qays oder Madaba. Das Busunternehmen JETT (Tel. 56641 46) fährt Aqaba, Petra und Hammamat Main von Amman aus an. Züge gibt es mit Ausnahme der Hedschas-Bahn in Jordanien keine; Inlandsflüge nur von Amman nach Aqaba. **Taxis** sind nicht sehr teuer, daher ist es durchaus eine Alternative, sich chauffieren zu lassen. Preis aber vorab aushandeln!

Großzügige Straßen durchziehen Amman.

► Tour 1 **TOUREN** 123

Tour 1 Der grüne Norden

Start und Ziel: Amman **Dauer:** mind. 2 Tage
Länge: ca. 420 km

Sowohl landschaftlich als auch kulturell ist dieser Ausflug in den Norden ein Erlebnis. Man durchquert ein Bergland voller Blumen und Olivenbäume, sieht den Jordan und viele der wichtigsten Sehenswürdigkeiten. Mit genügend Zeit kann man auch noch dem Toten Meer einen Besuch abstatten und ein Schlammbad nehmen.

Für diese Tour in den Norden Jordaniens empfiehlt sich, eine Übernachtung in Irbid oder Ajlun einzuplanen, um den einzelnen Stationen ausreichend Zeit widmen zu können.

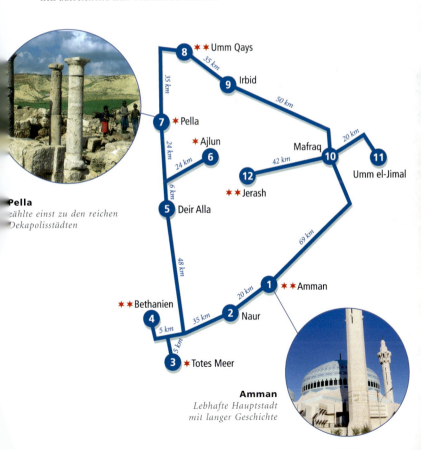

Pella
zählte einst zu den reichen Dekapolisstädten

Amman
Lebhafte Hauptstadt mit langer Geschichte

Ausgangspunkt Amman

Die Tour beginnt in ❶ ★ ★ **Amman**, das man in südwestlicher Richtung auf der Straße Nr. 40 zum Toten Meer verlässt. Nach 20 km ist ❷ **Naur** erreicht. Der Ort wurde Ende der 1870er-Jahre von Tscherkessen besiedelt. An die noch sehr viel frühere Besiedlung der Gegend um Naur erinnern Reste mehrerer Rundtürme aus der Eisenzeit. Wer möchte, kann einen Abstecher zum ❸ ★ **Toten Meer** einschieben, dem tiefstgelegenen Punkt der Erdoberfläche. Dazu bleibt man zunächst auf der Str. Nr. 40, biegt dann auf den Dead Sea Higway (Str. Nr. 65) ein und erreicht rasch das Tote Meer. Auch Wasserscheue sollten wenigstens kurz in das extrem salzhaltige Wasser eintauchen, um dieses merkwürdige Erlebnis des Nichtuntergehens zu testen. Schönheitsbewusste können sich dann vom Scheitel bis zur Sohle mit dem grauen Schlamm einreiben. Es ist ratsam, einen der Hotelstrände oder den Amman Beach südlich der Hotels aufzusuchen, denn nicht nur den Schlamm, auch das salzige Meerwasser muss man unbedingt abduschen.

Jordantal

Man fährt sodann ca. 10 km nordwärts und hält sich an der Abzweigung der Str. Nr. 40 geradeaus nach ❹ ★ ★ **Bethanien** (ist ausgeschildert, arab. al-Maghtas). Archäologen haben hier mehrere Taufbecken entdeckt, was natürlich zu spannenden Spekulationen Anlass gibt: Denn laut Bibel soll eben hier in Bethanien Jesus von Johannes dem Täufer getauft worden sein. Zurück auf der durchs Jordantal führenden Straße tauchen schon bald Bananenplantagen auf, fruchtbare Felder und Gewächshäuser, wo Auberginen, Tomaten, Gurken und

Das Tote Meer ist so salzig, dass Schwimmer nicht untergehen.

andere Gemüsesorten gedeihen, säumen den Weg. Mehrmals überquert die Straße den Ghor-Kanal, der parallel zum Jordan verläuft. Durch diesen 1960 angelegten, 100 km langen Kanal wird dem jordanisch-syrischen Grenzfluss Yarmuk Wasser abgezapft. Größere Ortschaften sucht man entlang der nach Norden führenden Straße, die parallel zum Jordan und zum Kanal verläuft, vergeblich.

✓ NICHT VERSÄUMEN

- Ein Bad im Toten Meer
- Zwischenstopp mit Wanderung in Ajlun
- Einkehren im Resthouse von Umm Qays

In ❺ **Deir Alla**, einem modernen Agrarzentrum, fanden Archäologen Reste eines Heiligtums aus der Bronzezeit. Einige Kilometer weiter nördlich liegt der Siedlungshügel Tell es-Saidiyeh mit einer teilweise erhaltenen Treppe aus der Eisenzeit.

Abstecher nach Ajlun

Unbedingt zu empfehlen ist der Abstecher von Kurayyima nach ❻ ✶ **Ajlun** und zur 1000 m hoch liegenden Burg Qalaat ar-Rabad (einfache Strecke rund 30 km). Die Burg wurde 1185 von einem Verwandten Saladins als einzige arabische Burg der Kreuzfahrerzeit auf den Ruinen eines christlichen Klosters angelegt. Sie sollte den Pilgerweg nach Mekka schützen und ein Gegengewicht zur Kreuzfahrerburg Belvoir jenseits des Jordans bilden. Ajlun bietet sich für einen längeren Aufenthalt an: Hier sind besonders die geführten Wanderungen im Ajlun Woodland Reserve interessant, wo man in zeltartigen Lodges mitten im Grünen übernachten kann.

Zur Nordspitze Jordaniens

Zur Fortsetzung der Route kehrt man wieder ins Jordantal zurück. In dem Dorf Tabaqat Fahl folgt man dem Hinweis »Hummat Abu Dabla« und dem Schild »Pella 1,8 km«. Es geht bergauf in ein geschütztes, auf Meeresspiegelhöhe gelegenes Seitental. Wegen des ausgeglichenen Klimas und einer Quelle, die das ganze Jahr fließt, zogen bereits vor 7000 Jahren Menschen in dieses liebliche Tal und gründeten die Stadt ❼ ✶ **Pella**, die vor ca. 4000 Jahren in ägyptischen Aufzeichnungen erstmals erwähnt wurde.

Nach Besichtigung des Ruinenfeldes kehrt man auf die Straße im Jordantal zurück und fährt in den nordwestlichsten Zipfel von Jordanien. Unterwegs wird man immer wieder bewaffnete Posten passieren, die ein scharfes Auge auf die Grenzen zu Israel und den palästinensischen Autonomiegebieten haben. Manchmal wird man gestoppt und sollte dann alle Papiere griffbereit haben. Im Dreiländereck Jordanien-Syrien-Israel liegt ❽ ✶✶ **Umm Qays**. Im Tal treten heiße Quellen aus und auf den Höhen liegen die Ruinen der antiken Stadt Gadara. Bei klarem Wetter genießt man von Gadara einen der schönsten Fernblicke Jordaniens: Er reicht bis auf die Golanhöhen und über die nördlich und nordöstlich liegende Felsschlucht des Yarmuk, der die Grenze zu Syrien bildet. Über das Jordantal schweift der Blick auch zum See Genezareth bis nach Tiberias und – bei besonders klarer Sicht – weiter zum Berg Hermon.

Richtung Wüste Die Route wendet sich nun nach Osten und später südwärts in die Provinzhauptstadt ❾**Irbid**. Die Straße führt durch eine fruchtbare Hügellandschaft mit rötlich-weißen Kalkfelsen. Viele Olivenbäume gedeihen hier, manche haben geradezu biblisches Alter. Auf der Strecke liegen zwei interessante archäologische Stätten, die Ruinenfelder von Abila und von Capitolias. Irbid selbst ist Jordaniens drittgrößte Stadt, allerdings ist hier ein Stopp nur sinnvoll, wenn man übernachten oder das archäologische Museum besuchen will.

Nächstes Ziel ist ❿**Mafraq**. Die Autobahn von Irbid nach Mafraq führt anfangs durch fruchtbare Landschaft und weiter südlich durch einsame Wüstengebiete. Kurz vor Mafraq überquert die Straße die Gleise der Hedschasbahn (▶Baedeker-Special S. 114), die heute noch zwischen Damaskus und Amman verkehrt. Ca. 20 km östlich von Mafraq liegt nördlich der Straße in den Irak ⓫**Umm el-Jimal**. Dieser Abstecher ins Nirgendwo lohnt nur für Reisende, die gerne die Basaltwüste sehen wollen und die gewittergrauen Mauern der verfallenen Stadt, die »Mutter der Kamele« genannt wurde. Möglichst nicht mittags besichtigen, da es kaum Schatten gibt.

Abstecher nach Jerash Weit spektakulärer ist der Abstecher in die entgegengesetzte Richtung nach ⓬ ★ ★ **Jerash**, zur größten und eindrucksvollsten Ruinenstätte Jordaniens, die nach Petra die wichtigste Sehenswürdigkeit des Landes darstellt. Hier muss man sich mindestens einen halben Tag für die Besichtigung Zeit nehmen.

Zurück nach Amman Von Jerash nach Amman sind es 50 km. Wer hingegen von Mafraq aus auf den Umweg über Jerash verzichtet, hat bis Amman noch rund 70 km Fahrtstrecke vor sich. Entweder am Anfang oder am Ende der Tour sollte man sich natürlich noch Zeit für Jordaniens Hauptstadt nehmen.

Tour 2 Zu den Wüstenschlössern

Start und Ziel: Amman **Dauer:** 1 – 2 Tage
Länge der Tour: ca. 222 km

Wüstenstaub und Beduinenzelte, prächtige Fresken und rätselhafte Bauwerke verspricht diese Tour zu den Wüstenschlössern der Omaijaden.

Luxusbauten in der Wüste An ❶ ★ ★ **Amman**, der Hauptstadt des Landes, kommt man bei einem Jordanien-Aufenthalt fast nicht vorbei. Sollte man auch nicht, denn die Metropole verkörpert mit ihrem verhältnismäßig jungen Stadtbild in erster Linie die moderne Seite Jordaniens jenseits der Klischees vom Leben in einem orientalischen Land. Der Ausflug zu den sogenannten Wüstenschlössern dagegen führt den Besucher in die Vergangenheit, in die Zeit der frühislamischen Epoche und der Omaijaden-Herrschaft. Die in Damaskus residierenden moslemischen Kalifen errichteten im 7. und 8. Jh. etwa zwei Dutzend zum Teil luxuriös ausgestattete, burg- oder palastähnliche Landsitze bzw. Jagdhäuser, die man heute – obwohl nicht alle in Wüstengebieten liegen – unter dem Begriff »Wüstenschlösser« zusammenfasst. Im Osten Jordaniens findet man die mehr oder weniger gut erhaltenen Reste von zehn dieser Bauwerke. Fünf dieser Anlagen erreicht man im Rahmen eines eintägigen Ausflugs von Amman aus, man sollte aber früh am Morgen aufbrechen. Bis auf ein paar kurze Abstecher auf staubigen Wüstenpisten folgt die Strecke einer gut ausgebauten Asphaltstraße.

Qusair Amra
Keine Fata Morgana, sondern ein omaijadisches Wüstenschloss.

Shaumari Reserve
Hier leben noch Oryx-Antilopen.

Gemächlicher Auftakt

Man verlässt Amman in südöstlicher Richtung auf der Straße, die zum internationalen Flughafen und weiter nach Sahab und Azraq führt. Nachdem man die beinahe endlos erscheinenden neuen Viertel und das Industriegebiet der Hauptstadt hinter sich gelassen hat, erreicht man das in der Wüste gelegene Städtchen ❷ **Muwaqqar**. Das Schloss von Muwaqqar stand einst am Kreuzungspunkt antiker Wüstenstraßen. Heute ist außer einem Wasserstandsmesser aus einer großen Zisterne mit kufischer Inschrift fast nichts mehr von dem einstigen Palast des Kalifen Yazid II. ibn Abd el Malik (719–724) erhalten. Um nach ❸ **Qasr al-Mushash** zu kommen, bedarf es eines ersten kleinen Abstechers, auf den Eilige auch verzichten können. Das Schloss liegt 20 km östlich von Muwaqqar, allerdings nicht an der Hauptstrecke nach Azraq, sondern an einer nördlich parallel zu dieser verlaufenden Straße. Der einstige omaijadische Palast ist mit einer Seitenlänge von 25 m verhältnismäßig groß, aber nur spärlich erhalten. Zur Palastanlage gehören auch insgesamt 18 aus Stein erbaute Gebäude, die ebenfalls verfallen sind. Die Reste der Siedlung liegen auf einer Fläche von mehr als 2 km² verstreut.

NICHT VERSÄUMEN

- Aussicht vom Dach des Qasr al-Kharana
- Fresken in Qusair Amra
- Vögel beobachten im Shaumari Reserve

Die schönsten Schlösser

Auf die Hauptstraße nach Azraq zurückgekehrt, erreicht man 55 km südöstlich von Amman den ersten sehr gut erhaltenen Wüstenpalast ❹ ★ **Qasr al-Kharana**. Das imposante Bauwerk zählt 61 Wohnräume, die auf zwei Stockwerke verteilt sind. Am Eingangstor kann man bei den Beduinen Kaffee trinken sowie kleine Holzpüppchen und andere Souvenirs erstehen.

Dann folgt der Höhepunkt dieser Tour: ❺ ★ ★ **Qusair Amra**, das nur rund 15 km von Qasr al-Kharana entfernt liegt. Das aus rotem Sandstein errichtete Schlösschen zählt heute zu den UNESCO-Kulturdenkmälern. Es gehört zum Typ des Badehauses, in dem man den Staub der Wüste abschütteln konnte. Sein besonderer Reiz liegt in den ungewöhnlichen frühislamischen Wandgemälden.

Qasr al-Azraq

❻ ★ **Azraq**, 115 km östlich von Amman gelegen, ist heute ein wichtiger Verkehrsknotenpunkt auf dem Weg in den Irak bzw. nach Saudi-Arabien. Bereits die Römer bauten hier eine Festung aus schwarzem Basalt, die auch die bedeutendste der vier Quellen in und um Azraq schützen sollte. Das von Byzantinern, Omaijaden und Mamelucken genutzte Qasr al-Azraq diente im Winter 1917/1918 Lawrence von Arabien als Aufmarschplatz für seine arabischen Truppen vor dem Angriff auf Damaskus.

Shaumari Reserve

14 km südlich von Azraq, an der Hauptstraße nach Saudi Arabien, erinnert das 1975 eröffnete ❼ ★ **Shaumari Reserve** an die einst vielseitige Fauna rund um die Oase Azraq. In dem Reservat werden in

Jordanien ausgestorbene oder bedrohte Arten wie Gazellen, Oryx-Antilopen, Strauße und Wildesel nachgezüchtet.
An der Straße nach Safawi im Norden liegen nur wenige Kilometer von Azraq entfernt ❽ **Ayn as-Sul** und Qasr Usaykhim, zwei weniger gut erhaltene Bauten aus der Römerzeit, die zur Überwachung der Eingänge ins Wadi Sirhan dienten.

Und noch mehr Schlösser

Von Azraq folgt die Route der Straße nach Zarqa. Nach etwa 50 km ist Hammam as-Sarkh erreicht, ein nur noch in Teilen erhaltenes Badeschlösschen, das einst reich mit Mosaiken, Marmor und Stuck ausgestattet war. Noch heute sind die Kanäle und Röhren für die Bäder gut sichtbar. 2 km weiter westlich stößt man auf einer Anhöhe auf die imposanten Reste des römischen Kastells ❾ **Qasr al-Hallabat**. Das auf quadratischem Grundriss errichtete Gebäude besteht teils aus dunklem Basalt, teils aus hellem Kalkstein. Nach den Römern lebten hier Byzantiner, christliche Mönche und Perser. Zwischen 709 und 743 gestalteten die Omaijaden das einstige Kastell zu einem Badeschlösschen mit Moschee um.
Von Qasr al-Hallabat sind es noch rund 50 km zurück in die jordanische Hauptstadt. Man biegt auf die von Irbid kommende Straße nach links ein, erreicht nach etwa 15 km ❿ **Zarqa** und fährt von dort weiter auf der Autobahn Richtung Südwesten zurück nach Amman.

Tour 3 Entlang der Königsstraße

Start: Amman **Länge:** ca. 430 km
Ziel: Aqaba **Dauer:** 3 – 6 Tage

Die Königsstraße zählt zu den landschaftlich schönsten Strecken im Orient. Über 4000 Jahre lang transportierten die Karawanen auf ihr die Schätze des Morgenlandes. Heute führt sie zu den kulturellen Reichtümern Jordaniens, z.B. nach Petra und Madaba.

Grandiose Landschaft

Kings Highway bzw. Königsstraße, von den Arabern Tariq as-Sultani, Sultansweg, genannt, ist die älteste Nord-Süd-Verbindung des Landes. Moses soll auf dieser Route nach der Flucht aus Ägypten die Kinder Israels ins Gelobte Land geführt haben, hier zogen Alexander der Große, römische Legionen und die Karawanen der Nabatäer entlang, die vor mehr als 2000 Jahren Seide, Gewürze und Weihrauch zum Mittelmeer transportierten. Faszinierend ist die heute gut ausgebaute und asphaltierte, wenn auch teilweise kurvenreiche Strecke vor allem wegen der herrlichen Landschaftseindrücke, denn die Straße führt durch eine fantastische Bergwelt.

Drei Tage auf Reisen

Die Königsstraße verläuft zwischen Amman und Petra und setzt sich nach Süden fort bis Aqaba. Theoretisch kann man die Strecke von

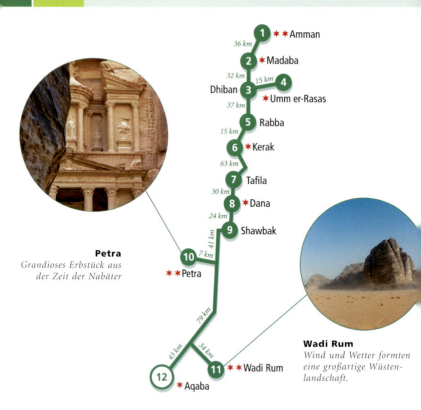

Petra
Grandioses Erbstück aus der Zeit der Nabatäer

Wadi Rum
Wind und Wetter formten eine großartige Wüstenlandschaft.

Amman bis Petra problemlos in einem Tag schaffen, aber dann hat man nichts besichtigt. So sollte man sich für die Strecke mindestens drei Tage Zeit nehmen, besser eine ganze Woche, und z.B. in Kerak übernachten, um auch die Kreuzfahrerfestungen von Kerak und Shawbak ohne Hetze besichtigen zu können. Um die Schönheit von Petra und dem Wadi Rum zu genießen, sollte man auch hier mindestens ein bis zwei Nächte verbringen.

Über Madaba nach Dhiban

Ausgangspunkt auch dieser Route ist ❶ ✶✶ **Amman**, das man in Richtung Madaba verlässt. Weltberühmt ist ❷ ✶ **Madaba** wegen des Mosaiks in der griechisch-orthodoxen Georgskirche. Es zeigt eine Landkarte von Palästina und stammt aus der zweiten Hälfte des 6. Jh.s. In der Stadt gibt es noch weitere sehenswerte Mosaikfunde aus byzantinischer Zeit.

Hinter Madaba öffnet sich bei Lib auch schon der erste spektakuläre Taleinschnitt: Von einem 650 m hohen Plateau windet sich die Straße in atemberaubenden Kehren abwärts ins Wadi Wala, dessen Talsohle nur noch etwa 150 m hoch liegt. Unten im Tal findet man je nach

NICHT VERSÄUMEN

- Palästinakarte in Madaba
- Petra: Stadt der Nabatäer
- Wadi Rum: Wüstenwind und steile Felsen
- Schnorcheln in Aqaba

Jahreszeit nur kleine Wasserlöcher vor, über die eine Brücke hinwegführt. Auf der anderen Uferseite steigt die Strecke dann wieder steil an und der Blick zurück ins Tal ist phantastisch. Auf einer Höhe von etwa 900 m ist wieder die Hochfläche erreicht. Die Königsstraße passiert das Dorf ❸ **Dhiban**, das antike Dibon, dessen Besiedlung bis in die Bronzezeit zurückverfolgt werden kann. Der bedeutendste Fund aus Dhiban ist die sogenannte Meshastele.

Abstecher nach Umm er-Rasas

Fährt man von der Polizeistation des Dorfes 5 km nach Osten, erreicht man das Ruinenfeld von ❹ ✶ **Umm er-Rasas**, heute ein UNESCO-Kulturdenkmal. Hier verlief einst die Grenze zwischen dem Ammoniterreich und dem südlich gelegenen Moab. Ein 15 m hoch aufragender Steinturm, zahlreiche Gebäudereste sowie sehenswerte Bodenmosaiken aus mehreren byzantinischen Kirchen des 6. Jh.s sind hier sehenswert. Besonders interessant sind die Mosaiken in der ehemaligen Stephanskirche mit ihren Ansichten von acht palästinischen Städten. Von Umm er-Rasas genießt man großartige Ausblicke über die kahlen Bergflanken des Wadi al-Mujib.

✶ ✶ Wadi al-Mujib

Eineinhalb Kilometer südlich von Dhiban ist der »Grand Cañon von Jordanien« mit seiner dramatischen Szenerie erreicht. Das Wadi al-Mujib ist ein weiteres Beispiel für die gewaltigen geologischen Kräfte, die zur Bildung des Jordangrabens führten. Über 400 m tief und 4 km breit klafft hier die Schlucht zwischen den Steilhängen auf beiden Seiten. Eine 20 km lange Serpentinenstraße windet sich ins Tal hinunter. Dort unten schlängelt sich das Flüsschen Arnon, einst die Grenze zwischen den Reichen von Ammon im Norden und Moab im Süden, dem Toten Meer entgegen. An den systematischen Ausbau der Königsstraße während der Römerzeit erinnern noch einige umgestürzte Meilensteine abseits der Straße im Talgrund.

Tempel und Kreuzritter

Wieder auf die Hochfläche zurückgekehrt, passiert man nach etwa 15 km das Dorf ❺ **Rabba**. Unmittelbar an der Durchgangsstraße steht das besterhaltene antike Gebäude von Rabba, ein spätrömischer Tempel. Bei den Nabatäern und Römern hieß der Ort auch Rabbat Moab im Unterschied zu Rabbat Ammon, dem heutigen Amman. Die überdimensionale Kaffeekanne, die auf einer Säule im Mittelstreifen der Straße prangt, soll – wie auch in anderen Orten in Jordanien – dem Besucher signalisieren, dass er herzlich willkommen ist. Nächstes Ziel ist die Provinzhauptstadt ❻ ✶ **Kerak**. Über einem tief eingeschnittenen Talkessel thront majestätisch in 950 m Höhe die alte Kreuzfahrerburg. Sie wurde 1142 von Payen Le Bouteiller angelegt als wichtiges Bindeglied in einer Kette von Festungen, die von Syrien bis zum Roten Meer reichte.

Kerak: Während der Kreuzfahrerzeit heftig umkämpft.

Hinter Kerak steigt die Königsstraße bis auf eine Höhe von etwa 1250 m an. Immer wieder passiert man Ruinen aus der Nabatäerzeit, so zum Beispiel südöstlich von Mazar im Dorf Dhat Ras, das etwas abseits der Königsstraße liegt und wo die Ruinen eines nabatäischen Tempels aus dem 2./3. Jh. liegen. Zwischen fruchtbaren, sanft gewellten Hügeln windet sich die Straße hinab in das Wadi al-Hasa, einen 800 m tiefen Grabeneinbruch, der die südliche Grenze des antiken Reiches Moab gegen Edom markierte.

Herrlich-karge Bergeinsamkeit

Südlich des Wadi al-Hasa wird die Landschaft allmählich schroffer und abweisender. Eine Ausnahme bildet die Tafila-Region mit ihrer gleichnamigen, rund 9000 Einwohner zählenden Provinzhauptstadt. Die 25 km südlich von Wadi al-Hasa an der Königsstraße gelegene, terrassenförmig ansteigende Stadt ist von Olivenhainen und Obstgärten umgeben. Eine wichtige Rolle spielte ❼ **Tafila** im arabischen Aufstand zwischen 1916 und 1918, als die Beduinen die einzige offene Feldschlacht gegen die Osmanen gewannen.

Ca. 30 km südlich von Tafila zweigt ein Sträßchen nach ❽ ✶ **Dana** ab. Das winzige Bergdorf klebt auf einem Sporn hoch über einer Schlucht. Vom Naturschutzzentrum aus starten geführte Wanderungen zu den Pflanzen und Tieren dieser faszinierenden Bergwelt, und es besteht die Möglichkeit, hier zu übernachten.

Nach weiteren 24 km führt der Kings Highway durch ❾ **Shawbak**. Auch hier blieb eine Kreuzfahrerburg erhalten, die Saladin 1189, ein Jahr nach dem Fall von Kerak, erobert hatte.

Beduinen, wie hier im Wadi Rum, rösten Kaffee noch nach alter Art.

Von Shawbak bis nach Wadi Musa sind es noch 30 km. Wadi Musa liegt inmitten einer großartigen Bergkulisse auf einer Höhe von 1200 m. Wer dorthin fährt, kommt natürlich wegen des nebenan gelegenen ❿ ✶✶ **Petra**. Eine Besichtigung der alten Nabatäerstadt ist das unbestrittene Highlight einer jeden Jordanien-Reise. Hier sollte man mindestens einen ganzen Tag bleiben, besser zwei, um nicht nur die eindrucksvolle Stadt aus rosarotem Sandstein besichtigen zu können, sondern um auch Ausflüge zu den Opferplätzen und Bergheiligtümern machen zu können.

Jordaniens größter Schatz

Etwa 40 km südlich von Wadi Musa mündet die auf der Höhe verlaufende Königsstraße in den Desert Highway ein. Noch einmal windet sich die Straße aus 1200 m Höhe hinab in die Ebene von Quweirah und erlaubt einen Blick in das von steilen Felsen und spitzen Bergkegeln umgebene ⓫ ✶✶ **Wadi Rum**. So wenig wie Petra sollte man sich diese Naturschönheit entgehen lassen – und vielleicht sogar auf einem Kamel einen Ritt tiefer in die Wüste wagen. Am Visitor Center werden Touren mit Jeep oder Kamel angeboten. Dabei besteht die Möglichkeit, bei Beduinen im Zelt zu wohnen und auf diese Weise ein wenig von deren Alltag mitzubekommen. Natürlich kann man auch auf eigene Faust losziehen, unterm Sternenhimmel nächtigen oder eines der komfortableren Wüstencamps aufzusuchen. Zurück auf dem Desert Highway neigt sich die Straße abwärts, ihrem Ziel entgegen – ⓬ ✶ **Aqaba**, dem Taucherparadies am Roten Meer, ideal zum baden, schnorcheln und entspannen.

Zum Roten Meer

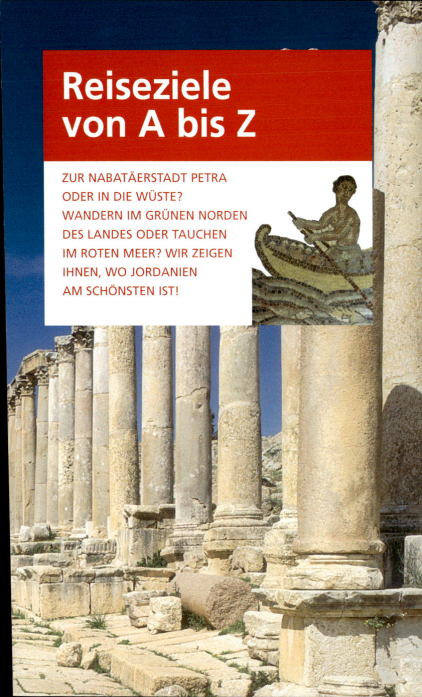

Reiseziele von A bis Z

ZUR NABATÄERSTADT PETRA ODER IN DIE WÜSTE? WANDERN IM GRÜNEN NORDEN DES LANDES ODER TAUCHEN IM ROTEN MEER? WIR ZEIGEN IHNEN, WO JORDANIEN AM SCHÖNSTEN IST!

Arabische Namen

Die Übertragung arabischer Schrift in lateinische Buchstaben ist sehr uneinheitlich. Wir haben uns im Text der besseren Lesbarkeit wegen für eine Schreibweise ohne Akzente, Dehnungszeichen usw. entschieden. In der beigefügten Landkarte hingegen finden Sie diese Sonderzeichen. Der in der Karte verwendete Ortsname wird in den folgenden Kapitelüberschriften in Klammer genannt.

Ajlun (Aglun)

D 3

Provinz: Ajlun **Höhe:** 1000 m ü. d. M.
Einwohnerzahl: 20 000

Ajlun liegt ca. 25 km von Jerash entfernt inmitten der grünen Hügel des nördlichen Jordanien. Die Gegend selbst ist ein herrliches Wandergebiet, bekannteste Sehenswürdigkeit ist die mittelalterliche Burg Qalaat ar-Rabad.

Berühmtes Olivenöl

Nirgendwo sonst regnet es in Jordanien so viel wie in der Gegend um Ajlun (gespr. Aschlun). Entsprechend fruchtbar ist die Region, die schon früh besiedelt wurde. Wer sie durchquert, wird an Feigen- und Olivenhainen vorbeikommen und im Frühling Apfelbäumchen blühen sehen. Die Bevölkerung lebt von der Landwirtschaft – Olivenöl aus dem Raum Ajlun ist weithin berühmt – und viele, vor allem junge Menschen arbeiten für die Armee. Ajlun selbst ist wenig interessant, einziges historisches Bauwerk ist die 600 Jahre alte Moschee im Zentrum. Die meisten Besucher machen sich sofort auf zur Burg oder ins Naturschutzgebiet.

✱ Qalaat ar-Rabad (Qala'at ar-Rabad)

Von Arabern errichtet

4 km von Ajlun entfernt liegt Qalaat ar-Rabad, Jordaniens einzige mittelalterliche Burg, die von den Arabern errichtet wurde. Wegen ihres guten Erhaltungszustands und der herrlichen Aussicht, die sich bei klarem Wetter vom Burghügel bietet, ist Qalaat ar-Rabad an schönen Tagen ein beliebtes Ausflugsziel (Bild S. 47). Rund um den Burgberg liegen Ruinen ehemaliger Siedlungen, die mit dem Erzabbau entstanden waren. Qalaat ar-Rabad ist sowohl vom Jordantal aus über einen 27 km langen Abstecher von Kurayyima als auch von Amman über Jerash zu erreichen (Öffnungszeiten: im Sommer tgl. 8.00 – 19.00, im Winter bis 17.00 Uhr).

Baugeschichte

Die Araberburg entstand zum Schutz der Mekka-Pilger und als Gegengewicht zur Kreuzfahrerburg Belvoir, die Fulco von Anjou auf der anderen Seite des Jordans errichtet hatte. Bauherr von Qalaat ar-Rabad war Izz ed-Din Usama, ein Verwandter Saladins. 1184/1185 ließ er diese Burg auf einem Hügel über den Ruinen eines christli-

← *Jerash, Cardo*

chen Klosters errichten. Der Standort war für eine Festung nicht ideal, da man den Hügel von allen Seiten leicht ersteigen konnte. Ein künstlich angelegter, breiter Trockengraben sollte dieses Manko ausgleichen. Bereits drei Jahre nach der Fertigstellung verlor die Burg ihre Bedeutung, nachdem das Kreuzfahrerheer 1187 in der Schlacht bei Hittin geschlagen worden war. Zu Beginn des 13. Jh.s ging die Burg an Aybag über, den Statthalter des Sultanssohnes el-Muazzam. Er ließ die Burg 1214/1215 umbauen und dabei auch die Südfront und die Tore verstärken. Nicht nur an dem feineren Stein, den er für seine Erweiterungen verwendete, sondern auch an den rundbogigen Nischen, mit denen die Fensterschlitze architektonisch herausgehoben wurden, lässt sich seine Bautätigkeit von der früherer Burgherren unterscheiden. Im Jahre 1260 eroberten und plünderten die Mongolen die Burg. Die größten Schäden richtete im Jahr 1837 ein **Erdbeben** an. Von außen ist leicht zu erkennen, dass die über einem verschobenen Quadrat angelegte Burg ursprünglich über vier Ecktür-

AJLUN ERLEBEN

AUSKUNFT

Touristeninformation
Tel./Fax (02) 642 01 15
Am Aufgang zur Burg im gleichen Gebäude wie das Bonita Ajlun Restaurant

ESSEN

▶ Erschwinglich

Bonita Ajlun Restaurant
Ajlun Castle St.
(unterhalb der Burg)
Tel. (02) 642 09 81
Genau das Richtige, um sich vor oder nach dem Gang auf die Burg zu stärken. Gute arabische Küche.

ÜBERNACHTEN

▶ Komfortabel

Qala'at al-Jabal Hotel
Ajlun, P.O Box 73
Tel. (04) 642 02 02
Die Zimmer mit Balkon sind zwar ein bisschen altmodisch, jedoch gemütlich und die Gartenterrasse ist ideal zum Ausspannen. Auf Wunsch kann man hier auch essen oder einen Drink einnehmen.

▶ Günstig

Ajlun Forest Lodge
Tel. (06) 533 46 10
10 Zelte, www.rscn.org.jo
Ein wundervoller Platz, um Jordaniens Natur zu erleben. Nachts ist es totenstill, morgens zwitschern die Vögel. Die Zelte mit Veranda und je vier Feldbetten vermitteln Pfadfinder-Feeling. Es gibt einen modernen Sanitärtrakt, außerdem einen Nature-Shop, in dem man Wild-Jordan-Produkte einkaufen kann, z.B. Kräuter, Kunsthandwerk, Marmelade.

WANDERN

Ajlun Woodland Reserve
An der Ajlun Forest Lodge beginnen geführte Wanderungen in die immergrünen Eichenwälder der Umgebung. Es gibt einen Short Trail (2 km) und einen Long Trail (8 km) – das klingt nach kurzen Spaziergängen, aber dank der ausführlichen Erläuterungen der Ranger dauern die Ausflüge mehrere Stunden (Buchung wie Ajlun Forest Lodge, geöffnet März bis Oktober).

me verfügte. Das Tor, durch das man heute die Anlage betritt, wurde erst später angelegt. Durch den Südostturm gelangt man zu einem weiteren Tor, das als einzigen Schmuck der Burg zwei Vogelreliefs zeigt. Ein drittes Tor öffnet den Weg zu den westlich gelegenen, meist dunklen Gängen, Treppen und Hallen, die zum Teil sehr schlecht erhalten sind. Eine Moschee vermisst man in der gesamten Anlage ebenso wie typische Architekturelemente der arabischen Baukunst.

✱ Ajlun Woodland Reserve

Immergrüner Eichenwald

Das 1989 gegründete, 13 km² große Naturreservat liegt nördlich von Ajlun und Isthafeina in der Nähe des Dorfes Um Al Yanabi. Geschützt werden hier der immergrüne Eichenwald sowie seine Flora und Fauna. Dieser seltene Wald kommt nur auf 1 % der Fläche Jordaniens vor. Besonderes Augenmerk legen die Ranger auf die Rehe, die hier wieder angesiedelt werden sollen – für Mitteleuropa nicht ungewöhnlich, in Jordanien eine gefährdete Tierart. Weiter leben hier Wolf, Karakal (eine Wildkatzenart), Luchs, Wildschwein, Stachelschwein und, wie man rund um die Forest Lodge unschwer erkennt, der Maulwurf. 30 Wandervogelarten ziehen durch das Gebiet und sechs Orchideenarten, die vom Aussterben bedroht sind, kommen hier vor. Vor allem die Flora ist sehr üppig: Über 2000 Arten wurden gezählt, darunter 236 medizinische Pflanzenarten. Zur Zeit der Römer war Ajlun ein Weinanbaugebiet, das streng bewacht wurde. Auf einer der Führungen kann man auch eine antike Weinpresse bewundern.

Großer Wert wird darauf gelegt, die Bevölkerung miteinzubinden: Ranger und Personal der Forest Lodge stammen aus der Umgebung. Auch der Landwirtschaft möchten die Naturschützer Anstöße geben. So wird derzeit versucht, die Wilde Birne wieder zu veredeln, da sie widerstandsfähiger gegen Krankheiten ist als die Zuchtsorten. Wer sich ein Bild von der reichen Fauna und Flora des jordanischen Berglandes machen möchte, sollte an einer Pflanzenexkursion teilnehmen. Man trifft auf Erdbeerbäume und hört mit Glück sogar den blauen Bolbol singen (Buchung siehe vorherige Seite).

Ajlun-Ranger unterm Erdbeerbaum

> ► Amman ZIELE

✶ ✶ Amman

D/E 4

Provinz: Amman **Höhe:** 750 – 1000 m ü. d. M.
Einwohnerzahl: 2 Mio.

Amman bildet für die meisten Besucher das Tor zu Jordanien. Und die meisten sind verblüfft: Tausende recht ähnlicher weißer Häuser überziehen die Hügel, orientalische Basare findet man nur Downtown, komfortable Hotels und Restaurants gibt es dafür in Fülle.

Mit über 2 Millionen Einwohnern ist die jordanische Hauptstadt unbestritten das urbane Herz des Landes. Universitäten, Schulen, Ministerien und Botschaften, Vertretungen in- und ausländischer Firmen, Einkaufsmöglichkeiten von Luxusgeschäften bis zu kleinen Läden im Suk, Hotels und Restaurants aller Kategorien – keine andere Stadt in Jordanien reicht auch nur annähernd an die kulturelle, wirtschaftliche und politische Bedeutung Ammans heran. Erfolgreich behauptet sich die Stadt überdies als wirtschaftlicher Knotenpunkt im Nahen Osten und ist Drehscheibe des Tourismus in Jordanien: Fast alle ausländischen Besucher reisen über Amman nach Jordanien ein und wählen die zwischen Wüste und Jordantal gelegene Hauptstadt als Ausgangspunkt für Rundfahrten oder Ausflüge in den Norden und Osten des Landes. Aufgrund der Höhenlage ist das Klima in Amman das ganze Jahr über verhältnismäßig angenehm, und selbst im Sommer weht hier ein frisches Lüftchen – das wissen die arabischen Touristen aus den Golfstaaten sehr zu schätzen, die im Sommer die Stadt überfluten.

Jordaniens Herz

Buntes Treiben: Downtown in der Al-Hashemi St.

Amman Orientierung

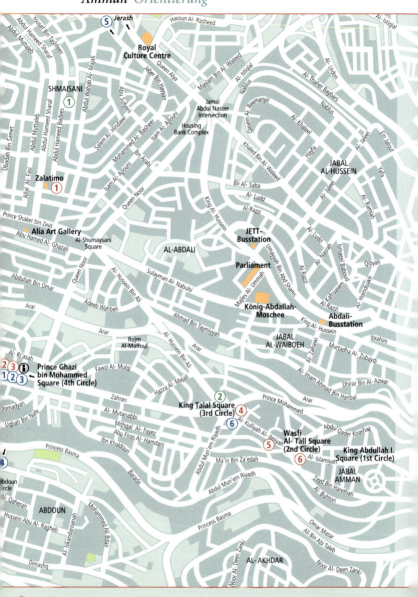

Übernachten
1. Kempinski Amman
2. Sheraton Amman Al Nabil Hotel & Towers
3. Amra Forum/ Crown Plaza Amman
4. Jordan Intercontinental
5. Carlton Hotel
6. Belle Vue Hotel
7. Cliff Hotel
8. Palace Hotel

▶ Amman ZIELE 141

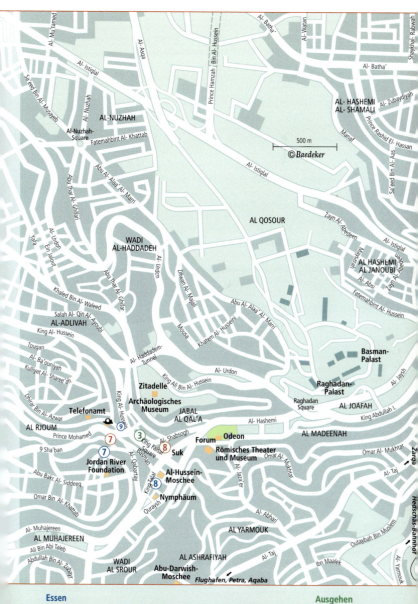

Essen
① E.V.O.O.
② Reem al-Bawadi
③ Tannoureen
④ Blue Fig Café
⑤ Al Bustan
⑥ Romero
⑦ Wild Jordan
⑧ Cairo Restaurant
⑨ Al Hashem

Ausgehen
① En-Nai
② Kanabayé
③ Al Rasheed Court Café

AMMAN ERLEBEN

AUSKUNFT

Jordan Tourism Board
Tunesia St. (zw. 4th und 5th Circle)
Tel. (06) 567 82 94
Fax 567 82 95
www.visitjordan.com
www.ammancity.gov.jo

ANREISE

Jordaniens Hauptstadt wird von München und Frankfurt aus direkt angeflogen. Inlandsflüge gehen nach Aqaba. Vom Queen Alia Airport fahren Busse alle 30 min. von Terminal 2 bis in die 32 km entfernte City zur Abdali-Busstation (Fahrtzeit ca. 40 min.). Royal Jordanian unterhält einen Shuttlebus zum City Terminal, das allerdings am 7. Circle liegt, also weit außerhalb. Autovermietungen befinden sich ebenfalls am Flughafen. (▶Praktische Informationen, Anreise bzw. Verkehr / Mietwagen).

VERKEHR

Bus
Das Buslinennetz ist etwas undurchsichtig. Daher empfiehlt es sich, innerorts auf Taxis umzusteigen. An der Abdali-Busstation kommen die Flughafenbusse an und es fahren Überlandbusse in die größeren Städte des Landes sowie nach Damaskus (Syrien) ab. Von der JETT-Busstation starten auch die privaten Busunternehmen, z.B. nach Petra und ins Wadi Rum.

Taxi
Die wenigsten Taxis besitzen ein Taxameter, Preis also vorher aushandeln, mit Englisch klappt die Veständigung immer. Es lohnt, Kleingeld parat zu haben, denn wechseln können die meisten Fahrer nicht. Trinkgeld: Es ist üblich, den Fahrpreis aufzurunden. Der Unterhaltungswert einer Taxifahrt ist hoch, allein des rasanten Fahrtempos wegen. Zudem wird man sofort in ein lebhaftes Gespräch über das Woher und Wohin verwickelt und erfährt in wenigen Minuten mehr über Amman als in Tagen des Bücherstudiums.

GUT ZU WISSEN

Straßennamen
In Amman werden Straßen mal englisch, mal arabisch benannt und tragen mitunter sogar zwei Namen. Hier die wichtigsten Entsprechungen:

King = Al-Malek
(King Hussein Street ist also =
Al Malek al-Hussein Street)
Queen = Al-Malekah
Prince = Al-Emir/Amir
Princess = Al-Ameerah
Square = Maidan
Rainbow Street = Abu Bakr
as-Siddiq Street
Mango Street = Omar bin
al-Khattab Street
Zahran Street = Al Kulliyah
al-Islamiyah Street

ÜBERNACHTEN

▶ **Luxus**
④ *Jordan Intercontinental*
Queen Zein St. (Jabal Amman)
Tel. (06) 4 64 13 61
Fax (06) 4 64 52 17
400 Z.
www.amman.intercontinental.com
Bei Journalisten und Geschäftsleuten beliebtes Hotel zwischen dem 2. und 3. Circle. Das im zentralen Diplomaten- und Regierungsviertel gelegene Haus verfügt über ein Schwimmbad und mehrere Restaurants, u. a. mit indischer Küche.

① **Kempinski Amman**
Abdul Hamid Shouman St.
(Shmeisani)
Tel. (06) 520 02 00
Fax 520 02 02
283 Z., www.kempinski-amman.com
Schön gelegenes Designerhotel mit einem 30 m hohen Atrium, ganz in der Nähe finden sich zahlreiche Cafés und Restaurants. Gewohnt edler Kempinski-Komfort, tolles Fitness-Center, Schwimmbad und fünf Restaurants.

▶ **Komfortabel**
③ **Amra Forum / Crown Plaza Amman**
King Faizal Bin Abdul Azia St.
6th Circle (Jabal Amman)
Tel. (06) 551 00 01, Fax 551 00 03
274 Z., www.ichotelsgroup.com
Zehn Minuten vom Stadtzentrum und nahe der Flughafenstraße gelegenes Hotel mit Schwimmbad, Restaurant und Terrassencafé. Gutes Preis-Leistungs-Verhältnis, schöner Blick auf Amman.

⑤ **Carlton Hotel**
Zahran St., 3rd Circel
Tel. (06) 465 42 00
Fax 465 78 33
59 Z., www.1stjordan.net/carlton
Hier wohnt man ganz in der Nähe der schönsten Sehenswürdigkeiten der Stadt. Nach der letzten Renovierung gibt es zwischen den einzelnen Zimmern große Qualitätsunterschiede!

⑥ **Belle Vue Hotel**
2nd Circle
Tel. (06) 461 61 44
Fax 463 78 51
www.bellevue.com.jo
Gehobenes Mittelklassehotel. Neben schönen Zimmern punktet das Haus auch mit Sauna, Dampfbad und einem Café mit Mövenpick-Eis.

Baedeker-Empfehlung

② **Sheraton Amman Al Nabil Hotel & Towers**
5th Circle, P.O. Box 840064 (Abdoun)
Tel. (06) 593 41 11, Fax 593 42 22
268 Z., www.sheratonamman.com
Mitten im Geschäftsviertel Abdoun: Zimmer mit allem erdenklichen Komfort, großer Wellnessbereich und ein Swimmingpool auf dem Dach mit herrlicher Aussicht auf die Stadt.

▶ **Günstig**
⑦ **Cliff Hotel**
Al-Amir Mohammed St., Downtown
Tel. (06) 462 42 73, Fax 463 80 78
Beliebt bei Backpackern, entsprechend rasch findet man Anschluss. Einfache, aber saubere Zimmer.

⑧ **Palace Hotel**
King Faisal St., Downtown
Tel. (06) 462 43 26, Fax 465 06 03
45 Z., www.palacehotel.com.jo
Mitten im Gewühle von Downtown. 2005 hat man das Hotel von Grund auf renoviert. Schlicht und sauber.

Baedeker-Empfehlung

Gästehaus der Theodor-Schneller-Schule
P.O. Box 340649, Marka 11134
Tel. (0962) 53 61 61 03, Fax 53 61 27 67
30 Doppelzimmer
Eine sehr günstige, sehr angenehme Adresse, wenn auch 10 km nordöstlich am Stadtrand: In die Schule des Evangelischen Missionswerks (www.ems-online.org) werden elternlose Kinder aufgenommen und zu Handwerkern ausgebildet. Die Einnahmen aus dem Gästehaus (36 JD pro Zimmer) kommen der Schule zugute.

ESSEN

▶ Fein & Teuer

① *E.V.O.O.*
Im Sheraton Amman Al Nabil Hotel & Towers, 5th Circle
Tel. (06) 593 41 11
Hinter dem Kürzel verbirgt sich der Name »Extra Virgin Olive Oil«: Hervorragende italienische Küche in gediegenem Ambiente. Dazu eine gute Weinauswahl, auch von jordanischen Erzeugern.

⑥ *Romero*
Mohammed Hussein Haikal St.
(gegenüber vom Interconti)
(Jabal Amman)
Tel. (06) 464 42 27
Restaurant mit Gartenlokal und exquisiter italienischer Küche. Beliebter Treffpunkt der einheimischen Geschäftswelt und dementsprechend nicht gerade preiswert.

▶ Erschwinglich

⑤ *Al Bustan (»Der Garten«)*
In der Nähe des Hotels Jerusalem
(Tlaa Al-Ali)
Tel. (06) 566 15 55
Eines der besten Restaurants in Amman mit arabischer Küche und lebhafter Atmosphäre. Im Sommer kann man auf der Terrasse sitzen. Gelegentlich gibt es auch musikalische Untermalung.

④ *Blue Fig Café*
Prince Hashem bin al-Hussein St.
(Abdoun Circle)
Tel. (06) 592 88 00
Internationale Crossover-Küche: Von arabischen Gerichten über Sushi hin zu europäischen Dauerbrennern wie Pizza ist hier alles zu haben. Nette Atmosphäre, viel junges Publikum.

② *Reem al-Bawadi*
Tlaa al-Ali, Jubilee Gardens
Tel. (06) 551 54 19
www.reemalbawadi.com
Der Speisesaal hat durch seine Größe zwar etwas hallenartiges, das orientalische Dekor ist jedoch sehr geschmackvoll. In der warmen Jahreszeit schönes Gartenrestaurant. Sehr gute arabische Küche.

③ *Tannoureen*
Shatt al-Arab St., Umm Uhtaina
Tel. (06) 551 59 87
Das Lokal serviert libanesische Küche. Spezialität: die Vorspeisen.

Baedeker-Empfehlung

⑦ *Café Wild Jordan*
Othman Bin Affan St., Downtown
Tel. (06) 463 35 87
Aus den Tischen ragen Olivenbäume empor, auch sonst sind Ambiente und Angebot stark naturverbunden. Leichte Gerichte und üppige Salate, empfehlenswertes Zitronenwasser (kein Alkohol), dazu ein modernes, lichtes Ambiente mit Blick über die Altstadt. Wer mag, kann sich im Wild Jordan Center mit Souvenirs aus den Werkstätten dieser Naturschutzorganisation eindecken.

▶ Preiswert

⑧ *Cairo Restaurant*
King Talal St.
Tel. (06) 462 45 27
Gute lokale Küche. Empfehlenswert: *Shish Taouk* und die Vorspeisenplatte.

Baedeker-Empfehlung

⑨ *Al Hashem*
Al-Amir Mohammed St., Downtown
Fast schon legendäre Adresse für Fuul, Falafel und Hummus in einer schmalen Gasse gegenüber vom Cliff-Hotel beim Suk.

BARS UND CAFÉS

Abdoun Circle
Rund um diesen Kreisverkehr liegen zahlreiche Bars und Cafés.

① *En-Nai*
Al Aroub St. 3 (im Howard Johnson Hotel, Shmeisani)
Tel. (06) 568 96 71
Eine der beliebtesten Bars in Amman. Immer donnerstags legen die DJs internationale Hits auf, wer Energie tanken muss, erhält kleine Snacks, orientalisch-moderne Einrichtung, tolle Atmosphäre, interessantes Publikum. Geöffnet ab 16.00 Uhr.

② *Kanabayé*
Direkt am 3rd circle
Tel. (06) 464 28 30
Man kann hier Fisch, Spaghetti, orientalischen Hummus oder auch ein Tenderloin-Steak erhalten, abends kommt das Publikum dann vor allem auf einen Drink und zum Tanzen.

③ *Al Rasheed Court Café*
Al Malek Faisal St.
Tel. (06) 465 29 94
Hier sitzt man auf einem Balkon im 1. Stock und blickt zwischen wild wuchernden Geranien auf das Treiben von Downtown herab. Sehr nett, auch allein reisende Frauen werden sich wohlfühlen.

SHOPPING

Haupteinkaufsstraßen
Rainbow Street (Abu Bakr al-Siddeq): Beliebte Einkaufsstraße in Jabal Amman, viel Kunsthandwerk und angenehmes Flair.
Goldsuk: Wer auf der Suche nach Goldschmuck ist (der hier wesentlich günstiger verkauft wird als in europäischen Ländern), wird hier am

Bei den Straßenhändlern erhalten Durstige auch einen schnellen Schluck Saft.

ehesten fündig. Der Goldsuk liegt Downtown zwischen der Malek al Feisal Street und der Cinema al Hussein Street. Zahlreiche Läden gibt es auch in der Prince Mohammed Street und der Prince Talal Street. Jordaniens erste Fußgängerzone, die Wakalat Street im Stadtteil Sweifiyyeh, bietet Shopping und Cafés nach europäischem Geschmack.

Al-Aydi Jordan Craft Centre
Al-Kulliyah St.
Tel. (06) 464 45 55
Jordanisches Kunsthandwerk bietet Al-Aydi (»Die Hände«) nahe dem Hotel Intercontinental. Um den Laden zu finden, muss man nur dem Zeichen mit der blauen Hand, dem Symbol des Jordan Craft Development Center, folgen. Besonders gut einkaufen kann man hier Beduinenteppiche, Dolche, Keramik, antiken Silberschmuck, Perlmutt- und Olivenholzgegenstände sowie traditionelle Stickereien.

Badr Ad-Duja
Abu Tamman St. 15
(Jabal Amman)
www.badr-adduja.com.jo
Wer will, kann sich hier komplett neu einrichten. Zum Mitnehmen besser geeignet als die schönen Möbel: alter Schmuck, Keramik, Teppiche und Kissen, reich verzierte Satteltaschen, Wasserpfeifen, viele Einblicke in traditionelles und modernes Design.

Mecca Mall
Makkah al-Mukarramah Rd.
(Nordwest-Amman)
Sicher weniger Lokalkolorit als Downtown, aber dennoch typisch: Die riesige Mall mit teurer Designerware, 22 Restaurants und acht Kinos wurde 2003 eröffnet.

Wild Jordan Nature Centre
Othman bin Afan St.
(Jabal Amman)
Am besten erreicht man den Laden, der zur Königlichen Gesellschaft für Naturschutz (RSCN) gehört, über eine Treppe am Ende der Fawzi Al-Malouf Street. Hübsch verpackte Marmeladen aus wilden Zwetschgen, Kräutertees und Gewürze aus der jordanischen Wildnis, geschmückte Straußeneier, Silberschmuck sowie Bücher über Tiere und Pflanzen Jordaniens. Angeschlossen ist ein schönes Café (s.o.).
www.rscn.org.jo

Zalatimo Brothers
Abdel Hamid Sharaf St. /Ecke Abdul Hamid Shuman (Shmeisani)
Wer Süßes liebt, sollte unbedingt bei Zalatimo vorbeischauen. Hier erhält man die besten Kekse der Stadt und köstliches orientalisches Konfekt, z.B. *Baklava* oder *Konafa* mit Pistazien in feinen Nestern aus Karamell, und andere kunstvoll aufeinandergeschichtete Winzigkeiten, man kommt aus dem Staunen kaum heraus. Wer den Gang zu Zalatimos versäumt, kann sich noch am Flughafen eindecken: Im Duty-free-Shop gibt es eine Filiale.

EVENTS

Royal Cultural Centre
Das Royal Cultural Centre in Shmeisani (beim Regency-Hotel) veranstaltet Konzerte, Lesungen und Ballettaufführungen. Programm siehe die Ankündigungen in der »Jordan Times« und in »The Star«.
Infos zu den Veranstaltungen unter Tel. (06) 566 10 26.

Konzerte im römischen Theater
Jeden Sommer werden hier vor viel Publikum klassische Konzerte aufgeführt. Informationen: Tel. (06) 464 23 11.

Geschichte

Amman ist eine Stadt mit Geschichte. Archäologische Funde bezeugen, dass die Gegend bereits vor 9000 Jahren besiedelt war. In der Stadt selbst stammen die ältesten Funde aus der frühen Bronzezeit (3300 – 1200 v. Chr., Gräber auf dem Zitadellenhügel).
Um 1200 v. Chr. war Rabba oder Rabbath Amman **Hauptstadt des Königreiches der Ammoniter**. Der israelitische König David ließ die Stadt von seinem Feldherrn Joab belagern und erobern; später erscheint sie aber wieder als ammonitisch. Assyrer, Babylonier und Perser herrschten in der Folgezeit über das Gebiet.

Frühzeit

Unter dem ägyptischen Herrscher Ptolemäus II. Philadelphos (reg. 285 – 246 v. Chr.) wurde Amman nach hellenistischem Vorbild ausgebaut und in **Philadelphia** umbenannt. Unter den Römern genoss Philadelphia einen besonderen Status, war es doch Mitglied der Dekapolis, eines Bundes von autonomen Städten. Nach der Gründung der Provincia Arabia im Jahr 106 entstanden u. a. das Amphitheater, die Mauern der Zitadelle und der Herkulestempel.

Ausbau in der Antike

Bereits seit dem 4. Jh. war Amman **Bischofssitz**, wie die Überreste byzantinischer Kirchen auf dem Zitadellenhügel, auf dem Jabal al-Luwaybida und an anderen Stellen in der Stadt belegen. Um 635 zogen arabische Truppen in die Stadt ein. Amman, das nun wieder seinen semitischen Namen Ammon erhielt, wurde islamisiert. In omaijadischer Zeit entstand der Palast auf dem Zitadellenhügel, von dem vor allem der gewaltige Torbau (Qasr) erhalten blieb.
Bedingt durch die Verlegung des Kalifats von Damaskus nach Bagdad verlor Amman – ebenso wie andere Städte des Nahen Ostens – unter den Nachfolgern der Omaijaden an politischer Bedeutung und kam zu einer vernachlässigten Siedlung herab. Dass die Osmanen nicht Amman, sondern Salt zum Verwaltungsmittelpunkt des Ostjordanlandes erhoben, spricht ebenfalls für sich.

Unter Christen und Moslems

Im ausgehenden 19. Jh. begann Amman aufzuholen. Um 1880 wurden in der rückständigen Ortschaft moslemische Tscherkessen und Tschetschenen aus dem Kaukasus angesiedelt, die vor dem russischen Zaren in das Osmanische Reich geflohen waren. Um 1900 lebten in Amman 2000 Menschen. Die **Hedschasbahn** von Damaskus nach Medina erreichte Amman 1902 und wurde 1908 fertiggestellt. Sie machte die Stadt zum Verkehrsknotenpunkt der Pilgerfahrten.

Wurzel späterer Größe

Emir Abdallah entschied sich 1922 für Amman als Hauptstadt seines Emirats. Mitte der 1920er-Jahre wurden die Hauptstraßen in der Stadt erweitert, das Telefonnetz installiert, die Al-Hussein-Moschee und der Raghadan-Palast auf dem Jabal al-Qusur errichtet. Doch bis Ende der 1940er-Jahre blieb Amman eine wenig beachtete Hauptstadt am Rande der Wüste mit nur 25 000 Einwohnern.

Amman wird Hauptstadt

Highlights Amman

Zitadellenhügel
Wandeln zwischen antiken Ruinen mit herrlichem Blick über die Stadt
▶ Seite 150

Römisches Theater
Bis zu 6000 Zuschauer genossen hier in der Antike Brot und Spiele.
▶ Seite 153

Downtown
Winzige Läden und Cafés, Autohupen, gestikulierende Händler: Mehr Orient gibt es nirgends in Amman!
▶ Seite 145

Iraq al-Amir
Beliebtes Ausflugsziel mit Tempel
▶ Seite 157

Die sprunghafte Entwicklung zu einer Großstadt setzte ein, nachdem König Abdallah 1950 Amman zur **Hauptstadt des neuen Haschemitischen Königreiches Jordanien** erklärt hatte. Die Einwohnerzahl betrug 1963 schon 245 000 und nahm weiter zu, nicht zuletzt aufgrund des Zustroms der Flüchtlinge im Libanon-Bürgerkrieg und dem Golfkrieg. Heute wird die Bevölkerung von Groß-Amman auf rund 2 Mio. Einwohner geschätzt. Und der Wachstumskurs zeigt steil nach oben, haben sich doch zahlreiche wohlhabende Iraker hierher geflüchtet, die für einen ungebrochenen Bauboom sorgen.

Die Weiße Stadt Erst in den vergangenen 50 Jahren erhielt Jordaniens Hauptstadt ihr heutiges Gesicht. Die Häuser, die die Hügel bedecken, sehen aus wie eine Zusammenballung tausender weißer Würfel, daher ihr Beiname »weiße Stadt«. Die Gestaltung ist kein Zufall, sondern den amtlich verordneten, einheitlichen Hausfassaden aus hellem Sandstein zu verdanken. Amman bildet heute ein unübersichtliches Konglomerat aus Vororten und zu Stadtteilen zusammengewachsenen Siedlungen. Ursprünglich bedeckten diese sieben, heute über 19 Höhenzüge. Und die Stadt wächst und wächst in atemberaubendem Tempo.

Anhaltspunkte für die anfangs vielleicht nicht ganz einfache Orientierung bieten die insgesamt acht Verkehrskreisel (Circles), die sich an der Ausfallstraße nach Westen aneinanderreihen. Um den 1. und 2. Circle erstreckt sich Jabal Amman, wo sich die Reichen und Mächtigen ihre Villen mit großen Gärten errichtet haben. In den ebenso vornehmen Stadtteilen Shmeisani und Abdoun haben zahlreiche Hotels, Botschaften und Ministerien ihren Sitz. Abdoun, südlich des 4. und 5. Circles gelegen, gilt wegen der vielen Bars und Nobelrestaurants auch als die Amüsiermeile Ammans. Weitaus dichter bebaut und weniger attraktiv sind die Viertel im Osten der Stadt. Das Zentrum von Amman ist in das enge Tal zwischen Jabal Amman, Zitadellenhügel, Jabal al-Ashrafiyeh und Jabal al-Jaufa gezwängt.

Das größte Theater des Landes wurde von den Römern erbaut. → Dahinter ragen die quaderförmigen Häuser der modernen Stadt auf.

✳ Zitadellenhügel

Keimzelle der Stadt

Wer Amman das erste Mal besucht, sollte seine Schritte unbedingt zunächst auf dem Jabal al-Qala, den 837 m hohen Festungsberg oder Zitadellenhügel, lenken. Hier genießt man den schönsten Blick über die Stadt, hier begann Ammans Geschichte, wie die Gräber aus der frühen Bronzezeit (um 3000 v.Chr.) belegen. Die Spitze des Hügels, die sog. Obere Zitadelle, ist heute ein weitläufiges Ruinenfeld mit Resten von Wehrmauern und Gebäuden aus unterschiedlichen Phasen der Stadtgeschichte. Hier lohnt sich vor allem der Besuch des Archäologischen Museums, ein Spaziergang zu dem großen Torbau (Qasr) und zum dahinterliegenden omaijadischen Palast. Fast nichts mehr zu sehen gibt es im Bereich der unteren Zitadelle. Viele kommen aber auch nur wegen der herrlichen Aussicht auf den Hügel – der Blick über das Häusermeer und auf das Zentrum mit dem römischen Theater am gegenüberliegenden Jabal al-Jaufa ist tatsächlich so beeindruckend, dass man mindestens einmal den Zitadellenhügel bestiegen haben muss.

Zitadellentempel

Das Erste, was auf dem Weg zur Hügelspitze linker Hand ins Auge fällt, sind mehrere restaurierte Säulen in einem kunterbunten Ruinenfeld – Überreste eines römischen Tempels, vermutlich für Herkules. Endgültig bewiesen ist die Zuordnung zum Gott Herakles/Her-

Zwei Säulen markieren die Lage des Herkulestempels auf dem Zitadellenhügel.

kules allerdings nicht. Eine Inschrift weist Kaiser Marc Aurel (reg. 161–180) als Auftraggeber des Tempels aus.

Schräg gegenüber liegt das Archäologische Nationalmuseum, das auf recht engem Raum einen umfassenden Einblick in die jordanische Geschichte vermittelt. Die hier gezeigten Funde stammen also nicht nur vom Zitadellenhügel. Publikumsmagnet sind die ungewöhnlichen, rund 8000 Jahre alten Statuen, die man in Ain Ghazzal bei Amman entdeckt hat (siehe Bild S. 58). Zu den weiteren Highlights der kleinen, aber feinen Ausstellung gehören einige der berühmten Qumran-Schriftrollen, die 1952 am Toten Meer gefunden wurden. Eine dieser Schriftrollen berichtet von versteckten Schätzen am Westufer des Jordans. Von der Mesha-Stele, die 850 v. Chr. der Moabiterkönig Mesha anfertigen ließ, um einen seiner zahlreichen Siege über die Israeliten zu feiern, besitzt das Museum eine Kopie (Öffnungszeiten: tgl. außer Fr. 8.30–17.00, Fr. 9.00–16.00 Uhr).
Seit Oktober 2005 wird an einem neuen Nationalmuseum gebaut, das im Stadtzentrum eröffnet werden soll. Ob und in welcher Form das alte Museum weiter existieren wird, steht noch nicht fest.

★ Archäologisches Museum

Als 1927 die Ausgrabungen auf dem Zitadellenhügel begannen, stieß man nördlich des Zitadellentempels auf die Reste einer kleinen byzantinischen Kirche. Bei weiteren Grabungen fand man eine dreischiffige, etwas mehr als 20 m lange und 12 m breite Basilika. Teile ihres Mosaikbodens (6./7. Jh.) im Mittelschiff sind erhalten.

Byzantinische Kirche

Zitadellenhügel *Orientierung*

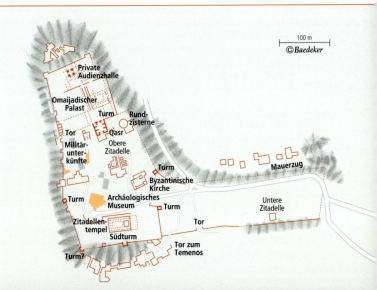

Auch bei Nacht bildet die Hussein-Moschee einen glanzvollen Mittelpunkt.

Qasr Dank seiner monumentalen (restaurierten) Kuppel kann man den weiter nördlich gelegenen omaijadischen Palast nicht verfehlen. Die Kuppel ist Teil des sog. Qasr, das ist ein hoher Torbau, hinter dem eine kreuzförmige Halle mit vier Iwanen liegt. Der aufwändige Wandschmuck aus Blendarkaden und Nischen lässt vermuten, dass der Raum nicht nur Eingangs-, sondern auch repräsentative Empfangs- bzw. Audienzhalle war.

Omaijadenpalast Nördlich des Qasr schloss sich einst der Palastbezirk an. Vermutlich hatte man das Gelände bereits in römischer Zeit für eine Bebauung aufgeschüttet und eingeebnet. Die Omaijadenherrscher errichteten im 8. Jh. sodann den weitläufigen Palastkomplex, durch den eine Kolonnadenstraße in der Achse des Qasr hindurchführte. Links und rechts dieser Straße waren Höfe angeordnet, um die sich jeweils mehrere Räume gruppierten. Im Zuge der Ausgrabungen wurde links der Kolonnadenstraße ein solcher Hof rekonstruiert. Am Nordrand des Palastbezirks lag ein weiterer Repräsentationsbau mit vier Iwanen, vermutlich ein Thronsaal. Auf dem Rückweg zum Parkplatz sieht man links die große **Zisterne**. In das 5 m tiefe Wasserbecken führt eine Treppe hinab.

Sehenswertes im Zentrum von Amman

Die Al-Hussein-Moschee liegt in der King Talal Street. Der von zwei schlanken Minaretten flankierte, breitgelagerte Bau wurde 1924 errichtet. An seiner Stelle stand vermutlich schon in omaijadischer Zeit eine Moschee, die im 19. Jh. stark verfallen war. Ihre Architektur knüpft bewusst nicht an die osmanische Kuppel-Moschee, sondern an den frühislamischen Moscheentyp an.

Al-Hussein-Moschee

> ! **Baedeker TIPP**
>
> **Kaffee trinken mit Aussicht**
> Gegenüber der Al-Hussein-Moschee liegt das Café der Arabischen Legion, das man über eine steile Treppe erreicht. Von hier bietet sich ein schöner Blick auf die Moschee und den stets belebten Vorplatz.

Das ehemalige römische Forum der Stadt erstreckt sich im Tal zwischen dem Zitadellenhügel und dem Jabal al-Jaufa. Die mit rund 7600 m² verhältnismäßig große Anlage geht ebenso wie das Theater auf das 2. Jh. n. Chr. zurück und ist heute ein Park mit Bänken und Brunnen, in dem man sich vom Einkaufsbummel ausruhen kann. Ursprünglich war das Forum an drei Seiten von Kolonnaden gerahmt, heute ist bis auf die Säulen an der Südseite, parallel zur Bühnenwand des Theaters, von der römischen Platzanlage und ihren Bauten nichts mehr zu erkennen. Um ein so großes Forum an dieser Stelle anlegen zu können, waren einige Vorarbeiten nötig. So musste man durch Erdaufschüttungen eine Fläche schaffen, die nicht von dem Fluss, der das Tal zwischen Jabal al-Jaufa und Jabal al-Qala durchfließt, überflutet werden konnte. Ein unterirdisches Kanalisationssystem sammelte Regen- und Abwasser in der Nordwestecke des Platzes, wo es dem Fluss zugeleitet wurde.

★ **Forum**

Vom ehemaligen Forum aus betritt man das römische Theater, das vermutlich unter Kaiser Antonius Pius zwischen 138 und 161 n. Chr. an den steilen Hang des Jabal al-Jaufa gebaut worden war. Wegen seiner ausgezeichneten Akustik wird das Bauwerk auch heute noch für Aufführungen genutzt. Mit seinen 6000 Sitzplätzen ist es außerdem **das größte Theater in Jordanien**. Der Zuschauerraum ist ähnlich konstruiert wie ein griechisches Theater. Die beiden unteren der insgesamt drei Ränge waren den Adligen und dem Militär vorbehalten, der obere Rang gehörte dem Volk. Über dem oberen Rang war ein kleiner Tempel in den Felsen geschlagen. In dem schmucklosen, tonnengewölbten Raum stand vermutlich eine Statue der Göttin Athena. Nicht weniger imposant als der Zuschauerraum war das Bühnengebäude, das mit seinen ursprünglich zwei bis drei Geschossen die Kolonnaden des Forums überragte. Um allen Zuschauern die bestmögliche Sicht zu gewähren, war der Bühnenboden leicht zum Zuschauerraum geneigt und mit Holzdielen belegt. In der halbrunden Orchestra zwischen Bühne und Zuschauerraum markiert ein Kreuz den Punkt, an dem der Sprecher am besten zu hören ist.

★ **Römisches Theater**

Museen im Theater

Die Kulturgeschichte Jordaniens erläutern zwei kleine Museen in den Seitenräumen des Theaters. Im westlichen Flügel befindet sich das **Volkskunde-Museum** (Jordan Museum of Popular Traditions). Die Sammlung umfasst Beduinen- und andere Volkstrachten, Teppiche sowie Bernstein-, Korallen- und Silberschmuck verschiedener Stämme. Mosaiken aus Madaba und Jerash aus dem 4. bis 6. Jh. werden in einem Gewölberaum gezeigt.

Das **Folklore-Museum** im Ostflügel (Jordan Folklore Museum) illustriert die Lebensweise der ursprünglichen Bevölkerung Jordaniens. Die Statue eines Soldaten in der rot-schwarzen Uniform der tscherkessischen Garde des Königs steht am Eingang. Waffen des 19. Jh.s, Webstühle, Stickereien und Musikinstrumente vervollständigen die Ausstellung. Die Nachbildung eines städtischen Wohnzimmers und eines Beduinenlagers mit den typischen Zelten und Dromedaren sollen das traditionelle Leben in der Wüste anschaulich machen (Öffnungszeiten beider Museen: Mi., Do., Sa., So. 8.00–17.00, Fr. 10.00–16.00 Uhr).

Römisches Odeum

Im Nordosten wird das ehemalige Forum durch das wiederaufgebaute Odeum begrenzt, das sich direkt an das große Theater anschließt. Das kleine, einst überdachte Odeum mit einem muschelförmigen, 500 Sitzplätze großen Zuschauerraum wird auf Mitte des 2. Jh.s datiert. Hier fanden musikalische Vorträge und Rezitationen statt, während im benachbarten Theater Schauspiele aufgeführt wurden.

Nymphäum

Ein weiteres Relikt aus der römischen Vergangenheit Ammans findet sich etwa 500 m südwestlich des Forums an der Omar al-Mukhtar Street: Reste des römischen Nymphäums, eines großen Prachtbrunnens, der vom Seil Amman Wasser erhielt. Die Säulen des einstigen Bauwerks sind nur noch teilweise erhalten und die Figuren der Wassergöttinnen müssen alle erneuert werden. Die Ähnlichkeit des Nymphäums mit dem im Jahre 191 errichteten Prachtbrunnen in Gerasa (Jerash) lässt auf eine Erbauung an der Wende vom 2. zum 3. Jh. schließen.

Weitere Sehenswürdigkeiten in Amman

Jabal Amman

Im Stadtteil Jabal Amman, insbesondere in den Seitenstraßen der Rainbow Street zwischen Stadtmitte und First Circle, baute sich in den 1920er-Jahren die Oberschicht ihre Wohnhäuser und Villen.

Abu-Darwish-Moschee

Auf atemberaubend steilen Straßen erreicht man auf dem höchsten der sieben ursprünglichen Hügel von Amman, dem Jabal al-Ashrafiyeh im Süden der Stadt, die Abu-Darwish-Moschee. Mit ihrer schwarz-weiß-gemusterten Fassade ist sie **die ungewöhnlichste Moschee des Landes**. Ein tscherkessischer Einwanderer, Hasan Mustafa Scharkas, genannt Abu Darwish, hat dieses exotisch anmutende Gotteshaus errichtet. Auch der Brunnen für die religiösen Waschungen

Blickfang unter stahlblauem Himmel: die Abu-Darwish-Moschee

im Hof der Moschee zeigt das gleiche Muster. Die Zentralkuppel des Bauwerkes wird von vier Säulen getragen, die mit Pilastern dekoriert sind. Viele Einheimische sehen es jedoch nicht gerne, wenn die Moschee von Touristen besucht wird. Daher empfiehlt es sich, das Gebäude nur von außen zu betrachten.

Eine der **größten und modernsten Moscheen des Nahen Ostens** ist die König-Abdallah-Moschee an der Sulayman an Nabulsi Street gegenüber vom Parlamentsgebäude (errichtet 1982 – 1989). Mit ihrer hellblauen Mosaikkuppel, die von zwei Minaretten flankiert wird, nachts angestrahlte Moschee im modernen Amman einen Hauch von Tausendundeine Nacht. Das nach den Plänen des deutschen Architekten Cejka entstandene Bauwerk bietet 3000 Gläubigen Platz. Ein dreireihiger, acht Tonnen schwerer, vergoldeter Leuchter erhellt den mit Teppichen ausgelegten Hauptraum, den eine hohe Kuppel überspannt. Zu der Moschee gehören eine Bibliothek, separate Gebetsräume für Frauen sowie ein Museum, das der Erinnerung an den 1951 ermordeten König Abdallah (▶Berühmte Persönlichkeiten) gewidmet ist.

König-Abdallah-Moschee

Auch die Universität, die sich im Norden Ammans befindet, unterhält ein kleines archäologisches Museum. Es ist aber als wissenschaftliche Schausammlung angelegt und daher nur für besonders Interessierte einen Besuch wert. Ausgestellt sind Funde von der Bronzezeit bis zur Islamisierung (Öffnungszeiten: So. – Do. 8.00 – 17.00 Uhr).

Schausammlung der Universität

Al-Hussein-Park

Im westlichen Stadtgebiet liegt der Al-Hussein-Park, der besonders für Autofans interessant sein dürfte. Hier befindet sich das **Royal Automobile Museum**, das von der Leidenschaft des verstorbenen Königs Hussein für schnelle Flitzer und Autorennen zeugt. Als wichtigstes Mobil sehen die Museumsmacher den 1952 Lincoln Capri Convertible an, das erste Auto des Monarchen, welches er noch vor seiner Krönung fuhr. Neben exklusiven Autos – darunter ein Mercedes 600 Pullman – und Motorrädern ab Baujahr 1916 erhält man Einblick in die Art Fahrzeug-Ausstattung, die sich Könige leisten (Öffnungszeiten: tgl. 10.00 – 19.00, Fr. bis 21.00 Uhr, Di. geschlossen). Die jüngste Attraktion im Park ist das auf eine Initiative von Königin Rania gegründete und 2007 eröffnete **National Children's Museum**. Es bietet über 150 interaktive Stationen in verschiedenen Ausstellungsräumen zu den Themen Kunst, Wissenschaft und Technik, dazu ein Planetarium, eine Freilichtbühne und ein Café (Öffnungszeiten: Sa. – Do. 10.00 – 18.00, Fr. 10.00 – 19.00 Uhr).

> ! *Baedeker* TIPP
>
> **Kaufen und Gutes tun**
>
> Die Jordan River Foundation ist ein Selbsthilfeprojekt von »Safe the children«. Besonders schön sind hier die bestickten Decken und Kissen. Groß ist auch die Auswahl an handgefertigten Taschen, Bildrahmen und Geldbörsen sowie Olivenseifen und traditionellen Puppen (Fawzi Al-Malouf St. 1 / Ecke Rainbow St., tgl. geöffnet, www.jordanriver.jo).
> Im benachbarten Bani-Hamida House werden die berühmten, nach traditionellen Mustern gewebten Beduinen-Teppiche verkauft.

Umgebung von Amman

Qasr al-Mushatta

Auf dem Gelände des Queen-Alia-Flughafens in Amman liegt – von der Flughafenzufahrt über eine Umleitungsstraße erreichbar – das größte Omaijadenschloss Qasr al-Mushatta. Auf Besucher wirkt es meist keineswegs so beeindruckend, wie es seine künstlerische Bedeutung und seine enormen Ausmaße vielleicht erwarten lassen. Denn das Flughafenumfeld ist nüchtern, man muss zeitraubende Kontrollen über sich ergehen lassen, außerdem hatte Osmanensultan Abdul Hamid die prächtige Südfassade des Schlosses abbauen lassen und sie an Kaiser Wilhelm II. verschenkt. Dieser übergab sie 1903 dem Berliner Museum für Islamische Kunst.

Der Gebäudekomplex liegt in einem Mauerkarree, das mit einer Seitenlänge von 144 m ungewöhnlich großzügig bemessen ist. Auf einem von Säulen gesäumten Weg erreicht man den Baukomplex, der als einziger von drei geplanten Gebäuden realisiert wurde. Er besteht aus einem Eingangsbereich, einem großen Hof und dem Trakt mit dem Thronsaal.

Steinmetzarbeiten

Eine Vorstellung vom hohen baukünstlerischen Niveau dieser Architektur vermitteln die filigranen Steinmetzarbeiten. Charakteristisch ist die ungeheure Motivvielfalt und die Dichte der Ornamentik. Wie ein flächenhaftes Muster überzieht der Reliefschmuck die Mauer. Die mit versetzten Ziegeln gestalteten Schmuckbänder weisen auf Handwerker aus dem Zweistromland hin; der Bauherr lässt sich allerdings nicht mit Gewissheit festmachen. Vermutlich gab Walid II. um 750 das Wüstenschloss in Auftrag.

Die sog. Siebenschläferhöhle (Ahl al-Kahf) liegt nur 4 km vom Stadtzentrum entfernt (zuerst in südlicher Richtung, dann weiter nach Osten in Richtung Fernsehstation). Obwohl die Höhle heute eine islamische Pilgerstätte ist, wird sie mit einer christlichen Legende in Verbindung gebracht, die dann auch vom Islam übernommen wurde. Diese Legende besagt, dass sieben gläubige Männer der Christenverfolgung unter dem römischen Kaiser Decius entgehen wollten und in der Höhle Zuflucht suchten. Sie schliefen ein und wachten erst 200 Jahre später wieder auf. In der 18. Sure des Koran heißt es: »... und sie verweilten 200 Jahre in der Höhle und neun dazu, Gott weiß am besten darüber Bescheid, wie lange sie verweilt haben ...«.

Siebenschläferhöhle

✷ Wadi es-Sir

Das fruchtbare Tal ist ein schnell erreichbares und in vielerlei Hinsicht interessantes Ausflugsziel, wenn man der jordanischen Hauptstadt für ein paar Stunden den Rücken kehren will. Bäume und Sträucher, Felder und Obstgärten verleihen dem grünen Tal seinen landschaftlichen Reiz. Obwohl man so nahe an Amman ist, glaubt man sich in einer anderen Welt, weit weg vom Lärm und der Hektik der Großstadt. Inmitten dieser Idylle ist einer der **schönsten hellenistischen Paläste** Jordaniens zu besichtigen, Qasr el-Abd. Das Tal liegt etwa 12 km westlich der Hauptstadt, die man auf der Al-Aqsa-Straße oder auf der Universitätsstraße verlässt. Hinter dem Tscherkessenstädtchen Wadi es-Sir schlängelt sich die schmale, aber asphaltierte Straße ins Tal, bis nach 20 km das Dorf **Iraq al-Amir** erreicht wird.

Grünes Idyll

An der Stelle, wo die Straße das Flüsschen unten im Tal überquert, blieben die Reste eines Aquädukts erhalten. An der Felswand linker Hand erkennt man eine Fassade mit Fensteröffnungen. Im Innern befinden sich zahlreiche Wandnischen – vermutlich handelte es sich bei dem ed-Deir genannten Felsbau um einen Taubenschlag.

Aquädukt, ed-Deir

Am Eingang des Dorfes Iraq al-Amir wurden in die rechts aufragende, zum Teil überhängende Felswand eine Reihe von Höhlen in den Stein gehauen, die durch eine Art Galerie miteinander verbunden sind. Archäologen vermuten, dass es sich um Stallungen handelte – als solche werden sie heute übrigens auch verwendet. Die Bezeichnung »Fürstenhöhlen« steht in Zusammenhang mit einer aramäischen Inschrift neben einem der Höhleneingänge, die den Namen Tobias nennt. Bei diesem Tobias handelte es sich vermutlich um einen in der Bibel erwähnten Fürsten, der dem König von Ammon zu Diensten verpflichtet war.

Fürstenhöhlen

Qasr el-Abd

Auf einer Plattform in einer Senke, etwa 200 m hinter dem Dorf Iraq al-Amir, inmitten von Feigen- und Olivenbäumen und mit wunderbarem Blick in das Jordantal, thront Qasr el-Abd, der »Palast des Sklaven«. Ein Wächter ist stets zugegen und öffnet auf Wunsch das abgesperrte Gelände. Manche jordanische Familie kommt auch hierher, um auf den Steinblöcken in schöner Umgebung zu picknicken.
War das anmutige Bauwerk nun ein Palast oder ein Tempel? Seit der Wiederentdeckung zu Beginn des 19. Jh.s ist die ursprüngliche Bestimmung der durch Erdbeben beschädigten Anlage umstritten. Einig ist man sich, dass es sich hier tatsächlich um einen Palast, vermutlich aus hellenistischer Zeit, handelt. Die Erdgeschossmauern des rechteckigen, ursprünglich zweigeschossigen Bauwerks bestehen aus 6 m x 3 m großen Steinblöcken. Das obere Geschoss war vermutlich reicher gegliedert und wies eine starke Ähnlichkeit zu Tempelfassaden auf. Von bemerkenswerter Qualität ist der Reliefschmuck des Palastes, insbesondere die monumentalen Löwen- und Leopardenreliefs auf dem Gesims zwischen Erd- und Obergeschoss. Zwei davon sind auch als Wasserspeier geformt. Sehr ansprechend ist die Liebe zum Detail: Um das Fleckenfell der Leoparden darzustellen, verwendeten die Künstler für diese Tiere einen gesprenkelten Stein.

Qasr el-Abd liegt eingebettet wie eine Perle in der fruchtbaren Landschaft.

Zwei römische Mausoleen kann man in der näheren Umgebung von Amman besichtigen. Das Grabmal im Dorf **Quweismeh** an der alten Ausfallstraße nach Süden ist ein schmuckloser, aber nahezu vollständig erhaltener Bau aus dem 2. oder 3. Jahrhundert. Als das Grabmal 1967 entdeckt und erforscht wurde, waren nur noch vier der ursprünglich neun Kalksteinsarkophage an Ort und Stelle.

Römische Mausoleen

An der Straße Amman/Zarqa, in einem Ort namens **Nuweijis**, steht das zweite Mausoleum, das vermutlich ebenfalls im 2. oder 3. Jh. errichtet wurde. Durch den quadratischen Grundriss und den zurückhaltenden Bauschmuck wirkt das stattliche Gebäude sehr blockhaft. Im Innern gibt es einen Zentralraum und seitliche Eckkammern.

Ein beliebtes Ausflugsziel ist das alte Dorf Kan Zaman, das 25 km südlich vom Zentrum Ammans liegt. Es ist eine Art Freilichtmuseum, in dem man hochwertiges jordanisches Kunsthandwerk kaufen kann: Gewürze, Antiquitäten, Stickereien, Silberschmuck, Töpferwaren, Schnitzereien und mundgeblasene Gläser, die vor den Augen der Besucher angefertigt werden. In den einstigen Ställen sind das Kaffeehaus und ein empfehlenswertes Restaurant untergebracht.

Kan Zaman

★ Aqaba (Ayla)

C 8

Provinz: Aqaba **Höhe:** 0 – 100 m ü. d. M.
Einwohnerzahl: 86 000

Mit Meeresküsten ist Jordanien wahrlich nicht reich gesegnet. Nur 26 km misst die Uferzone am Roten Meer. Trotzdem hat sich in Aqaba ein Bade- und Tauchsportparadies entwickelt, das mit Sandstränden, kristallklarem Wasser und einer faszinierenden Unterwasserwelt Besucher lockt.

Wenn im Winter die Temperatur in Amman auf 0 °C fällt, kann man sich in Aqaba bei wohligen 20 bis 25 °C sonnen. Im Sommer klettern die Temperaturen allerdings bis auf 40 °C oder gar darüber – Gäste aus Mitteleuropa bleiben zu dieser Zeit eher fern, aber für hitzegestresste Golfstaaten-Bewohner ist das heiße Klima in Aqaba auch dann noch vergleichsweise angenehm. Die Stadt liegt am Fuße karger Berghänge in einer weit geschwungenen Bucht des Roten Meeres und kann sich wegen der natürlichen und künstlich gezogenen Grenzen kaum weiter ausdehnen. Sie ist nicht nur der **einzige Seebadeort Jordaniens**, sondern wegen des **Hafens** von eminenter Bedeutung für die Wirtschaft des Landes. »Jordaniens Tor zur Welt« wird Aqaba auch genannt, da sich hier der einzige Zugang des importabhängigen Landes zum Meer befindet. Aber auch das wichtigste Exportgut Jordaniens, die Phosphate aus den Minen von al-Hasa, werden in Aqaba verschifft.

»Jordaniens Tor zur Welt«

Geschichte Bei Ausgrabungen nordwestlich der heutigen Stadt stieß man auf Reste einer größeren Siedlung, vermutlich Ezion Geber. Hier gab es um 1000 bis 500 v. Chr. umfangreiche Anlagen für die Verhüttung von Kupfererzen. König Salomon soll vom Hafen Ezion Geber aus seine Handelsflotten in das sagenumwobene Goldland Ophir geschickt haben. Auch der in der Bibel erwähnte Besuch der Königin von Saba bei König Salomon erfolgte vermutlich auf dem Seeweg über das heutige Aqaba. **Römer und Byzantiner** trieben bis ins 7. Jh. Handel über den Umschlagplatz am Roten Meer. Für **die islamische Welt** wurde Ela, wie Aqaba Mitte des 7. Jh.s hieß, ein wichtiger Stützpunkt zur Eroberung Palästinas. Im 12. Jh. waren die Stadt und die 7 km entfernte Pharaoneninsel abwechselnd im Besitz der Kreuzfahrer und Saladins. Den Namen Aqaba erhielt die Stadt, als im 14. Jh. mameluckische Sultane aus dem benachbarten Ägypten die Region beherrschten. 1517 zogen die Osmanen in Aqaba ein und regierten 400 Jahre lang bis zur Eroberung durch die aufständischen Araber unter Sherif Hussein ben Ali 1917. Die Siedlung war zu dieser Zeit nur noch ein unbedeutendes Fischerdorf, doch über den Hafen wurden aus Ägypten Waffen für die Aufständischen eingeführt.

> **? WUSSTEN SIE SCHON …?**
>
> ■ … dass sich der höchste frei stehende Fahnenmast der Welt in Aqaba befindet? Er ist 138 m hoch und daran flattert die 40 x 20 m große Flagge der arabischen Revolution (Bild S. 50).

1965 gelang es König Hussein, Aqaba etwas mehr Raum zu schaffen, traten doch die Herrscher von Saudi-Arabien ein paar Quadratkilometer Wüste an Jordanien ab, wodurch sich die jordanisch/saudi-arabische Grenze 12 km weiter nach Osten verschob. Während des iranisch-irakischen Krieges in den 1980er-Jahren war Aqaba der einzige kriegsferne Versorgungshafen des Irak – eine Sonderstellung, die der Stadt einen enormen wirtschaftlichen Aufschwung einbrachte.

Im Jahr 2000 hat man die »Aqaba Special Economic Zone« geschaffen, eine **Freihandelszone**, in der alle Importe, außer Autos, steuerfrei sind. Ermäßigte Steuersätze genießen Tabakwaren, Alkoholika und die Gastronomie. Entsprechend stark frequentiert wird die Stadt von Jordaniern. Nirgendwo sonst in Jordanien investieren ausländische Geldgeber, vor allem aus Japan und Saudi-Arabien, so üppig wie in Aqaba.

Aufstrebender Tourismus In Zukunft setzt man verstärkt auf den Tourismus: Pläne für mehrere weitere Fünfsternehotels liegen vor. Schon fertig gestellt ist ein Mammutprojekt südlich der Stadt: die **Tala Bay** mit Hotels, Jachthafen, Vergnügungszentren und vielem mehr. Doch einem Massentourismus nach Art der Badeorte Eilat (Israel) und Sharm el Sheik (Ägypten) will man sich nicht öffnen – dazu reicht allein schon der Platz kaum aus, denn in Aqaba drängen sich Hafen, Strände und Industrie recht dicht zusammen.

Aqaba Orientierung

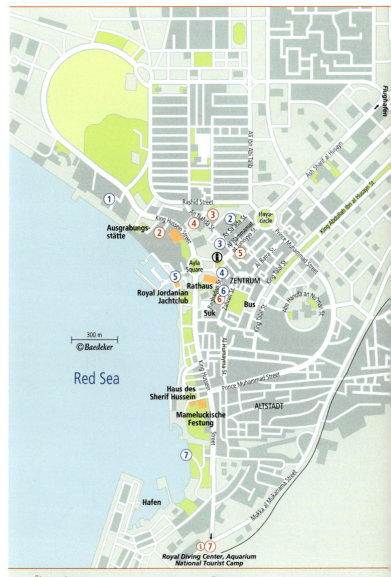

Übernachten
1. Radisson SAS
2. Mövenpick
3. Golden Tulip Aqaba
4. Aqaba Gulf Hotel
5. Shweiki
6. Al-Shula
7. Bedouin Garden Village

Essen
1. Burj Al Hamam
2. Silk Road
3. Captains Restaurant
4. Ali Baba
5. Romero
6. Qasr al-Shami
7. Miena House

AQABA ERLEBEN

AUSKUNFT

Touristeninformation
Al Hammamat at Tunisyya St.
Tel. (03) 201 33 63
www.aqaba.jo

ESSEN

▶ Fein & teuer

⑤ *Romero*
Im Royal Jacht Club am Hafen
Tel. (03) 202 24 04
Teuerstes Restaurant der Stadt, italienische und orientalische Küche und Blick auf die Schiffe des Clubs.

② *Silk Road*
As-Saadah-St.
Tel. (03) 203 35 56
Eines der besten Restaurants der Stadt. Exzellente Salate aus Meeresfrüchten und Muscheln, ausgewählte Weine.

▶ Erschwinglich

④ *Ali Baba*
Al Hammamat at Tunisyya St.
Tel. (03) 201 39 01
Das gemütliche und beliebte Lokal im Zentrum von Aqaba ist eine gute Adresse für arabische Vorspeisen und für frischen Fisch. Auch chinesische und indische Gerichte.

④ *Burj Al Hamam*
King Hussein St.
(im neuen Interconti-Hotel)
Tel. (03) 209 22 22
Sehr gute libanesische Küche in gepflegtem Ambiente.

③ *Captains Restaurant*
An-Nahda St.
Tel. (03) 201 69 05
Gemütliches Restaurant in einem alten Fischkutter. Vorzügliche Fischgerichte und arabische Spezialitäten.

▶ Preiswert

⑦ *Miena House*
Am Ufer südlich der Festung
Tel. (03) 31 26 99
Restaurant in einem alten Schlepper nahe der Mameluckenfestung. Natürlich steht auch hier Fisch auf der Speisekarte ganz oben.

⑥ *Qasr al-Shami*
Ghaghdan St. (neben Hotel Al Shula)
Wegen der abwechslungsreichen Küche hat dieses Restaurant einen regen Zulauf. Die Spezialität des syrischen Kochs ist Sayadiya, ein frittierter Flachfisch, der gefüllt und scharf angebraten wird.

ÜBERNACHTEN

▶ Luxus

② *Mövenpick*
King Hussein St.
Tel. (03) 203 40 20
www.moevenpick-hotels.com
Neues Hotel mit geschmackvoll eingerichteten Zimmern, eigenem Strand und vielen Wassersportmöglichkeiten. Außerdem: Fitnesscenter und mehrere Pools.

① *Radisson SAS Tala Bay Resort*
Tel. (03) 201 44 48, Fax 201 44 49
South Beach Road, Tala Bay
336 Z., www.radisson.com
2008 eröffnete Luxusherberge in Tala Bay mit fünf Pools, Poolbar und allen denkbaren Wassersportangeboten inkl. Tauchkursen.

▶ Komfortabel

④ *Aqaba Gulf Hotel*
King Hussein St., P.O. Box 1312
Tel. (03) 201 66 36, Fax 201 82 46
164 Z., www.aqabagulf.com
Die meisten Zimmer und Suiten dieses Hotels haben Meerblick, zum Strand

und in die Innenstadt sind es 5 min. zu Fuß. Schwimmbad und Restaurants im Haus.

⑦ *Bedouin Garden Village*
Southern Coastal Road
(12 km südlich der Stadt)
Tel. (079) 560 25 21
15 Z., Zelte
www.hostelz.com/hotel/66230-Bedouin-Garden-Village
Hübsches, günstiges Hostel in schöner Anlage mit kleinem Pool nur 100 m vom Strand. Außer den Zimmern gibt es Zelte für 1 bis 5 Personen. Alle Unterkünfte mit Frühstück. Junges Publikum.

③ *Golden Tulip Aqaba*
Al Saada St., P.O. Box 434
Tel. (03) 203 19 01, Fax 203 28 45
104 Z., www.goldentulip.com
Aqabas Atmosphäre erlebt man in diesem Hotel hautnah. Trotz Innenstadtlage sind es nur 200 m zum Strand, ein Pool befindet sich auf dem Dach. Die meisten Zimmer des im Jahr 2000 erbauten Hotels haben Blick über die Bucht.

▶ **Günstig**
⑥ *Al-Shula*
Ghaghdan St., P.O. Box 211
Tel. (03) 201 51 56
Fax 201 51 60
Das Hotel (64 Z.) mit eigenem Restaurant liegt im Stadtzentrum in der Nähe des Einkaufszentrums.

⑤ *Shweiki*
Al Hammamat at Tunisyya St.
Tel. (03) 202 26 57, Fax 202 26 59
Zentrale Lage, einfach und sauber, große Zimmer mit Klimaanlage, allerdings direkt an der Straße. Ca. 5 min. Fußweg zum Strand.

Gepflegte Strände findet man südlich von Aqaba-Stadt.

WASSERSPORT

▶ Baden

Der öffentliche Strand von Aqaba selbst ist nicht schön, hat kaum Infrastruktur und ist vor allem für Frauen, die allein schwimmen gehen wollen, nicht empfehlenswert, schon gar nicht im Bikini (Verhüllung ist angesagt!). Daher lieber gegen eine Gebühr (manche auch umsonst) die Strände großer Hotels besuchen. Besonders schön, da wenig besucht und sehr sauber, sind auch die bis zu 100 m breiten, feinsandigen Strände zwischen Stadt und Royal Diving Club. Dort liegt auch ein relativ neuer öffentlicher Strand, genannt Barracuda, mit Restaurant und Möglichkeiten zum Wasserski laufen.

▶ Wellness

In den Aqaba Turkish Baths kann man recht günstig den Hammam aufsuchen. Frauen müssen vorher reservieren (Tel. 03/203 16 05).

▶ Surfen

Windsurfen, Kitesurfen und Fahrten mit dem Katamaran bietet das Aqaba Surf Center an, das südlich der Stadt seinen Sitz hat. Tel. (079) 577 39 35, www.aqabasurfcentre.com

! Baedeker TIPP

Tauchen auf der Yasmena

Wer gerne in netter Gesellschaft tauchen lernen will, kann bei Yazan Alsaed anheuern. Auf seinem Schipper »Yasmena« bietet der zertifizierte Tauchlehrer Kurse an, zu denen Tauchausrüstung, zwei Tauchgänge, (Fisch-) Essen und Trinken gehören. Auch für Fortgeschrittene interessant (Kontakt: Tel. 079/502 78 53, yazan68@yahoo.co.uk).

▶ Tauchen

Schon allein das Schnorcheln ist ein Erlebnis, denn südlich des Hafens beginnen die Korallenriffe gleich in Strandnähe.
Eine Auswahl an Anbietern fürs Gerätetauchen:

Aquamarina Diving Center
Im Hotel Aquamarina I, King Hussein St., Tel. (03) 201 62 50

Royal Diving Club
Am südlichsten Zipfel von Aqabas Küstenstreifen. Southern Coastal Road, Tel. (03) 201 70 35, www.rdc.jo

Sea Star
Bietet nach Voranmeldung auch nächtliche Tauchgänge. Al-Cazar-Hotel, Tel. (03) 201 41 31
www.seastar-watersports.com

AUSFLÜGE UND TOUREN

Fahrt mit dem Glasbodenboot
Korallen anschauen und trocken bleiben? Kein Problem mit den Glasbodenbooten. Die Fahrten starten vom öffentlichen Strand aus bzw. werden von den Hotels organisiert.

Nach Eilat
Tagesausflug in den nahe gelegenen israelischen Badeort, allerdings hohe Einreisegebühren. Ein Visum erhält man vor Ort.

Zur Pharaoneninsel
Organisierte Bootstrips führen zur ägyptischen Insel Jazirat Faroun (Auskünfte erteilen die Hotel-Rezeptionen).

Ins Wadi Rum
80 km entfernt. Von der Busstation an der Ar-Reem St. neben dem Park fährt 3 x tgl. (Fr. nur 1 x) ein Minibus in diese fantastische Wüstenlandschaft.

Sehenswertes in Aqaba und Umgebung

Aqaba ist in erster Linie eine Oase für Strandfans und Wassersportbegeisterte – darüber hinaus hat die Stadt nicht viel zu bieten. Das Zentrum besteht aus ein paar Geschäftsstraßen und ist schnell erkundet, sofern man nicht dem Angebot der Souvenirläden erliegt. Von der großen Terrasse unterhalb der mameluckischen Festung bietet sich ein herrlicher Blick auf die Berge und Strände im Nordwesten der Stadt sowie auf den beinahe nahtlos anschließenden israelischen Badeort Eilat.

Im Zeichen des Tauchsportes

Auf der Hafenseite unmittelbar gegenüber vom Hotel Miramar wurden 1986 bis 1993 die Reste des **mittelalterlichen Ayla** ausgegraben. Diese islamische Stadt existierte ca. 650 – 1100 n. Chr. Ein beschilderter Weg führt den Besucher durch das einstige Zentrum mit den sich hier kreuzenden Handelsstraßen. Teile der Stadtmauer, eines von vier Toren sowie die Umfassung eines größeren Bauwerks, möglicherweise eine Moschee, wurden freigelegt.

Grabungsgelände

Blick auf den Arbeitsplatz der Archäologen: das alte Ayla.

Mameluckische Festung

Am Südrand des Stadtzentrums, zwischen Straße und Meerufer, steht die um einen großen Innenhof angelegte und an den Ecken turmbewehrte Festung von Aqaba. Sie wurde unter dem Mamelucken-Sultan Qansuh al-Ghuri (reg. 1501–1516) errichtet und auch in osmanischer Zeit noch genutzt. Im Ersten Weltkrieg erlitt die Festung allerdings schwere Schäden. Über dem Eingangstor erinnert das haschemitische Wappen an den arabischen Unabhängigkeitskampf (Öffnungszeiten: tgl. 8.00–20.00 Uhr).

Haus des Sherifen

In dem eingeschossigen Haus unmittelbar neben der Festung, vermutlich eine ehemalige Karawanserei, wohnte Sherif Hussein, als er sich zu Beginn des arabischen Aufstands in Aqaba aufhielt. Heute ist dort ein kleines, aber interessantes **Museum** mit Funden aus der Umgebung, chinesischer Keramik sowie Kleidung und Gebrauchsgegenständen der Beduinen untergebracht. Das Gebäude ist in der regionaltypischen Bauweise errichtet. Ein Merkmal sind die Holzdielen zwischen den Steinlagen, durch die das Haus auch den Erschütterungen bei einem Erdbeben standhält (Öffnungszeiten: tgl. 7.30 bis 17.00, im Sommer bis 18.30 Uhr).

> ! **Baedeker TIPP**
>
> **Im Reich der Gewürze**
>
> Eine der besten Adressen, um sich mit den köstlichsten Gewürzen einzudecken, ist bei Ali Baba. Der winzige Laden der Gebrüder Dabet liegt im Zentrum des Suk neben dem Syrian Palace Restaurant (Rhagadan St.).

Wer weder schnorcheln noch tauchen, aber dennoch einen Eindruck von der Vielfalt der Meeresflora und -fauna im Golf von Aqaba bekommen möchte, sollte das **Aquarium** des Marine Science Centre besuchen, das etwa 5 km südlich des Zentrums, direkt neben dem Fährhafen liegt. Mit einigen wenigen Schautafeln und 20 Wasserbecken ist das Museum zwar klein, aber die wichtigsten Meeresbewohner sind hier versammelt, so z. B. Korallen, Seegoldfische, Muränen, Stone Fish, Lion Fish oder Turkey Fish (Öffnungszeiten: tgl. 8.00–17.00 Uhr).

★★ Korallenriffe

Aqabas Hauptsehenswürdigkeiten liegen unter dem Wasserspiegel – die berühmten Korallenriffe mit ihrer einzigartigen Tier- und Pflanzenwelt. Sie gedeihen in dem durchschnittlich 23 °C warmen Wasser vorzüglich. Da keine Flüsse ins Rote Meer münden, ist das Wasser sehr klar und die Sonnenstrahlen fallen bis in 45 m Tiefe. So tief reichen auch die Riffe. Zwischen den bizarr geformten, teils kugeligen, teils baumartigen Korallen witschen bunte Fische hindurch, einzeln oder in blitzschnellen Schwärmen, Meeresschildkröten ziehen träge ihre Bahnen, manchmal tauchen sogar Delfine und Wale im Golf von Aqaba auf. Zunehmender Tourismus und vermehrte Industrieansiedlungen sollen den Korallen bisher nicht geschadet haben.

Tauchvergnügen in den Unterwasserwelten von Aqaba →

Maan Nach Aqaba ist Maan mit 40 000 Einwohnern die größte Stadt im Süden Jordaniens. Die einstige Oasensiedlung liegt rund 130 km nordöstlich von Aqaba am Desert Highway. Meist entstanden diese Siedlungen bei einem osmanischen Fort, das die Aufgabe hatte, die Brunnen und Wasserstationen für die Pilger zu schützen. Auch dieser Ort, der eine wichtige Station am Pilgerweg nach Mekka war, besitzt noch ein osmanisches Fort aus dem 18. Jh. Es dient heute als Polizeistation. Obwohl in der jüngsten Vergangenheit auch in Maan die Moderne Einzug gehalten hat, gibt es hier noch viele alte Lehmziegelbauten, wie sie typisch sind für Oasensiedlungen. Belebt wird die Szenerie des Wüstenstädtchens, wenn am Wochenende die Nomaden aus dem weiten Hinterland auf den **Markt** kommen.

✱ Azraq (Al-Azraq)

F 4

Provinz: Zarqa   **Einwohnerzahl:** 6000

Die Oase Azraq liegt 100 km östlich von Amman, dahinter beginnt die Wüste. Einst Schnittpunkt alter Karawanenwege ist sie heute vor allem wegen der benachbarten Naturschutzgebiete von Bedeutung. In und um Azraq befinden sich auch die berühmten Wüstenschlösser der Omaijaden.

Zwei Siedlungen Schon die Jäger und Sammler der Altsteinzeit machten sich die Wasservorkommen hier am Rande der Wüste zunutze. Die Römer bauten eine Befestigung, das spätere Wüstenschloss (s.u.). Wichtig war die Siedlung danach vor allem als Schnittpunkt der Karawanenwege von der Mittelmeerküste auf die arabische Halbinsel. Heute besteht

▶ AZRAQ ERLEBEN

ÜBERNACHTEN
▶ Komfortabel
Al-Azraq Hotel & Resthouse
Tel. (05) 383 40 06, Fax 383 5215
Genau das Richtige nach einem langen Wüstentag: Swimmingpool, ruhige, schöne Bungalows – aber nicht immer ganz sauber....

▶ Günstig
Azraq Desert Lodge
Tel. (06) 533 46 10
Einst britisches Militärhospital, geben sich nun Ornithologen und Naturforscher ein Stelldichein. Die Naturschutzbehöre RSCN hat hier 2005 eine einfache Lodge eingerichtet.

ESSEN
▶ Erschwinglich
Azraq Palace
Neben dem Wüstenschloss
Tel. (079) 503 03 56
Wer nicht mit einer der Imbissbuden rund um die Festung vorliebnehmen will, ist hier bestens aufgehoben. Gute Küche, nicht ganz billig, es wird auch Alkohol ausgeschenkt.

der Ort aus zwei Siedlungen, aus Azraq Janubi, das hauptsächlich von Tscherkessen bewohnt wird, und aus dem vorwiegend von Drusen besiedelten im Norden gelegenen Ortsteil Azraq Shamali, wo sich auch das Wüstenschloss Qasr al-Azraq befindet.

Sehenswertes in Azraq

Unmittelbar östlich der beiden Siedlungen breitet sich das Azraq Wetland Reserve aus, der winzige Rest eines einst riesigen Feuchtgebietes. Dieses war seit Jahrhunderten ein lebendiges Ökosystem und ein wichtiger Rastplatz für Zugvögel auf ihrem Flug nach Afrika. Noch in den 1980er-Jahren sammelten sich hier Hunderttausende von Vögeln zu einem Zwischenstopp. Doch nur 10 Jahre später hatte sich das Bild völlig gewandelt, da durch den ständig steigenden Wasserbedarf der Großstädte Amman und Irbid die Feuchtgebiete angezapft und bald nahezu trockengelegt waren. Die Pflanzenwelt verdorrte, die heimischen Tiere, darunter auch Wasserbüffel und der weltweit nur hier vorkommende Killifisch, verloren ihre Lebensgrundlage, die Zugvögel änderten ihre Route und flogen – so wird vermutet – den See Genezareth weiter im Norden als Haltepunkt an. Seit 1994 versucht die Naturschutzbehörde RSCN, wenigstens Teile des ehemaligen Feuchtgebiets zu renaturieren. Erste Erfolge sind zu verzeichnen, aber ob sie dauerhaft sein werden, ist noch ungewiss. Immerhin kann man wieder zahllose Vögel beobachten, die hier rasten, darunter Lerche, Kiebitz, Adler und zahlreiche Entenarten. Im Besucherzentrum des Azraq Wetland Reseve kann man sich Ferngläser ausleihen und erfährt auch im Detail, was da kreucht und fleucht (Öffnungszeiten: tgl. ab 9.00 Uhr, Tel. 05/ 383 50 17).

Azraq Wetland Reserve

Ein Wanderweg führt durch das Schutzgebiet. Die besten Monate zum Vogelbeobachten sind Dezember bis Februar sowie Mitte März bis Mitte April.

✸ Qasr al-Azraq

Im Winter 1917/18 bereitete sich Lawrence von Arabien hier auf den Sturm auf Damaskus vor und machte die Festung damit berühmt. Deren auffälligstes Merkmal ist der strenge, geradezu abweisende Charakter, der vor allem durch die schwarzen Basaltquader zustande kommt und das Qasr al-Azraq von anderen omaijadischen Wüstenschlössern unterscheidet.

Eine dunkle Festung

Schon zu Zeiten des römischen Kaisers Septimus Severus, im 2. Jh. n. Chr., wurde das Nordende des Wadi Sirhan in Azraq gegen Beduinen, die aus der arabischen Wüste nach Nordwesten vorrückten, verteidigt. Die heutige Festungsanlage hat ihren Ursprung in einem diokletianischen Kastell, das am Ende des 3. Jh.s errichtet wurde. Im Jahr 743 wandelte Walid II. dieses Kastell in ein **Omaijadenschloss** um. Seiner Leidenschaft als Jäger konnte Walid II. in diesem seit

Von den Römern erbaut

▶ **Azraq**

Selten und scheu: Oryxantilopen

Jahrtausenden von Wildtieren wie Antilopen, Löwen, Gazellen und Wildeseln bevölkerten Sumpfgebiet ausgiebig frönen. Die Aijubiden nutzten 500 Jahre später Qasr al-Azraq **im Kampf gegen die Kreuzritter**. Damals hatte Azraq strategische Bedeutung zur Sicherung der Grenzen. So wurden im 13. Jh. einige Gebäude des Wüstenschlosses wieder aufgebaut, darunter auch die Moschee. An diese Baumaßnahmen erinnert eine arabische Inschrift über dem Haupteingang aus dem Jahr 1237. Durch eine mächtige mittelalterliche Basalttür, die sich trotz ihres Gewichtes von drei Tonnen noch immer fast geräuschlos in den Angeln dreht, betritt der Besucher die aus schwarzem Basaltgestein erbaute **Festungsanlage**. Lawrence von Arabien schrieb in seinen Erinnerungen über diesen Zugang, dass jeden Abend eine Schildwache seiner Beduinen dieses Tor abgeschlossen habe.

Der fast quadratische Grundriss bezeugt noch deutlich die Herkunft aus einem römischen Kastell. Starke Mauern und rechteckige Türme umgeben das Schloss. Allerdings hat das Erdbeben 1927 vieles von dem zerstört, was 1917/1918 noch erhalten war, als Lawrence hier überwinterte. Nur stellenweise sind von der Bebauung Reste eines zweiten Stockwerkes erhalten. Der Turm in der Mitte der Westmauer, am heutigen Eingangsbereich, gilt als Kommandoturm. An der Nordseite befinden sich überwölbte Ställe und Steinkrippen für das Vieh. Im Hof steht die von den Omaijaden errichtete dreischiffige Moschee, die Lawrence für seine Truppen wieder herrichten ließ. Daneben führen Treppen zu einer Zisterne hinunter.

Umgebung von Azraq

Shaumari Wildlife Reserve

14 km südlich von Azraq, an der Hauptstraße nach Saudi-Arabien, erstreckt sich das 1975 von der Royal Society for the Conservation of Nature (RSCN) eröffnete Shaumari Wildlife Reserve mit einer so reichen Fauna, wie sie einst rund um die ganze Oase Azraq existierte. In der nur 22 km² großen, eingezäunten Steppen- und Wüstenfläche werden in Jordanien bereits ausgestorbene oder bedrohte Arten wie Gazellen, Strauße, Steinböcke und Wildesel nachgezüchtet. Außerdem sind hier seit 1975 wieder weiße Oryxantilopen heimisch, die nach 1920 in Jordanien nicht mehr gesichtet wurden. Vor allem die Oryx-Rettungsaktion hat das Reservat bekannt gemacht. Heute kann

man wieder eine Herde dieser Tiere in (nahezu) freier Wildbahn beobachten. Ein kleines Museum und ein Visitorcenter befinden sich ebenfalls auf dem Gelände. Auf Anfrage werden von den Parkrangern Oryx-Safaritouren veranstaltet (Auskunft über RSCN, Tel. 06/461 65 23).

★★ Qusair Amra (Qasr Amra)

Qusair Amra liegt ca. 20 km von Azraq entfernt. Ringsum dehnt sich die Wüstensteppe aus, kein Dorf, kein Baum, nur eine schnurgerade Straße, auf der die Lkws in den Irak donnern. Ein großes Schild verweist stolz darauf, dass Amra auf der Liste des **UNESCO-Weltkulturerbes** steht. Ein Wärter bewacht das Bauwerk. Im Vergleich mit anderen Wüstenpalästen ist diese Anlage eher bescheiden und wird deshalb auch als *qusair*, zu deutsch »Schlösschen«, bezeichnet. Erbaut wurde Amra im frühen 8. Jh. n. Chr. und besteht aus mehreren Komplexen (siehe dazu die umseitige 3-D-Darstellung).

Verlassenes Kleinod

Auch Amra soll neuesten Forschungen zufolge Teil der omaijadischen Regierungspolitik gewesen sein: Die islamischen Herrscher, so die These, wollten demnach gezielt die Wüstenrandbereiche urbar machen. Darauf deuten die z.T. kilometerlangen Kanäle und die Wasserbecken im Umkreis dieser »Schlösser« (besser: Landsitze) und ihrer umgebenden Bauten hin. Ähnlich wie die Kaiser im Mittelalter von Pfalz zu Pfalz wanderten, scheinen auch die Kalifen ihren Hof von einem Ort zum anderen verlegt haben, um so den Kontakt zu den Beduinenstämmen zu halten – und um ihre Macht zu demonstrieren. Die prachtvolle Ausstattung wie in Amra oder auch der protzige Charakter eines Al-Karana (▶ S. 175) passen gut in dieses Bild. Bei ihren Aufenthalten dürften die Herren im Luxus geschwelgt haben. Zumindest vermitteln die Fresken in der Audienzhalle und der Badeanlage diesen Eindruck.

Wozu ein Schloss in der Wüste?

Die Faszination, die von Qusair Amra ausgeht, beruht zu einem großen Teil auf den Fresken, die den Audienzsaal zieren, und die innerhalb der Gruppe der Wüstenschlösser der Omaijaden völlig singulär sind. Da der Raum nur wenig Tageslicht erhält, bedarf es etwas Geduld, bis man die im Halbdunkel liegenden, in braunen, ockerfarbenen und blauen Farbtönen gehaltenen Malereien überhaupt deutlich zu erkennen vermag. An der Wand rechts vom Eingang dominiert die großflächige Wiedergabe der »Großen Badenden« mit Diadem und Halskette, die als das Hauptfresko von Amra gilt. Leider ziemlich schlecht erhalten ist das berühmte Fresko der sechs Herrscher, das sich an die Badeszene anschließt. Vier davon konnten durch die darunterstehenden Inschriften identifiziert werden: der byzantinische Kaiser Caesar, Roderich, Westgotenkönig in Spanien, Sassanidenherrscher Kisra und Negus, der König von Äthiopien. In der Nische, die dem Eingang gegenüber liegt, hat sich der Bauherr von Qusair Amra,

Audienzsaal

Kalif Walid II., als thronender Herrscher abbilden lassen. Weiter zeigen die Fresken Jagdszenen, junge Männer bei gymnastischen Übungen, im östlichen Gewölbe auch Handwerker bei der Arbeit.

Bad Die Ausmalung des Bades hatte vermutlich ein anderer Künstler vorgenommen. Dafür sprechen stilistische Unterschiede und die Tatsache, dass die Wandbilder ein größeres Wissen um die antike Mythologie voraussetzen. So erkennt man im Auskleideraum, dem ersten Raum nach der Audienzhalle, einen Cupido sowie Dionysos, der sich über die schlafende Ariadne beugt. Besonders eindrucksvoll ist die Gestaltung der **Kuppel** im Caldarium. Das Gemälde zeigt die erste sphärische Darstellung des nördlichen Sternenhimmels mit den Tierkreiszeichen und einem Kranz figürlich gestalteter Gestirne. Alles erscheint seitenverkehrt, denn der Betrachter steht im Inneren eines Himmelglobus, während er die Sterne auf der Außenseite dieser Himmelskugel sieht.

Das Rätsel der Fresken Lange Zeit zweifelten die Jordanienforscher daran, ob es sich bei diesem Wüstenschloss überhaupt um ein islamisches Bauwerk handelt, lehnen sich doch die Fresken an Bildmotive der Antike an und zeigen Menschen und Tiere. Denn der Islam verbietet das Abbilden des Menschen und weicht statt dessen auf geometrische Muster und Schriftbänder aus. Erst recht nicht vereinbar mit den islamischen Glaubensvorstellungen ist die Darstellung von unbekleideten Frauen, wie im Hauptfresko der »großen Nacktbadenden«. Die jüngere Forschung erklärt den Widerspruch folgendermaßen: Ursprünglich gab es im Koran selbst kein ausdrückliches Bilderverbot. Dies wurde erst hineingelesen, als die Muslime im Zuge der Festigung ihrer Identität damit begannen, sich von den Bedeutungsgehalten der römisch-byzantinischen Motive zu distanzieren. Dieser Prozess hatte unter den Omaijaden noch nicht eingesetzt, sondern kam erst ab etwa 750 n. Chr. in Gang. Die Omaijaden, bekannt und berüchtigt für ihren »unorthodoxen« Lebensstil, bedienten sich noch unbekümmert der Bilder und Motive, die ihnen ihre Vorgänger hinterlassen hatten.

Impulse aus Madaba? Mit Blick auf die Fresken in Qusair Amra vermuten manche Historiker, es habe sich bei den ausführenden Künstlern möglicherweise um Mitglieder der byzantinischen Mosaikenschule von Madaba gehandelt. Gestützt wird diese These durch die an Mosaiken erinnernde Malweise der Röcke der Tänzerinnen in den Bögen der Audienzhalle sowie durch die Weinranken nach Art der Madaba-Schule in den angrenzenden »Schlafzimmern«. Des Weiteren zeugt die Verwendung bestimmter Motive – Dionysos und die schlafende Ariadne oder Dionysos mit den Nymphen – von genauen Kenntnissen der antiken Mythologie. Auch die »Gymnastikszene« in der Audienzhalle und die astronomische Kuppelmalerei im Caldarium stehen in antiker Tradition.

✱ Qasr al-Kharana

Unweit der Straße Richtung Amman, ca. 36 km von Azraq, liegt Qasr al-Kharana. Wie ein kompakter Block steht das kastellartige Bauwerk inmitten der unendlichen Wüstenlandschaft. Es ist fast vollständig erhalten und nimmt deshalb unter den jordanischen Wüstenschlössern einen der ersten Plätze ein. Das Gelände ist eingezäunt, im Beduinenzelt am Tor kann man sich öffnen lassen, später ausruhen, Souvenirs kaufen, ein Tässchen Kaffee trinken und sich zeigen lassen, wie Beduinen Kaffeebohnen mahlen. Wer Zeit hat, sollte, vor allem im Frühling, einige Schritte ins Gelände gehen. Dort stößt man teils völlig unvermutet auf die bizarrsten Blumen (s. umseitiges Bild).

Kultur und Kaffee

Über die Funktion der auf quadratischem Grundriss errichteten Burg herrscht Uneinigkeit. Die örtlichen Führer sehen in al-Kharana der großen Stallungen im Erdgeschoss wegen eine Karawanserei. Doch gab es nur eine Zisterne und keine für diese Zwecke an und für sich notwendige Quelle. Bedenkt man jedoch, welche immensen Werte eine einzige Karawane mit sich führte, scheint es nicht abwegig, zu ihrem Schutz solche burgartigen Herbergen zu errichten. Neueste Forschungen (siehe auch Qusair Amra, S. 171) deuten das Fort hingegen als Wüstenschloss der Omaijaden aus der Zeit Ende 7. Jh. Dass

Kastell oder Karawanserei?

Fremdartig ragt Qasr a-Kharana in der monotonen Wüstenlandschaft auf.

▶ Azraq

Wüstenblume Sommerwurz

die Burg spätestens um 700 n. Chr. bis zum 2. Stock fertiggestellt war, belegt eine kufische Inschrift, nach der sich hier am 24. November 710 ein Besucher aufgehalten hat. Der sehr wehrhafte und abweisende Charakter der zweigeschossigen Anlage ist auf die schmucklosen Außenmauern, die runden Ecktürme und das Fehlen von Fensteröffnungen zurückzuführen. Das Gebäude wurde aus unregelmäßig großen Bruchsteinen errichtet und war ursprünglich verputzt. Im oberen Teil, sechs Meter über dem Erdboden, befinden sich schlitzartige Maueröffnungen, die wohl kaum als Schießscharten, sondern vermutlich zur Belüftung dienten. Noch heute genießt man eine wunderbare Kühle innerhalb der Mauern. Der einzige Schmuck der Anlage ist das im oberen Teil der Fassade unter den Maueröffnungen umlaufende Zickzackband.

Zwei Stockwerke Tritt man durch den Eingang, steht man zunächst in einer Vorhalle, von der aus rechts und links Räume abgehen, die vermutlich als Lager oder Ställe dienten. Von der Halle tritt man in den offenen Hof. Dort wurden bei Ausgrabungen eine Zisterne und Reste eines Abwasserkanals entdeckt. Im Westen und Osten führen flache Treppen, die auch von Lasttieren benutzt werden konnten, ins 2. Stockwerk und aufs Dach hinauf, von dem aus man heute in die flirrende Wüste spähen kann. Einige der insgesamt 61 Räume der Anlage sind mit Schmuckmedaillons, Blendnischen und Profilleisten ausgestattet.

Schönheit im Inneren In mancher Hinsicht nimmt al-Kharana die Entwicklung der späteren islamischen Palastarchitektur vorweg. Von außen schlicht, ja beinahe abweisend gestaltet, sind Schmuck und Schönheit ganz auf die Innenräume konzentriert. Das Obergeschoss folgt dem sog. Beit-Typus, bei dem sich fünf bis sechs Räume um einen Hauptraum gruppieren. Profilleisten, Blendnischen, Halbkuppeln und Kreuzgurtgewölbe sind so geformt, dass rechte Winkel und scharfe Kanten zugunsten weicher, fließender Formen und Rundungen vermieden werden – ein typisches Merkmal der islamischen Architektur bis heute. Die Kuppel, die in Kharana die Haupträume krönte, ist aus der parthisch-sassanidischen Palastarchitektur bekannt und gilt als Sinnbild für den Baldachin, unter dem der Herrscher schreitet. In einer weiteren Stufe bildet sie den Himmel ab, der sich über dem Herrscher wölbt.

Jawa

Jawa liegt ca. 60 km nordöstlich von Azraq nahe der syrischen Grenze. Man fährt nach El Safawi und dann ca. 15 km nach Norden. Die am Rande der Basaltwüste gelegene Ausgrabungsstätte ist nur über Pisten zu erreichen, der Weg dorthin ist nicht ausgewiesen. Deshalb und wegen der nahen syrischen Grenze sollte man sich einem ortskundigen Führer anvertrauen.

Schwierige Anfahrt

Die Ruinenstadt aus dem 4. Jahrtausend v. Chr. ist die älteste und zugleich eine der am besten erhaltenen archäologischen Stätten Jordaniens aus dieser Zeit. In den 1970er-Jahren wurde Jawa von dem Archäologen Svend Helms ausgegraben und erforscht, nachdem man bereits 1931 die Ruinenstadt auf einem Luftbild entdeckt hatte. Die um 3700 v. Chr., im sog. Chalkolithikum, gegründete Stadt liegt auf einem Hügel zwischen den beiden Armen eines zeitweise wasserführenden Wadis. Man unterscheidet eine Ober- und eine Unterstadt, die beide etwa zur gleichen Zeit angelegt wurden. Zwei später errichtete Mauerzüge mit mehreren Torbauten schützten die Bewohner gegen Angreifer. Der Bau dieser doppelten Schutzmauer, die auf Bedrohungen durch Nomaden schließen lässt, fällt zusammen mit der Blütezeit von Jawa zwischen 3350 und 3050 v. Chr. Damals lebten hier zwischen 3000 und 5000 Menschen. Während dieser Zeit entstanden zahlreiche Gebäude und auch die bereits bestehenden Befestigungsanlagen wurden überbaut.

Stadt aus der Kupferzeit

Die bisherigen Grabungsergebnisse lassen noch viele Fragen offen. Warum ließen sich die vermutlich aus Mesopotamien kommenden Siedler in der zivilisationsfeindlichen Basaltwüste nieder, während Luftlinie nur 50 km südlich die damals fruchtbare und wasserreiche Niederung von Azraq lag? Immerhin müssen die Bewohner von Jawa über gute wassertechnische Kenntnisse verfügt haben, um die winterlichen Niederschläge im Oberlauf des Wadi Rajil und die seiner Zuflüsse zu stauen und unter anderem in Höhlen zu speichern.
Ungeklärt ist auch, warum um 3000 v. Chr. die Bewohner ihre Siedlung aufgaben und – so wird vermutet – nach Westen weiterzogen. Erst 1000 Jahre nach ihrem Abzug wurde der Stadthügel erneut besiedelt und eine Zidadelle errichtet, in der die Archäologen eine Karawanenstation erkannten.

Rätselhafte Kultur

In der Umgebung der Straße nach Bagdad wurden zahlreiche in den Felsen geritzte Inschriften aus der Zeit zwischen dem 1. und 7. Jh. entdeckt. Sie sind in einer damals gebräuchlichen altarabischen Schrift verfasst, die man als safaitisch bezeichnet. Ab dem 7. Jh. war diese Schrift nicht mehr in Gebrauch. Die safaitischen Inschriften in der Wüste Jordaniens stammen vermutlich von Kamel- und Ziegenhirten und bestehen meist nur aus dem Namen des Schreibers, seiner Familie, kurzen Gebeten oder seinen Wünschen.

Safaitische Inschriften

★★ Bethanien

D 4

Provinz: Tafila

In Al-Maghtas liegt die derzeit prominenteste Ausgrabungsstätte des Landes. Archäologen gehen davon aus, dass es sich um das biblische Bethanien handelt. Dort wurde laut Bibel Jesus von Johannes dem Täufer getauft.

Aus der Bibel

Bethanien liegt etwa 10 km nördlich des Toten Meeres, im Wadi al-Kharrar am Ostufer des Jordan. In mehreren neutestamentarischen Textstellen ist von einer Taufstelle am Ostufer des Jordans die Rede. So etwa in Johannes 10,40, wo es nach der Flucht Jesu aus Jerusalem heißt: »Dann ging er wieder fort auf die andere Seite des Jordans an den Ort, wo Johannes zuvor getauft hatte, und blieb dort.« In Bethanien wird jedoch nicht nur die Taufstelle von Johannes dem Täufer vermutet, sondern auch der Ort, an dem der Prophet Elias entrückt wurde (2. Könige 2,7-12).

Sehenswertes in Bethanien

Die Funde der Archäologen

Die frühchristliche Überlieferung wie auch die Karte von ▶Madaba legen nahe, dass sich die Taufstelle Bethanien ca. 7 km nördlich von der Mündung des Jordans befand. Doch bis zum offiziellen Friedensschluss zwischen Israel und Jordanien 1994 war das Gebiet militärischer Sperrbezirk. Erst seit 1997 können Archäologen hier graben und ihre Ergebnisse scheinen die Bibel zu bestätigen. Freigelegt wurden die Grundmauern von Kirchen, Klöstern und Pilgerunterkünften, drei in Stein gefassten, schwimmbadgroßen Becken, die wohl der Taufe vieler Menschen gleichzeitig dienten, auch Wasserleitungen und mehrere Mosaikböden kamen ans Licht.

Ort der Pilger

Bereits in byzantinischer Zeit war der Ort eine vielbesuchte Pilgerstätte, und man arbeitet darauf hin, dass dies auch in Zukunft wieder so sein wird. Seit dem Besuch von Papst Johannes Paul II. im März 2000 ist die Ausgrabungsstätte zur Besichtigung geöffnet. Am Eingang befinden sich ein Restaurant, ein Souvenirshop und das Besucherzentrum. Dort erhält man eine Broschüre, die über Wege und Ausgrabungsstätten informiert, zu denen man mit dem Auto oder mit dem Minibus-Fahrdienst gelangen kann (Öffnungszeiten: tgl. 8.00 bis 18.00 Uhr).

BETHANIEN

AUSKUNFT

Besucherzentrum
Tel. (05) 359 03 60
Unter www.elmaghtas.com
Informationen über Geschichte und aktuelle Ausgrabungsergebnisse

Wenn die Bibel Recht hat, dann ist einst Jesus diese Stufen hinunter gestiegen, um von Johannes dem Täufer getauft zu werden.

Elias-Hügel

Die meisten Denkmäler befinden sich auf einem Hügel, der seit Jahrhunderten unter dem Namen Elias-Hügel bekannt ist: Ruinen einer Kirche aus dem 3. Jh. – und damit eine der ältesten christlichen Kirchen überhaupt – sowie ein Becken auf der Südseite des Hügels, das von Quellen gespeist wird und wo angeblich Johannes der Täufer wirkte. Ebenfalls hier stehen die Reste zweier byzantinischer Kirchen und eines griechisch-orthodoxen Klosters aus dem 5./6. Jh. Hier wurde ein sehr schöner Mosaikfußboden mit Inschriften freigelegt, die Abt Rhotoris als Erbauer des Klosters ausweisen.

Zum Jordan

Auf einem komfortablen Weg mit Bänkchen und Trinkwasserstellen kann man bis zum Jordan laufen (ab Parkplatz Minibus ca. 30 min.). Das sollte man unbedingt tun, denn Möglichkeiten, anderswo einen Blick auf den berühmten Fluss zu werfen, sind fast nicht vorhanden, da die Uferzonen militärisches Sperrgebiet sind. Allerdings sollte man nicht zu viel erwarten: Der Jordan, der zu Zeiten Jesu 300 m breit gewesen sein soll, ist wegen der hohen Wasserentnahmen zu einem schmalen Rinnsal geworden. Unterwegs passiert man die Stelle, wo Jesus selbst die Taufe empfangen haben soll und an der ein Kloster mit Johannes-Kirche errichtet wurde. Ganz am Ende des Weges steht eine nagelneue Kirche. Hier soll nun wieder eine Taufstelle entstehen. Auf der anderen Seite des Flusses haben die Israelis dem bereits vorgegriffen und ihrerseits ein modernes Taufzentrum errichtet.

✱ Dana

D 6

Provinz: Tafila

Beim Stichwort Dana geraten Jordanienkenner ins Schwärmen: Hier ein paar Tage zu verbringen lohnt vor allem für Wanderlustige. Das Gebiet liegt in einer schwer zugänglichen, stark zerklüfteten Felsregion um die Shara-Bergkette und gilt als Jordaniens Flaggschiff im Hinblick auf sanften Tourismus.

Ort Dana Das kleine, in jüngster Zeit wieder aufgebaute Dorf liegt etwa 25 km nördlich von Shawbak an der Königsstraße am Eingang eines fruchtbaren Tals, das sich in Richtung Westen zum Wadi al-Araba hin absenkt. Dana ist eine hübsche alte Siedlung mit den typisch ländlichen Wohnhäusern aus Bruchsteinen und Lehm, gesegnet mit einer besonders schönen **Aussicht** auf das Wadi al-Araba.

Sehenswertes in Dana und Umgebung

Dana Reserve Die Royal Society for the Conservation of Nature (RSCN) errichtete um Dana ein 300 km² großes Naturschutzreservat, das von dem Gebirge um den 1614 m hohen Jabal al-Ataitah bis zu dem auf Meeres-

Dana: Das winzige Bergnest ist Ausgangspunkt für Wandertouren.

DANA ERLEBEN

AUSKUNFT

Besucherzentrum des RSCN
Neben dem Dana Guesthouse
Tel. (03) 227 04 98, Fax 227 04 99 oder
Büro der Naturschutzbehörde RSCN
in Amman, Tel. (06) 461 65 23
www.rscn.org.jo
Das Besucherzentrum informiert über das Schutzgebiet, organisiert Führer für die Wandertouren und nimmt Reservierungen für Übernachtungen entgegen. Der angeschlossene Shop vertreibt die Produkte der einheimischen Beduinenfrauen.

ANREISE

nach Dana
King's Highway bis zur Abzweigung bei Qadisiya südlich von Rashadia (Fahrtzeit von Amman ca. 2 Std.)

nach Feynan
von Dana nur zu Fuß zu erreichen, sonst über den Dead Sea Highway/Greigra, von dort Shuttlebus (Fahrtzeit von Amman ca. 3,5 Std.)

ÜBERNACHTEN

▶ **Komfortabel**

Dana Guesthouse des RSCN
Reservierung unbedingt erforderlich!
Tel. (06) 461 65 23
Nur mit Naturmaterialien eingerichtet, sehr ansprechendes Ambiente und die schönste Aussicht, die man sich vorstellen kann. Nachteil: nur wenige Zimmer mit eigenem Bad.

Feynan Eco-Lodge
Anfahrt s. Anreise, Reservierung und Abholservice Tel. (06) 461 65 23
Ein einzigartiger Platz mitten in einer beeindruckenden Wüstenlandschaft. Keine Straßen, Strom aus der Solaranlage, Kerzenbeleuchtung bei Nacht, 26 Zimmer, sehr ästhetisch-einfache Einrichtung: Die 2005 eröffnete Eco-Lodge dürfte den Geschmack vieler Besucher treffen. Lebensmittel stammen von den Bauern der Umgebung.

Feynan Eco Lodge

▶ **Günstig**

Dana Tower Hotel
Tel. (079) 568 88 53
Fax (03) 227 02 37
Einfach, aber dennoch ansprechend. Besitzer Nabil Nwafleh sorgt für familiäres Ambiente.

Rummana Camp
Wer sich für die Tier- und Naturbeobachtung Zeit lassen möchte, kann im Dana-Reservat übernachten. Zelte, Kissen, Decken und Lampen werden von der Parkverwaltung gestellt. Bad, Küche, Grillplatz sowie Trinkwasser sind vorhanden. Geöffnet 15. März bis 15. November.

! *Baedeker* TIPP

Wandern in Dana

Wenn Sie das Wandern schätzen, ist Dana der richtige Ort. Die markierten Strecken sind zwischen 1,5 und 4,5 Std. lang, werden aber i.d.R. nur mit Führer beschritten. Von Dana bis ins Wadi Araba zur Feynan Eco-Lodge sind es 18 km. Unbedingt an Trinkwasser denken!

höhe liegenden Wadi al-Araba reicht und auf diesem markanten Gefälle vom Gebirge in die Sandwüste gleich drei Klimastufen durchläuft – und derzeit Jordaniens ganzer Stolz in Sachen Naturschutz und Ökotourismus ist. Hier bemüht man sich, in einer natürlichen Umgebung ein Rückzugsgebiet für Steinböcke, Berggazellen, Dachse, Wölfe und Schakale zu schaffen. Das Engagement der RSCN trägt offenkundig Früchte, denn neueren Gutachten zufolge wurden rund 600 Pflanzen-, 200 Reptilien- und Säugetierarten und mehr als 150 Vogeltierarten auf dem Gebiet des Reservats gezählt. Etwa 45 dieser Tierarten sind weltweit vom Rückgang oder gar Aussterben bedroht. Zu den interessantesten Tieren, die hier ihren neuen Lebensraum gefunden haben, gehören der Blandford-Fuchs, der bisher in Jordanien unbekannt war, und der Karakal, eine luchsähnliche Katze. Auch seltene Vögel sind im Dana-Reservat anzutreffen, so beispielsweise die prächtigen Verreux-Adler, die normalerweise nur in Afrika vorkommen, oder der syrische Serrin, eine Finkenart, die im Nahen Osten heimisch ist. Man vermutet sogar, dass mehr als 90 % der Serrine in Dana ihre Brutplätze haben.

▶ *Refugium für bedrohte Arten*

Mehrere Wanderwege erschließen das Naturschutzgebiet. Geführte Wanderung werden im Besucherzentrum gebucht. Es gibt Touren zur Vogelbeobachtung, Führungen zu den Heilkräutern der Gegend und zu den Kupferminen von Feynan (s.u.).

Das Dana-Projekt

Ein bemerkenswerter Ort ist Dana auch, weil hier von Anfang an die Bewohner des Dorfes in das Naturschutz-Projekt eingebunden wurden. So konnten die zunächst sehr skeptischen Beduinen davon überzeugt werden, dass es besser ist, die Ziegen nicht mehr die empfindliche Vegetation abweiden zu lassen, sondern die Ziegenzucht aufgeben und stattdessen als Ranger und Campmitarbeiter Gäste aus aller Welt zu betreuen. Die Frauen verdienen Geld mit dem Verkauf selbst gesammelter Heilkräuter, sie stellen Marmelade, Schmuck und Töpferwaren her. Diese Produkte sind auch in Ajlun (Naturschutzzentrum) und in Amman (Wild Jordan Nature Centre) erhältlich.

Wadi Feynan

Wadi Feynan (Wadi al-Fidan), ebenfalls auf dem Gebiet des Reservats, ist seit dem Neolithikum besiedelt. Vielleicht stammt sogar das gut durchdachte Bewässerungsnetz aus dieser Zeit. Berühmt ist der Ort aber wegen seiner **Kupfervorkommen**, die bereits in prähistorischen Zeiten abgebaut wurden. Weil hier nie moderner Bergbau betrieben wurde, hat sich eine Fülle an Relikten aus der Vorgeschichte vollständig erhalten. Über 200 Bergwerke, dazu mehrere Siedlungen und Schlackehalden dokumentieren eine rund 10 000 Jahre währende Bergbautradition, deren Beginn in der frühen Bronzezeit lag. Internationale Forschungsteams arbeiten seit 1980 auf dem Gelände und deckten auch Funde aus der Eisen- und der Römerzeit auf. In Begleitung eines Führers kann man eine der Kupferminen besichtigen; die Wanderung dorthin dauert von Dana aus gut 3 Std.

Kreuzfahrerfestung Shawbak: Markant von oben wie von unten.

Shawbak

Shawbak (Shobak, Shoubak) ist die älteste Kreuzfahrerburg des Ostjordanlandes. Sie liegt südlich von Dana, einige Kilometer westlich der Königsstraße, die durch den gleichnamigen Ort führt. Die imposante Lage kann man ausgiebig bei der Anfahrt studieren, denn die Abzweigung von der Hauptstraße zur Burg führt in weitem Bogen um den exponierten Hügel herum. Ein neues Besucherzentrum wurde auf dem Nachbarhügel errichtet.

Anfahrt

König Balduin I. von Jerusalem ließ die Burg 1115 errichten und gab ihr den Namen Montreal (von mons regalis = Königsburg). Sie wurde ein wichtiges Glied in der Verteidigungslinie zwischen Kerak und Aqaba. Zur Blütezeit lebten auf der Burg und in ihrer direkten Umgebung mehr als 6000 Christen. Von hier aus kontrollierten die Kreuzfahrer zwei wichtige Ost-West-Passagen. Ursprünglich war die Umgebung der Burg, wie durch Chronisten überliefert ist, eine fruchtbare Landschaft mit weitläufigen Getreidefeldern, Weinhängen und zahlreichen Olivenbäumen. Heute kann man sich solch ein Szenario angesichts der kahlen Hänge ringsum kaum mehr vorstellen. Saladin eroberte die Burg nach mehreren vergeblichen Versuchen schließlich im Jahr 1189. Während der eineinhalbjährigen Belage-

Kreuzfahrerburg

rung erblindeten mehrere Verteidiger wegen Salzmangel. Wasser hatten die Belagerten dagegen ausreichend dank einer tiefen Quelle, zu der man 356 Stufen hinabsteigen musste – wer dies heute tun will, muss unbedingt eine Taschenlampe dabei haben! Die aijubidischen Eroberer unter Saladin besserten die Belagerungsschäden aus und errichteten eine unterirdische Palastanlage mit einem Bad. 70 Jahre später verloren sie die Festung an den Mamelucken Baibars. Sowohl sie als auch die späteren Herren über die Burg, zuletzt die Osmanen, haben Umbauten vorgenommen.

Besichtigung Am eindrucksvollsten ist die Burg von Shawbak aus der Ferne. Aus der Nähe betrachtet bleibt nicht verborgen, dass die Anlage in großen Teilen zerstört und nur begrenzt zugänglich ist. Vieles liegt noch in Trümmern, und die Restaurierungsarbeiten dürften noch eine Weile anhalten. Bereits erneuert wurden einige Spitzbogengewölbe der beiden verfallenen Kirchen, auch die Wehrgänge kann man teilweise begehen. Das meiste von dem, was heute zu sehen ist, stammt aus mameluckischer Zeit, auch der gut erhaltene Turm am Burgeingang, der mit mameluckischen Inschriften geschmückt ist. Fünf der insgesamt acht Türme der Burg sollen restauriert werden.

Irbid

D 2

Provinz: Irbid
Einwohnerzahl: 300 000
Höhe: 530 m ü. d. M.

Bedeutende Sehenswürdigkeiten wird man in der drittgrößten Stadt Jordaniens vergeblich suchen. Doch als Standquartier für Fahrten in den Norden, etwa nach Umm Quays oder Pella, ist die moderne Universitätsstadt gut geeignet.

Altes Handelszentrum Irbid liegt im Nordwesten des Landes, rund 100 km nördlich von Amman. Frühbronzezeitliche Reste und Gräber aus der Eisenzeit weisen darauf hin, dass die Hügellandschaft um Irbid, im Alten Testament als Beth Arbel bezeichnet, schon früh besiedelt war. In der römischen Epoche gehörte Arbela zur Dekapolis und galt bis in byzantinische Zeit als wichtiges Handelszentrum. Danach ging seine Bedeutung zurück, und im 19. Jh. hatte Irbid nur noch die Größe eines Dorfes. 700 Menschen lebten hier.

Erst im 20. Jh. wuchs die bescheidene Siedlung zu einer Stadt heran. Irbid wurde das Verwaltungszentrum des nördlichen Transjordanien und war bis 1948 eine wichtige Handelsstation auf dem Weg zum Mittelmeerhafen Haifa (Israel). Seit den 1970er-Jahren ist Irbid Sitz der neu eröffneten **Yarmuk-Universität**. Entsprechend munter geht es hier in den Abendstunden zu, wenn sich die kleinen Restaurants und Cafés im Univiertel mit jungen Leuten füllen.

▶ Irbid ZIELE 185

IRBID ERLEBEN

ESSEN
▶ **Erschwinglich**
Al-Saadi Restaurant
King Hussein St.
(gegenüber Omayyad Hotel)
Tel. (02) 724 24 54
Für den großen Hunger am Abend oder den kleinen am Morgen, denn hier gibt es schon morgens Hummus, Käse und Omelette.

▶ **Preiswert**
News Café
University St.
(nahe des Kreisverkehrs im Univiertel)
Wem eine Pizza genügt, ist hier genau richtig. Nette Atmosphäre, viele junge Leute.

ÜBERNACHTEN
▶ **Komfortabel**
Al-Joude Hotel
University St. (nahe des Kreisverkehrs im Univiertel)
Tel. (02) 727 55 15
Fax 725 55 17
Bestes Haus am Platze, ausgestattet mit allen Annehmlichkeiten eines Viersternehotels. Die Mehrzahl der 50 Zimmer kam erst 2005 hinzu, ist also entsprechend modern.

▶ **Günstig**
Omayyad Hotel
King Hussein St.
Tel. (02) 724 59 55
Wenn man keine allzu hohen Ansprüche an Modernität und Stille stellt, kann man hier günstig übernachten. Das angeschlossene Restaurant ist annehmbar.

AUSFLÜGE
nach Umm Quays
Abfahrt Busstation im Norden; Fahrtdauer mit dem Minibus ca. 45 min.

nach Pella
Abfahrt Busstation Süd (Mujamma al-Gharb al-Jadid).
Mit dem Minibus ca. 45 min. Fahrtdauer.

Nach einer Touristeninformation wird man sich vergeblich umsehen, doch wer eine Bank oder ein Internetcafé sucht, ist in Irbid richtig. Auch Royal Jordanian Airlines hat hier eine Geschäftsstelle (King Hussein St., diese wird übrigens auch Bagdad St. genannt).

Sehenswertes in Irbid und Umgebung

Historische Bauwerke gibt es mit Ausnahme einiger osmanischer Bauten kaum. Wegen seiner hervorragenden didaktischen Aufbereitung ist allerdings das Museum of Jordanian Heritage in Irbid unbedingt einen Besuch wert. Es befindet sich – leider etwas versteckt – auf dem Universitätsgelände im Institut für Archäologie und Anthropologie. Gezeigt werden zahlreiche archäologische Funde aus der Umgebung von Irbid (Öffnungszeiten: tgl. außer Fr. und Sa. 10.00 bis 17.00 Uhr).

★ **Museum**

Capitolias Wenige Kilometer nördlich von Irbid liegen westlich der Hauptstraße in dem Dorf Beit Ras die Reste der antiken Handelsstadt Capitolias. Mehrere Tonnengewölbe, die zu einem byzantinischen Suk gehörten, wurden freigelegt. Auffallend sind Mauerblöcke und Kapitelle aus der Antike, die in die moderne Bebauung einbezogen wurden. Ein unterirdisches, spätantikes Grab, das bei der modernen Schule liegt, kann nur nach Anmeldung im archäologischen Museum von Irbid besichtigt werden (Tel. 02/ 727 58 17).

Abila Etwa 20 km nördlich von Irbid erreicht man in einer einsamen Umgebung das Ruinenfeld von Abila (Queilbeh), auf dem schon in der frühen Bronzezeit vor etwa 5000 Jahren Menschen gesiedelt haben. Die antike Stadt wurde in seleukidischer Zeit gegründet, darauf verweisen Münzen, auf denen sie den Beinamen Seleukia trägt. Unter Pompeijus stieg sie im Jahre 63 v. Chr. in den Rang einer römischen Dekapolisstadt auf. Nach der Niederlage der Byzantiner gegen ein islamisches Heer in der Schlacht am Yarmuk (636) setzte der Niedergang von Abila ein. Seit den 1980er-Jahren haben Ausgrabungen amerikanischer Archäologen vieles vom antiken Abila zum Vorschein gebracht (Bild. S. 118/119). Freigelegt wurden bislang das Fundament einer dreischiffigen, byzantinischen Basilika aus dem 7. Jh. – in dieser Zeit war Abila Bischofssitz –, eine weitere Basilika aus dem 6. Jh., deren Säulen wieder aufgestellt wurden, sowie die Reste römischer Wohnbauten und eines Theaters. Wer die Grabungsstätte besuchen will, sollte dies mit der Leitung des archäologischen Museums in Irbid abstimmen (Tel. s.o.).

★★ Jerash (Jarash)

D 3

Provinz: Jerash **Einwohnerzahl:** 25 000

Als »die Stadt, die alle Schönheiten in sich vereinigt« rühmte Kaiser Hadrian dereinst die römische Provinzstadt Gerasa. Geblieben von dieser Perle der Architektur und Kunst ist ein riesiges Ruinenfeld. Viele Tempel und Kirchen, Theater und Torbogen sind gut erhalten und bilden den Magnet für Publikum aus der ganzen Welt.

»Pompeji des Ostens« Rund 40 km nördlich von Amman liegt am Fluss Jerash die gleichnamige Stadt. Der Besuch der einstigen römischen Provinzstadt, die gerne als das »Pompeji des Ostens« bezeichnet wird, ist einer der Höhepunkte einer Jordanienreise, denn das Ausgrabungsgelände ist nach Petra das wichtigste baugeschichtliche Denkmal des Landes.

Aufstieg und Fall einer Metropole In der grünen Hügellandschaft um Jerash, dem biblischen Gilead, haben sich bereits im 6. Jahrtausend v. Chr. Menschen niedergelassen. Bronze- und eisenzeitliche Siedlungsspuren sind ebenfalls vor-

Blick auf einen Teil der Ruinen von Gerasa: Links oben das Hippodrom, von wo aus die Straße auf das Südtor zuläuft, unten das Ovale Forum. In der Bildmitte der Zeustempel und rechts oben das Südtheater.

handen. Aus dieser Epoche stammt auch der Name **Gerasa**. Der hellenistische Name Antiochia Chrysorhoas, **»Antiochia am goldenen Bach«**, spielt auf die Lage der Siedlung am Flüsschen Jerash an. Wann und durch wen schließlich die antike Stadt Gerasa gegründet wurde, ist bis heute ungeklärt. Zu den frühen Besitzern gehörten die Seleukiden und der Hasmonäerfürst Alexander Jannai, aber auch nabatäischer Einfluss ist sichtbar. Seinerzeit war die Stadt ein wichtiger Stützpunkt auf der Weihrauchstraße nach Damaskus.

Als Pompejus 63 v. Chr. Gerasa wie auch andere Städte der Region in die neu errichtete Provinz Syrien einbezog, setzte der wirtschaftliche Aufstieg ein. Seine **Blütezeit** erlebte Gerasa nach dem Besuch von Kaiser Hadrian im Winter 129/130. Bis ins 3. Jh. hinein wurden neue Tempel, mehrere Thermen, das Nymphäum und das Nordtheater gebaut. Kaiser Caracalla gab der Stadt zu Beginn des 3. Jh.s den Status einer Colonia. Sie hieß jetzt Colonia Aurelia Antoniniana.

Mit dem **Christentum**, das in Gerasa schon Mitte des 4. Jh.s Anhänger fand, wurde die Bautätigkeit neu belebt. Vor allem unter Kaiser Justinian entstanden mehr als ein Dutzend Kirchen. Auch nach der islamischen Eroberung im Jahre 636 blieb Gerasa ein Handelsplatz.

JERASH ERLEBEN

AUSKUNFT
Besucherzentrum
Südtor
Tel. (06) 635 12 72

ANREISE
Von Amman (Abali Terminal) fahren mehrfach täglich Busse, Minibusse und Service-Taxis nach Jerash. Im privaten Taxi bezahlt man zwischen 7 und 10 JD.
Von Jerash gibt es auch Verbindungen nach Irbid und Ajlun. Nach 17.00 Uhr fahren u.U. keine Busse mehr nach Amman.

ESSEN
▶ **Preiswert**
Jerash Resthouse
Innerhalb des Ruinengeländes am Südtor
Weil in Gerasa immer viel los ist, ist auch hier an ein ruhiges Mittagessen nicht zu denken. Wer aber keine Zeit verlieren mag, isst hier durchaus annehmbar.

Green Valley Resthouse
1 km außerhalb von Jerash an der Straße nach Amman
Tel. (02) 6 35 02 99
Resthouse mit jordanischen Spezialitäten

Baedeker-Empfehlung

Lebanese House (Bild links)
Ajloun Road (etwa 500 m südlich der antiken Stadt, abseits der Straße nach Ajlun)
Tel. (04) 45 13 01
Nach einem langen Tag in den staubigen Ruinen von Gerasa kann man sich in diesem schattigen Gartenrestaurant wunderbar regenerieren. Im Vorhof plätschert ein Brünnlein, weitläufige Olivenhaine umgeben das Areal. Die auf libanesische Gerichte spezialisierte Küche ist landauf, landab ein Begriff. Hier speist mitunter auch jordanische Prominenz, obwohl das Lebanese House keineswegs ein Nobelrestaurant ist.

ÜBERNACHTEN
▶ **Komfortabel**
Olive Branch Hotel
7 km von Jerash Richtung Ajlun
Tel. (02) 634 05 55, Fax 634 05 57
30 Z., www.olivebranch.com.jo
Schöne Lage, saubere Zimmer, teilweise mit Balkon. Außerdem bietet das Hotel auch einen Zeltplatz mit Zeltverleih und ein Schwimmbad.

VERANSTALTUNGEN
Jerash Festival
Jedes Jahr zwischen Juli und September kommt Leben in die antiken Ruinen. Auf dem Programm des zweiwöchigen Jerash Festivals stehen Konzerte, Theateraufführungen, Lesungen, Zirkus- und Folkloredarbietungen und die antike Hauptstraße von Jerash verwandelt sich in einen Kunsthandwerkermarkt. Termin und Infos unter www.jerashfestival.com.jo oder über das Festivalbüro, Tel. (06) 460 33 60.

In omaijadischer und abbasidischer Zeit entwickelte sich die Stadt zu einem **Keramikzentrum**. Davon zeugen noch heute zahlreiche Brennöfen aus dieser Zeit. Das **schwere Erdbeben** von 747 setzte schließlich der Entwicklung von Gerasa ein Ende. Immer mehr Bewohner verließen die Stadt, die langsam verfiel.

Bereits um 1800 entdeckten **Archäologen** die verlassene Stätte. Ende der 1870er-Jahre siedelte Abd el-Hamid II. – wie an vielen anderen Orten im heutigen Jordanien – in Jerash Tscherkessen an. Glücklicherweise verwendeten sie für den Hausbau vorwiegend Ruinen aus dem Ostteil der Stadt, wo heute das moderne Jerash steht. So blieben die meisten öffentlichen Gebäude des antiken Gerasa auf der Westseite des Wadi Jerash weitgehend erhalten. Die systematische Erforschung der Stadt, mit der Ende der 1920er-Jahre begonnen wurde, dauert bis heute an, parallel dazu wird an vielen Ecken restauriert.

Viel Arbeit für Restauratoren

Rundgang durch die antike Stadt

Man betritt Gerasa durch das Besucherzentrum. Es liegt beim großen Parkplatz von Amman aus kommend links unterhalb des Hadriansbogens. In den zahlreichen kleinen Shops kann man sich mit Filmen und allerlei Andenken eindecken. Postkarten, Batterien und Filme sowie fotokopierte Grundrisspläne verkaufen geschäftstüchtige Händler auch innerhalb der Ruinen. Die Eintrittskarten vorweisen muss man erst am Südtor. Im dortigen Besucherzentrum erhält man auch Informationen rund um die antike Stadt. Eine Million Menschen besuchen die antike Stadt pro Jahr. Wer es einrichten kann, sollte Gerasa unter der Woche besuchen (Öffnungszeiten: April bis Sept. tgl. 8.00 – 19.00, Okt. – März tgl. 10.00 – 16.00, an Feiertagen ganzjährig nur bis 16.00 Uhr).

Eingang, Öffnungszeiten

> ### ❗ Baedeker TIPP
>
> #### So kämpften die alten Römer
>
> Wundern Sie sich nicht, wenn Ihnen in Gerasa plötzlich Gladiatoren mit freiem Oberkörper und schwer bewaffnete Legionäre begegnen. Regelmäßig werden vor der Kulisse der römischen Ruinen mit viel Säbelrasseln Schaukämpfe und Wagenrennen aufgeführt. Nicht nur Kinder werden an dem farbenprächtigen Spektakel ihre Freude haben. Gespielt wird täglich außer Dienstag um 11.00, Samstag und Sonntag außerdem um 14.00 Uhr. Weiter Infos unter www.jerashchariots.com

Die Anlage der antiken Stadt wird wesentlich von der **Topografie des Tales** bestimmt. Die Hauptverkehrsachse von Gerasa, der sog. Cardo, verläuft in etwa parallel zum Fluss auf dem steil ansteigenden Westufer. Die ebenfalls auf dieser Seite des Flusstals gelegenen öffentlichen Gebäude, Tempel und Kirchen wurden auf künstlich geschaffenen Terrassen angelegt. Das sanfter ansteigende Ostufer blieb den Wohnhäusern vorbehalten, die heute zerstört oder durch die Gebäude des modernen Ortes überbaut sind. Zwei Brücken verbanden die beiden Stadtteile.

Gerasa ist eine Dauerbaustelle: 2006 wurde auch der Hadriansbogen restauriert.

Hadriansbogen ★ Die Besichtigung des antiken Jerash beginnt südlich außerhalb der Stadtmauern, am Triumphbogen des Hadrian, den man vom Besucherzentrum aus kommend zuerst erreicht. Mit einer Breite von 37 m und einer ursprünglichen Höhe von 21 m bietet das Bauwerk ein imposantes Bild. Anlass für den Bau dieses monumentalen Triumphbogens war der Besuch des römischen Kaisers Hadrian im Winter 129/130. Inschriften an der Innenseite des Hadriansbogens und an der Außenseite des Südtores lassen die Vermutung zu, dass zwischen den beiden Bauwerken ein neuer Stadtteil geplant war, der aber nicht zur Ausführung kam.

Hippodrom Ebenfalls noch vor dem Südtor liegt das 260 m lange und 75 m breite Hippodrom. Ausgrabungen in den 1930er-Jahren haben den Nachweis erbracht, dass es sich um eine Arena für Pferderennen handelte. Obwohl die längliche Kampfbahn geschickt in die schmale Talebene platziert war, gab es Probleme mit der extremen Geländeneigung: Die Substruktionen, auf denen die Westseite ruhte, stürzten vermutlich bereits in byzantinischer Zeit ein. Mittlerweile wurde das Hippodrom restauriert und zum Vergnügen der Zuschauer fahren nun wieder römisch gekleidete Wagenlenker mit Karacho durch das Oval. Ein breiter Schotterweg führt von hier aus schnurgerade zum Südtor.

Südtor und Stadtmauer Am Südtor muss man die Eintrittskarten vorweisen, hier befindet sich das alte Besucherzentrum mit allerlei Infos und man kann im Resthouse zu Mittag essen.

Das Südtor ist kleiner als der Hadriansbogen, aber in vielen stilistischen Details diesem Triumphbogen ähnlich. Das spricht dafür, dass die beiden Bauwerke in etwa zur gleichen Zeit entstanden sind, also im 2. Jh. n. Chr., und aufeinander Bezug nahmen.

Die Stadtmauer, die außer dem Südtor noch drei weitere Tore besaß, stammt hauptsächlich aus dem ersten nachchristlichen Jahrhundert. Sie hatte eine Länge von 3,5 km, eine durchschnittliche Breite von 2,5 m und wurde in unregelmäßigen Abständen durch Türme verstärkt. Teile der bereits in römischer Zeit verfallenen Mauer sind heute noch an der Südseite erhalten, zu denen man vom Südtor hinaufsteigen kann.

Hinter dem Südtor liegt in einer Geländesenke das Forum (1. Jh.). Die ungewöhnliche Form eines Ovals ergab sich aus der Notwendigkeit, zwei Achsen zusammenzubringen: die des hellenistischen Zeustempels und die der römischen Hauptstraße (Cardo maximus). Das 90 m x 80 m messende Forum wird von 56 ionischen Säulen eingefasst und ist mit großen Pflastersteinen ausgelegt, zwischen denen Unkraut sprießt – trotz Einsatz der chemischen Keule an allen Ecken und Enden der Ruinenstadt. Welche Funktion das Forum in der Antike hatte, ist unklar. Manche sehen in dem Oval vor allem einen Handelsplatz, andere betrachten es als Opferstätte oder heiligen Platz vor dem Zeus-Tempel. Entsprechend werden die Reste eines Podestes in der Mitte des Platzes entweder als Opferaltar oder nur als Fundament für eine Statue gedeutet.

Ovales Forum

> **? WUSSTEN SIE SCHON …?**
>
> ■ Der Kunst- und Architekturhistoriker Henri Stierlin vermutet, dass europäische Reisende des 16. und 17. Jh.s Skizzen des Ovalen Forums nach Europa mitgenommen haben. Diese könnten Giovanni Lorenzo Bernini zu dem Entwurf des Petersplatzes in Rom inspiriert haben.

Vom Ovalen Forum aus führt eine Kolonnadenstraße schnurgerade bis zum Nordtor. Der Cardo (1./2. Jh. n. Chr.), wie man in römischer Zeit die in Nord-Süd-Richtung verlaufende Hauptstraße nannte, ist 700 m lang und wird von mehr als 250 Säulen gesäumt.

Cardo

Als **Decumanus** bezeichnet man in römischen Städten die in ostwestlicher Richtung ausgerichteten Hauptstraßen. Der südliche Abschnitt des Decumanus von Gerasa ist noch sichtbar: Er war mit Kalksteinblöcken gepflastert, auf denen man heute noch die tiefen Rillen der metallenen Karrenräder erkennen kann. Einen Meter unter dem Straßenpflaster verlief die Kanalisation, die **Cloaca maxima**. Auf beiden Seiten wurde die Straße von Bürgersteigen und dahinterliegenden Ladenräumen begleitet.

Geht man vom Forum aus den Cardo entlang, erreicht man den Macellum, einen ackteckigen, von vier mächtigen korinthischen Säulen umstandenen Hof mit einem Brunnen in der Mitte. Die Archäo-

Macellum

logen sind sich sicher, dass dies ein **Markt** war, auf dem Fisch und Fleisch verkauft wurden und Geldwechsler ihre Stände hatten.

Südtetrapylon Wenige Meter nördlich des Macellum erreicht man **den wichtigsten Verkehrsknotenpunkt** der römischen Stadt, an dem sich Cardo maximus und Decumanus (s.o.) kreuzen. Den Schnittpunkt markiert der sogenannte Südtetrapylon, vier Türme, die von je vier korinthischen Säulen auf hohen Sockeln gebildet werden. Bis ins 7. Jh. war der Platz um den Tetrapylon belebter Mittelpunkt der Stadt. Später entstand an seiner Stelle ein omaijadisches Dorf.

Omaijadenbau Biegt man am Südtetrapylon links in den südlichen Decumanus ein und folgt diesem in Richtung Stadtmauer, so kommt man an einem Gebäudekomplex aus dem 7./8. Jh. vorbei. Er belegt, dass Jerash auch in omaijadischer Zeit besiedelt war. Zu dieser Zeit lebten Christen und Muslime in dieser Stadt gleichberechtigt nebeneinander.

»Kathedrale« Ein paar Schritte weiter den Cardo entlang stand linker Hand ursprünglich ein Dionysius-Tempel aus dem 1./2. Jh. Geblieben sind von ihm das direkt am Cardo gelegene Tor zur Kathedrale und die Propyläen. Der Rest fiel im 4. Jh. dem Bau der sog. »Kathedrale« zum Opfer. Sie ist Teil des sog. Brunnenhof-Komplexes, zu dem auch ein brunnengeschmückter Hof und die Theodorskirche gehören. Obwohl es sich bei der Kathedrale nicht um eine Bischofskirche handelt, hat sich diese Bezeichnung für die dreischiffige Säulenbasilika eingebürgert.

Zwischen Kathedrale und St.-Theodor-Kirche, dem größten sakralen Komplex des byzantinischen Jerash, liegt ein Brunnenhof, in dem sich nach der Überlieferung durch den zypriotischen Bischof Epiphanios ein Weinwunder ereignete. In seinem »Arzneikasten gegen alle Irrlehren« berichtet er, dass sich an jedem Jahrestag der biblischen Hochzeit zu Kana der Brunnen mit Wein füllte. Der besagte Brunnen mit einseitig verziertem Becken steht im gepflasterten Atrium der Kathedrale. An dieses Atrium schließt sich zur Hangseite die Theodorskirche an, die 496 n. Chr. errichtet wurde.

★
Nymphäum Nur wenige Meter weiter nördlich am Cardo maximus steht auf der linken Seite das im Jahr 191 erbaute Nymphäum, ein architektonisch gefasster, monumentaler Prachtbrunnen, der den Wasserreichtum und den Wohlstand der Stadt zur Zeit ihrer wirtschaftlichen Blüte symbolisch zum Ausdruck bringen sollte.

Erhalten blieben von diesem ursprünglich reich mit Stuck und Marmor ausgestatteten Bauwerk die mächtigen Säulen des Portikus und die halbkreisförmige, der Bühnenfront eines römischen Theaters ähnelnde Schaufassade, die das Wasserbecken umgab. In den zwei Geschossen der Brunnenwand waren Nischen eingelassen, in denen vermutlich Nymphen mit Schalen oder Krügen standen, aus denen das Wasser in das Becken floss.

▶ Jerash **ZIELE** 193

Jerash Orientierung

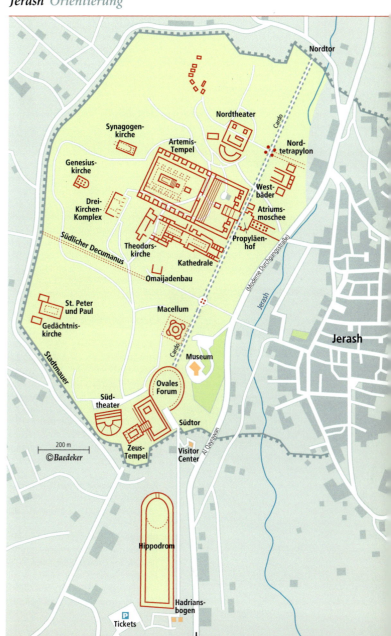

Artemis-Heiligtum

Nach wenigen Schritten auf der antiken Hauptstraße in Richtung Norden steht man vor dem Aufgang zum Haupttheiligtum von Gerasa, dem Artemis-Tempel (▶ 3D-Darstellung S. 196). Zur Gesamtanlage dieses Tempelbezirks gehören neben dem eigentlichen Tempel die auf der Ostseite des Cardo gelegene Via sacra, die Propyläen beiderseits des Cardo sowie Treppenaufgänge und Terrassen, die zum Tempel hinaufführen.

Moschee

Folgt man dem Cardo weiter, passiert man die Omajiadenmoschee, die im 7. oder 8. Jh. erbaut wurde.

Nordtetrapylon, Westbäder

Etwa 100 m weiter nördlich, auf der rechten Seite des Cardo, markiert der Nordtetrapylon eine weitere Kreuzung der Hauptstraße. Das nördliche Teilstück des Cardo wurde nicht nachträglich ausgebaut und hat hier noch seine ursprüngliche Breite und wird von ionischen Säulen flankiert.

Auf derselben Seite wie der Nordtetrapylon liegen zwischen Cardo und dem Jerash-Fluss die Reste der sogenannten Westbäder. Sie wurden vom Wasser der knapp 100 m entfernten Quelle Ain Kervan gespeist. Dieser Badekomplex bestand wahrscheinlich aus einer zentralen Halle, die das Kaltbad mit einem Wasserbecken aufnahm, dazu aus einem Warmbad, einem Heißbad und Umkleideräumen.

Der Cardo endet am **Nordtor** (erbaut 115 n. Chr.), Teil des Mauerrings um die Stadt. Vom Nordtor läuft man ein Stück den Cardo zurück und erreicht etwas weiter bergauf das Nordtheater (um 165). Es ist wesentlich kleiner als das Südtheater und wurde anfangs als Versammlungsort genutzt. Vom Nordtheater aus führt ein verschlungener Weg oberhalb des Artemis-Tempels zu weiteren Bauwerken.

Zunächst passiert man die einzige bekannte Kultstätte der jüdischen Minderheit in Gerasa: die westlich des Artemis-Tempels gelegene **Synagoge** (4. oder 5. Jh.). Mosaikfragmente mit der Darstellung einer Menora sowie eine aramäische Inschrift weisen das Gebäude als eine Synagoge aus. Um 530 wurde über ihr eine christliche Kirche errichtet.

Dudelsackbläser im Theater

Besser erhalten als diese beiden Gotteshäuser ist der sog. Drei-Kirchen-Komplex, der zwischen 529 und 533 errichtet wurde und aus den Kirchen St. Johannes, St. Kosmas und Damian sowie St. Georg besteht. Zu dem Kirchenkomplex gehören ein gemeinsames Atrium und ein Narthex mit 14 korinthischen Säulen.

Drei-Kirchen-Komplex

Besonders eindrucksvoll sind die **farbenprächtigen Mosaiken** in der Kirche St. Kosmas und Damian, die als erstes der drei Gotteshäuser wieder aufgegeben und wohl schon sehr früh verschüttet wurde. Diesem Umstand ist es zu verdanken, dass die Mosaiken erhalten blieben. Gazellen, Hasen, Pfaue und Schafe bevölkern die farbigen Bodenbilder.

Im südwestlichen Teil von Gerasa wurden in byzantinischer Zeit mehrere Kirchen erbaut. Am weitesten westlich, in der Nähe der Stadtmauer, liegt die sog. Gedächtniskirche aus der 2. Hälfte des 6. Jh.s. Ihr benachbart ist die 32 m lange, Petrus und Paulus geweihte Säulenbasilika.

Byzantinische Kirchen

Nun macht man wieder einen Zeitsprung zurück in die Antike. Das Südtheater ist eines der besterhaltenen Bauwerke auf dem Ruinengelände von Jerash und deshalb auch besonders imposant. Mit mehr als 4000 Sitzplätzen ist es außerdem das größte der drei antiken Theater in Gerasa. Verschiedene Inschriften lassen darauf schließen, dass das Theater, das im Rahmen des Jerash Festival for Culture and Arts für Aufführungen genutzt wird, während der Regierungszeit von Kaiser Domitian zwischen 81 und 96 entstand. Heute darf man sich nicht wundern, wenn plötzlich **Dudelsackmusik** erschallt: Unter dem Beifall des Publikums zieht eine jordanische Militärkapelle hier ihre Schau ab, zu der auch das Dudelsackspiel gehört.

★ **Südtheater**

Von der Bühnenwand mit den Zu- und Abgängen für die Schauspieler steht noch die erste Etage. Eine Balustrade mit zwölf kreisförmigen Vertiefungen, ursprünglich mit Reliefplatten besetzt, trennt die halbrunde Orchestra vom Zuschauerraum, der in zwei Ränge unterteilt ist und 32 Reihen umfasst. An manchen Sitzen erkennt man sogar noch die griechische Nummerierung. Die Ausrichtung des Theaters nach Norden sollte verhindern, dass die Zuschauer von der Sonne geblendet wurden. Der recht steile Aufstieg zum obersten Rang lohnt sich, denn von hier aus genießt man einen besonders guten Blick über die antike Stadtanlage. Nur von hier lässt sich auch **das beeindruckende Ausmaß des Artemis-Tempels** erkennen, der sich vom Cardo aus bis zur Cella erstreckt, die dank ihrer Säulen gut zu erkennen ist.

> ❗ *Baedeker* TIPP
>
> ### Der akustische Hotspot
>
> Machen Sie sich den Spaß und suchen Sie den akustisch bedeutendsten Punkt in der Orchestra. Er ist erkennbar an dem etwas anders gearbeiteten Boden. Wenn Sie von dort aus sprechen, werden Sie eine erstaunliche Echowirkung erleben!

ARTEMIS-TEMPEL

★★ **Artemis, Tochter des Zeus und Schwester Apollos, war die populärste Göttin der Griechen, war Jagd- und Fruchtbarkeitsgöttin, Herrin der Tiere und der Natur – und Schutzheilige von Gerasa. Entsprechend großartig gestalteten die Stadtbewohner ihr zu Ehren einen 3 Hektar großen Tempelbezirk.**

① Ostpropylon
Der östliche Teil der Propyläen wurde im 6. Jh. durch die Propyläenkirche überbaut.

② Brunnen
In den trapezförmigen Propyläenhof auf der Ostseite der Hauptstraße waren ursprünglich Wasserbecken eingebaut, an denen sich die Tempelpilger vor dem Überqueren der Straße reinigen konnten. Die Breitseite des Platzes liegt erhöht und ermöglicht den Pilgern den Blick über den Cardo hinweg auf das Heiligtum (siehe Klappbild) – eine gewollte Inszenierung, um den Störfaktor Cardo mit seinem geschäftigen Treiben mitten im Heiligen Bezirk zu überwinden.

③ Cardo
Die Säulenstraße durchzieht ganz Gerasa von Süd nach Nord.

④ Westliche Propyläen
Das Giebelfeld über dem Mittelportal zeigt das Datum 150 n. Chr., doch gab es sicher einen Vorgängerbau für das Artemis-Heiligtum.

⑤ Terrasse
Durch die von mächtigen Säulen flankierte Vorhalle der westlichen Propyläen gelangt man über Treppen zum monumentalen Dreibogentor und über weitere Stufen zu einer von Säulen umgebenen Terrasse, auf der noch die Fundamente eines Altars erkennbar sind.

⑥ Tempel
Weitere 27 Stufen führen hinauf zum Tempel, der von einem 160 m x 120 m großen, an allen Seiten von Säulen gefassten heiligen Bezirk umgeben war. Hier fand man auch noch Überreste einer omaijadischen Töpferwerkstatt. Sowohl dieser Platz als auch der eigentliche Artemis-Tempel in seiner Mitte waren teilweise über einer Gewölbekonstruktion errichtet. Die unterirdischen Räume dienten als Speicher.

⑦ Cella
Die fensterlose, nach Westen ausgerichtete Cella thront rund 25 m über dem Niveau des Cardo auf einem natürlichen Hügel und ist ein wichtiger Point-de-Vue im Gesamtbild von Gerasa. Vom Säulenumgang stehen noch elf von ursprünglich 32 Säulen. In einer Nische in der Westmauer der 24 m langen und 13 m breiten Cella, die nur die Priester betreten durften, war das Kultbild der Göttin Artemis aufgestellt. Ein Kuriosum, das alle Reiseleiter ihren Zuhörern gerne vorführen, ist die minimale Bewegung der Säulen, die man spürt, wenn man einen schmalen Gegenstand in die Ritzen zwischen den Säulentrommeln steckt.

Blick auf den Säulenumgang der Cella

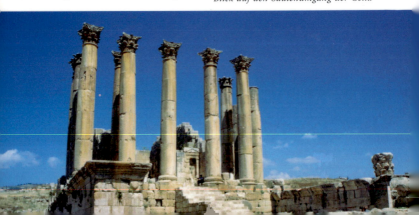

KERAK ERLEBEN

ESSEN

▶ Erschwinglich
Kir Heres
Al-Qala'a St. (Castle St.)
Tel. (03) 235 55 95
Direkt neben der Festung,
sehr gute Vorspeisen

▶ Preiswert
Al-Fida
Al-Mujamma St.
Tel. (079) 503 76 22
Einfache, typisch arabische
Gerichte in netter Atmosphäre

ÜBERNACHTEN

▶ Komfortabel
Al-Mujeb Hotel
ca. 5 km nördlich von Kerak an
der Straße nach Wadi al-Mujib
Tel. (03) 238 60 90

Das Hotel liegt nicht besonders schön,
die Zimmer sind einfach, aber sauber.
Mittags gibt es ein Buffet, auch für
Gruppen.

▶ Günstig
Tower Hotel
Al-Qala'a St. (Castle St.)
Tel. (03) 235 42 93
In der Nähe der Burg, aber recht
einfach. Die Zimmer haben kein
eigenes Bad.

Standort, um den Handels- und Pilgerverkehr zwischen Damaskus und Mekka kontrollieren und durch Angriffe stören zu können. Vor allem die Überfälle des Rainald von Châtillon (▶Berühmte Persönlichkeiten), der Bouteillier als Burgherr nachfolgte, auf Karawanen und Pilgerzüge erregten den Zorn Saladins (▶Berühmte Persönlichkeiten). Von 1170 an versuchte er vier Mal vergeblich die Burg einzunehmen. Erst 1188 fiel die Festung nach achtmonatiger Belagerung, da es nach der vernichtenden Niederlage der Christen 1187 bei Hattin am See Genezareth kein Entsatzheer mehr gab. Der neue Burgherr, Saladins Bruder al-Adil, ließ die Belagerungsschäden ausbessern und neben einem Herrenhaus auch die Südwestseite der Burg neu befestigen. Auch der Mameluckensultan Baibars, der 1263 Kerak eroberte, verstärkte die Befestigungsanlagen von Burg und Stadt.

Nach dem Abzug der türkischen Truppen 1841 wurde Kerak zum Streitobjekt verschiedener Beduinenstämme. Darunter hatte vor allem die Stadtbevölkerung zu leiden. Viele der bereits jahrhundertelang hier wohnenden Christen wanderten deshalb in den 1880er-Jahren nach Madaba und Main ab.

Kerak wird zum Zankapfel

Die schlechten Erfahrungen mit den Beduinen waren sicher auch ein Grund dafür, dass sich die Bewohner von Kerak dem arabischen Aufstand nicht anschlossen, sondern die Osmanen unterstützten. Erst in den 1920er-Jahren entschloss man sich, den Haschemiten-Emir Abdallah anzuerkennen. Die kritische Haltung den Regierenden gegenüber haben sich die Bewohner von Kerak bis heute bewahrt.

✴ Kreuzfahrerburg

Die Burg heute Die eigentliche Burg nimmt die Südspitze des 950 m hohen Hügelplateaus ein und ist von der Altstadt durch einen aufgeschütteten Graben getrennt. Die Turmruinen und die mächtigen Mauern der Ostbastion bieten mit dem fast 40 m hohen Glacis einen eindrucksvollen Kontrast zu den vergleichsweise geradezu winzig erscheinenden Häusern der Stadt, die sich den Hang hinaufziehen.

Wegen der unterschiedlichen Niveaus und der vielen unterirdisch liegenden, meist nur schwach beleuchteten Gänge und Räume ist eine Orientierung auf dem Burggelände nicht ganz einfach. Die Größe der Anlage und die Vielzahl der Räume ist verwirrend, und der bisweilen schlechte Zustand einzelner Gebäude beeinträchtigt die Gesamtwirkung des Anlage etwas, dafür entschädigt der Blick von der

In den unterirdischen Kammern der Burg ist heute ein Museum eingerichtet.

Burg: An klaren Tagen sieht man bis zum Ölberg in Jerusalem. Erst hier wird auch die strategische Bedeutung der Festung deutlich, denn durch ihre herausgehobene Lage konnte man von der Burg aus nicht nur die Verbindungsstraße von Damaskus nach dem Süden überwachen, sondern nachts auch Feuerzeichen nach Jerusalem geben, um Hilfe herbeizurufen oder Nachrichten zu übermitteln (Öffnungszeiten: tgl. außer Di. 8.00 – 17.00 Uhr).

Innenräume

Zu Zeiten der Kreuzfahrer und Aijubiden gelangte man nur durch unterirdische Tunnel zu den Eingängen der Burg, heute betritt man die Anlage durch ein Tor an der Nordseite. Die unterschiedlichen Bauphasen erkennt man an den Gesteinsarten: Die Kreuzritter verwendeten rötlich-schwarze Basaltsteine, die moslemischen Burgherren grau-gelbe Kalksteine. Das einzige Schmuckelement der in grober Bauweise errichteten Burg ist eine Steintafel mit einem geometrischen Relief. Sie befindet sich an der Wand eines Treppenaufgangs im Norden der Burg, die man vom oberen Hof aus erreicht.

Hinter dem Eingang zur Burg liegt der Hof der unteren Burg, von dem Treppen in zwei riesige unterirdische Räume hinabführen, die durch kreisrunde Öffnungen Tageslicht erhalten. Durch düstere Gänge, deren Funktionen oft nicht mehr erkennbar sind, erreicht man den oberen, rund 200 m langen Hof, an den sich Küchen- und Vorratsräume anschließen. In der Mitte des oberen Hofes erkennt man die kleine Kreuzfahrerkapelle und – zwischen ihr und dem von den Aijubiden in Kalkstein errichteten, wehrhaften Donjon – eine Öffnung zum Untergeschoss. Das auffallendste Bauwerk ist der vier Stockwerke hohe, von den muslimischen Burgherren errichtete Donjon im Süden der Anlage. Der wehrhafte, mit Schießscharten versehene Wohnturm hat eine Frontlänge von rund 35 m.

> ! **Baedeker TIPP**
>
> **Arabischer Alltag**
> Wenn Sie den arabischen Alltag hautnah miterleben wollen, dann machen sie einen Spaziergang durch die ungewöhnlich bunten und lebendigen Geschäftsstraßen im Zentrum, von der Burg nur ein paar Meter entfernt.

Archäologisches Museum

In einem Gewölbe des unteren Hofs ist das Archäologische Museum untergebracht. Es enthält archäologische Funde aus der Eisenzeit (Helme, Töpferware, Figürchen), Alabastergefäße und Keramik aus der Bronzezeit, römische und byzantinische Münzen, Glaswaren und Tongefäße. Auch eine Kopie der berühmten Mesha-Stele befindet sich hier. Aus hellenistischer Zeit stammt das Fragment eines Löwenreliefs, das man in der Stadt fand. Bitten Sie den Museumswärter, die Tür zur unterirdischen Iwan-Halle zu öffnen (schräg gegenüber vm Museumseingang). An den Gewölberaum, dessen Architektur und Schmuck ihn in die arabische Bauphase datieren, schließt sich ein fast 100 m langer, gewölbter Saal an (Öffnungszeiten: tgl. außer Di. 9.00 – 17.00 Uhr).

Umgebung von Kerak

Rabba (Ar Rabba) Verlässt man Kerak auf der Königsstraße in nördlicher Richtung, so passiert man nach 12 km die Ortschaft Rabba. In der Bibel heißt die Stadt Ar oder Ar-Moab. Zu Beginn des 2. Jh.s wurde der Ort zu Ehren des Kriegsgottes Ares in Areopolis, Stadt des Ares, umbenannt. Im 5. Jh. wurde sie Bischofsstadt. Nur noch wenige Gebäudereste aus dem antiken Rabba konnten in die Gegenwart gerettet werden. Noch vergleichsweise gut erhalten ist der spätrömische Tempel mit zwei seitlichen Nischen, den man im Vorbeifahren an der Durchgangsstraße sieht. Pflasterspuren deuten darauf hin, dass auch schon vor mehr als 1600 Jahren direkt vor dem Eingang zum Tempel eine Straße verlief. Zwei Inschriften erwähnen die Kaiser Diokletian und Maximian, die 286–305 gemeinsam regiert hatten. Vermutlich fiel der Bau dieses Tempels in die Regierungszeit der beiden Kaiser, deren Statuen ursprünglich die seitlichen Nischen schmückten. Südlich des Tempels entdeckten Archäologen auch die Grundmauern einer kleinen byzantinischen Kirche. Auffallend ist bei der Fahrt durch den alten Ort die doppelspurige Durchgangsstraße mit den Resten von

Die Kalksteinlandschaft des Nordens, die im Frühling prächtig blüht, endet bei Kerak.

Säulen auf dem Mittelstreifen. Diese ungewöhnliche Straßenanlage hat die Ortschaft einem früheren hohen Regierungsmitglied zu verdanken, der seinem Heimatort ein Denkmal setzen wollte.

Das Wadi al-Hasa südlich von Kerak ist ebenso wie das Wadi al-Mujib eine Folge des Grabenbruches zwischen dem Jordan und dem Roten Meer. Hier wird unter anderem auch Phosphat, eines der wichtigsten Exportgüter Jordaniens, gewonnen. Einst bildete dieser mächtige, mehr als 800 m tiefe Grabeneinbruch die Grenze zwischen den eisenzeitlichen Ländern Moab im Norden und Edom im Süden. Zugleich ist es auch eine Trennlinie zwischen zwei unterschiedlichen Landschaften. Die welligen Hügel der Kalksteinlandschaft im Norden werden im Süden von zerklüfteten Tälern und spitzen Felsnadeln aus Sandstein abgelöst. Der Name Edom (= rot) weist auf die Farbe des Sandsteingebirges hin, das sich über Petra bis hinunter zum Wadi Rum erstreckt. Auf der Südseite des Wadis liegen auf einer Anhöhe die Reste des einst beherrschenden Nabatäertempels Khirbet et-Tannur.

Wadi al-Hasa

In eindrucksvoller Lage, auf dem Gipfel eines markanten Hügels an der Südseite des Wadi al-Hasa, hatten die Nabatäer das Tempelheiligtum Khirbet et-Tannur errichtet, von dem heute noch die Grundmauern erhalten sind. Der Hügel mit der Ruinenstätte liegt etwa 30 km südlich von Kerak etwas abseits der Königsstraße. Von Kerak kommend, biegt man etwa 4 km nach dem Übergang über den Fluss Zered, kurz vor dem Anstieg der Königsstraße aus dem Wadi, in eine schwer befahrbare Piste nach Westen ein. Die Spitze des kegelförmigen Tempelberges erreicht man nur zu Fuß (Aufstieg ca. 30 min.).

Khirbet et-Tannur

Vermutlich war der Ort bereits vor den Nabatäern, d. h. bei den Edomitern, eine heilige Stätte. Der heute zu sehende Tempelbezirk entstand im Wesentlichen um die Zeitenwende. Mittelpunkt der Anlage ist ein Altar, an dessen Stelle auch die beiden späteren Altäre aufgestellt wurden. Knochen- und Aschefunde von Opfertieren weisen auf Brandopfer hin. Wie bei den nabatäischen Tempeln im Wadi Rum und in Petra stand der Altar auf einer Plattform, umgeben von einem quadratischen Schrein. Der gepflasterte Hof, der den Schrein umgab, wurde auf der Nord- und Südseite von Kolonnaden und Nebenräumen gefasst. Der Eingang in den Tempelbezirk und auch der Eingang in den Schrein lagen in einer Achse und zeigten nach Osten, so dass die aufgehende Sonne auf den Altar scheinen konnte.

◂ Nabatäische Kultstätte

Leider nicht mehr an Ort und Stelle ist der **kostbare Bauschmuck** an der Eingangsseite des Schreins, der aus sechs Medaillons mit Götterdarstellungen bestand und ins 2. Jh. datiert wird. Diese Reliefs befinden sich heute im Archäologischen Museum in Amman und im Cincinnati Art Museum in den USA. Die Götter konnten als Haddad-Zeus, Atargatis-Aphrodite und Tyche identifiziert werden. Die übergroßen Augen und das stilisierte Haar der Figuren sind typische Stilmerkmale der altnabatäischen Kunst.

★ Madaba

Provinz: Madaba
Einwohnerzahl: 70 000
Höhe: 730 m ü. d. M.

Madaba ist die Stadt der Mosaiken: In byzantinischer Zeit gab es hier mehr als ein Dutzend Kirchen mit farbigen Mosaikböden. Einer davon zeigt die berühmte Karte des Heiligen Landes, die als einer der kostbarsten Kulturschätze Jordaniens gilt.

Reiche Christengemeinde

Madaba liegt etwa 35 km südwestlich von Amman und direkt an der Königsstraße. Im Alten Testament wird es als die erste Siedlung in der Ebene von Moab genannt, die von den Israeliten erobert wurde. Im 9. Jh. v. Chr. befreite der moabitische Herrscher Mesha Madaba – ein Ereignis, über das die Inschrift auf der berühmten **Mesha-Stele** berichtet (▶ S. 44). Eine Blütezeit erlebte Madaba in spätrömisch-byzantinischer Zeit. Zahlreiche Verwaltungsbauten entstanden, ab dem 6. Jh. auch mindestens 15 Kirchen, deren Mosaiken den Reichtum der Christengemeinde belegen. Plünderungen und Erdbeben vertrieben die Bevölkerung in den beiden folgenden Jahrhunderten und die Stadt verödete.

Erst um 1880 erweckten 2000 christliche Familien aus Kerak den verlassenen Ort zu neuem Leben und überbauten großteils alles, was an römischer und byzantinischer Bausubstanz vorhanden war. Abgesehen von den Mosaiken, die in Wohnhäusern zum Vorschein kamen und gesichert wurden, sind aus dieser Zeit nur ein paar Säulen einer ehemaligen Kolonnadenstraße erhalten geblieben.

> ! **Baedeker TIPP**
>
> **Sonntags nie**
>
> Besuchen Sie Madaba nicht an einem Sonntagvormittag, denn während des Gottesdienstes sind die vielen schönen Mosaiken in den Kirchen nicht zugänglich.

Teppichwebereien

Obwohl Madaba so nahe an Amman liegt, geht es hier recht beschaulich zu. In den engen Gassen der altertümlich wirkenden Stadt sind noch zahlreiche Handwerker tätig. Vor allem die Tradition der Teppichweberei ist in Madaba bis heute lebendig, und vielen Webern kann man in ihren Werkstätten bei der Arbeit zuschauen. Oft bedienen sich die Handwerker der alten Mosaik-Motive, die man dann beim Besuch der Kirchen wiedersieht.

Sehenswertes in Madaba und Umgebung

★★ Palästinakarte

Das berühmteste Mosaik von Madaba bedeckte den Boden einer byzantinischen Kirche aus dem 6. Jh., auf deren Grundmauern 1896 die heutige **St. Georgskirche**, eine dreischiffige griechisch-orthodoxe Kirche, erbaut wurde. Leider haben Bestattungen in der Kirche und

MADABA ERLEBEN

AUSKUNFT
Visitor Center
Tel. (05) 325 35 36 oder 324 55 27
300 m vom Bahadiya Circel entfernt liegt das Besucherzentrum mit einem großen Parkplatz. Von dort aus kann man Madaba gut zu Fuß erforschen.

ANREISE
Madaba wird von Amman aus von Bussen und Service-Taxis angefahren, Fahrtzeit ca. 1 Std. Letzte Rückfahrtmöglichkeit nach Amman gegen 21.00 Uhr, freitags früher. Mit dem Taxi kann man sich auch direkt zum Queen Alia Airport in Amman bringen lassen (und umgekehrt).

ÜBERNACHTEN
▶ **Luxus**
Janna Spa & Resort
Hammamat Main
(30 km von Madaba)
Tel. (05) 324 55 00, Fax 324 55 50
94 Z., www.jannaspa.com
Sehr komfortables Hotel mit großen Zimmern, einem umfangreichen Wellnespark, wo von Jacuzzi, Schlammbehandlungen, Wasseranwendungen aller Art bis hin zur Schönheitspflege alle Register in Bezug auf Wellness gezogen werden. Es können auch Bungalows und Wohnwagen gemietet werden.

▶ **Komfortabel**
Madaba Inn Hotel
Yarmuk St., P.O. Box 715
Tel. (05) 325 90 03, Fax 325 90 08
33 Z., www.madabainn.com
Direkt neben der St. Georgskirche. Schöne Zimmer mit Klimaanlage und Bad. Ein Café (geöffnet ab 7.00 Uhr) und Restaurant St. Georg mit heimischer und internationaler Küche befinden sich im Hause.

Mariam Hotel
Aisha Umm al-Mumeneen St.
Tel. (05) 325 15 29
27 Z., www.mariamhotel.com
Eines der besten Hotels am Ort. 2005 wurde ein Swimmingpool angelegt, den Abend kann man im ansonsten recht ruhigen Madaba hier bei einem Glas Mount-Nebo-Wein an der Bar verbringen. 10 min. zum Zentrum.

▶ **Günstig**
Black Iris Hotel
Al-Mouhafada Circle
Tel (05) 325 01 71
16 Z., www.blackirishotel.com
Nettes Hotel mit einigen Zimmern mit Blick auf den Hausgarten. Gutes Restaurant.

Mosaic City Hotel
Yarmouk St.
Tel. (05) 325 13 13
www.mosaiccityhotel.com
Neues, ausgezeichnet geführtes Haus, drei Minuten zur Georgskirche.

ESSEN

Baedeker-Empfehlung

▶ **Erschwinglich**
Haret Jdoudna
King Tala St., P.O. Box 373
Tel. (05) 324 86 50
Sehr schönes, orientalisch gestaltetes Restaurant mit lauschigem Innenhof. Besonders originell: Die knallroten Geranien wurden in bunte Olivenölbehälter gepflanzt. Ausgezeichnete Küche, entsprechend gut besucht. Angeschlossen ist ein Laden mit heimischen Handwerksprodukten, wo man auch die bunten Sandfläschchen findet. Gute Gelegenheit zum Olivenöl-Kauf!

Die älteste Darstellung von Palästina befindet sich in der St. Georgskirche.

Brände die ursprünglich aus 2,3 Mio. Mosaiksteinchen zusammengesetzte Landkarte stark dezimiert. Im 8. Jh. ließ ein bilderfeindlicher Omaijaden-Herrscher die Gesichter der Figuren durch weiße Mosaiksteine ersetzen. Durch den Neubau der Kirche nahm das Mosaik noch einmal Schaden. Auch die Unsitte, die Mosaiksteine mit Wasser zu besprühen, um sie plastischer und farbenprächtiger erscheinen zu lassen, trug seinen Teil zum weiteren Zerfall des einmaligen Kunstwerks bei. 1965 lösten deutsche Restauratoren das Mosaik vom Boden und verlegten es neu. Bei dieser Gelegenheit wurde eine Kopie angefertigt, die in der Abgusssammlung der Universität Göttingen zu sehen ist.

Das Mosaik wurde für einen Betrachter ausgerichtet, der mit Blick zum Altar steht, also ist Norden links und Süden rechts (Beschreibung siehe Baedeker-Special S. 208). Den wichtigsten Anhaltspunkt für die **Datierung** des Mosaiks liefert die Nea-Theotokos-Kirche in Jerusalem, die unter Justinian **im Jahre 542** erbaut wurde. Da sie das jüngste Gebäude auf der Karte ist, wird angenommen, dass diese vermutlich in der zweiten Hälfte des 6. Jh.s entstanden ist. Sie geht aber recht sicher auf ältere Vorlagen zurück (Öffnungszeiten St. Georgskirche: tgl. 8.30 – 18.00 Uhr, Fr. und Fei. 10.30 – 18.00 Uhr).

Im östlichen Teil des Zentrums liegt der Archäologische Park, ein Freilichtmuseum in den Ruinen mehrerer Kirchen. Galerieartige Wege sorgen dafür, dass man aus erhöhter Position die Bodenmosaike gut betrachten kann. U.a. wird das älteste Mosaik Madabas aus dem 1. Jh. gezeigt, das aus dem Machäus-Palast des Herodes stammt. In der Hipoolythus-Halle sind die Darstellungen von Aphrodite und Amor besonders schön (Öffnungszeiten: tgl. 8.00 – 19.00, im Winter bis 17.00 Uhr).

Archäologischer Park

Im Süden der Stadt liegt in einer Sackgasse das Mosaikenmuseum. Es vereint hauptsächlich Mosaikböden, die aus Kirchen und Wohnhäusern in Madaba geborgen wurden, so aus der **Swaitha-Kapelle** (6. Jh.). Hier zeigt das zentrale Medaillon einen Widder (Symbol für das Lamm Gottes) vor einem Baum. Paradiesszenen finden sich auch auf anderen Mosaiken, meist versinnbildlicht durch friedlich vereinte Tiere.

Mosaikenmuseum

Aufschlussreich ist das Mosaik mit dem Tanzpaar Banche und Satyros. Die Bezeichnungen der Figuren mit Banche anstatt Bacche sowie Aradne anstatt Ariadne scheinen zu belegen, dass im 6. Jh. die antiken Motive zwar noch geläufig, die genaue Kenntnis darüber aber bereits nicht mehr vorhanden war. Auch die Palästinakarte enthält eine Reihe von Schreibfehlern, die ähnliche Schlüsse nahelegen.

◀ Lehrreiche Schreibfehler

In der archäologischen Abteilung des Museums sind byzantinische Keramiken, römische Figuren, Gläser und eine Kopie der Mesha-Stele zu sehen. Im ethnografischen Teil werden jordanische Trachten, Schmuck, Waffen und Teppiche gezeigt (Öffnungszeiten: tgl. außer Fr. 9.00 – 17.00, Fr. 10.00 – 14.00 Uhr).

Die Mosaiken in der Apostelkirche bilden das zweite Highlight von Madaba. Man findet sie etwa 200 m vom Mosaikenmuseum entfernt. Die Mosaiken wurden vermutlich zeitgleich mit der Kirche im Jahre 578 geschaffen. Das Zentrum des **Mittelschiffmosaiks** bildet ein Medaillon mit einem Durchmesser von mehr als 2 m. Es zeigt eine weibliche Gestalt, die dem Wasser entsteigt, umgeben von zahlreichen Seeungeheuern und Fischen – Thalassa, die Personifikation des Meeres.

Mosaiken in der Apostelkirche

Im Mittelschiff bilden papageienartige Vögel ein netzartiges Muster, in das Blumen, Granatäpfel, Melonen, Birnen und Weintrauben eingestreut sind. Einem Teppich gleich wird das Kunstwerk gefasst von einem breiten Fries aus Akanthusblättern. An der Frontseite der Kirche findet man in einer Kapelle ein Mosaik mit Hirschen, Schafen und Gazellen zwischen Obstbäumen.

Nur 10 km von Madaba entfernt liegt der Berg ▶ Nebo, wo Moses nach langer Reise das erste Mal ins Heilige Land blickte.

Berg Nebo

KLEINE STEINE – GROSSE WIRKUNG

Weltberühmt sind die Mosaiken aus byzantinischer Zeit, die zahlreiche jordanische Kirchen schmücken. In Madaba bildete sich sogar eine eigene Mosaik-Schule heraus. Deren berühmtestes Werk ist die Karte des Heiligen Landes.

Zwischen 330 und 636 n. Chr wurden vor allem in Madaba wundervolle Mosaiken geschaffen, die die Fußböden von Kirchenräumen und Wohnhäusern verschönern. Zwar sind ihre Schöpfer unbekannt, doch lässt sich auf regelrechte Schulen schließen. Bekannt für ihre Erzählfreude ist die Mosaizistenschule von Madaba, deren Bildwerke man u. a. in Siyagha auf dem **Berg Nebo**, auf Mukhayyat und im Museum von **Madaba** bewundern kann. Sie zeichnen sich durch eine liebevolle und detailgetreue Darstellung der menschlichen Figuren, durch eine Vorliebe für topographische Darstellungen, durch eine flächendeckende Gestaltung und die Unterteilung der Gesamtfläche in kleinere Bildeinheiten aus.

Ein weiteres Kennzeichen der Madaba-Schule ist der Rückgriff auf die Antike. Um das von Kaiser Theodosius Ende des 4. Jh.s erlassene Verbot der Darstellung von Szenen und Motiven aus der griechisch-römischen Mythologie kümmerte man sich in der Region Syrien-Palästina recht wenig. Wie man in Madaba sorglos aus dem reichen **Bilderfundus der Antike** schöpfte, bezeugen u. a. das »dionysische« Wein-Mosaik auf Mukhayyat und die Darstellung der Meeresgöttin Thalassa in der Apostelkirche in Madaba. Im 6. Jh. kam es unter Kaiser Justinian zu einer regelrechten Renaissance der Antike. Beseelt von dem Wunsch, das Imperium Romanum in seiner einstigen geographischen und geistigen Größe wiederaufleben zu lassen, stellte Justinian auch die Bildersprache der Kunst in den Dienst seiner Politik. Allerdings sollte die Antike im Rahmen eines christlich orientierten Staates rezipiert, d.h. gewissermaßen »christiani-

Detail eines Mosaiks in der Lot- und Prokopkirche in Khirbet el-Mukhayet

siert« werden. In der Folgezeit bildete sich eine christliche Ikonographie heraus, in der die griechisch-römischen Motive eine **christliche Umdeutung** erfuhren. So galt die Weinranke fortan nicht mehr als Anspielung auf den griechischen Weingott Dionysos, sondern als Hinweis auf das neutestamentliche Gleichnis der Arbeiter im Weinberg. Bukolische Szenen verwiesen jetzt auf Christus als den guten Hirten. Darstellungen von Fischern wurden nun als Sinnbild des »menschenfischenden« Petrus verstanden. Ob allerdings tatsächlich jede Tierdarstellung eine Allegorie auf biblische Ereignisse darstellte oder ob die Mosaizisten aus Madaba einfach nur die sie umgebende Lebenswelt in ihren Mosaiken verewigen wollten – darüber gibt es noch kein abschließendes Urteil.

Die erste Palästina-Karte

Ein ganz besonderes Meisterwerk ist das etwa 16 x 6 m große Bodenmosaik der Georgskirche von Madaba. Es bestand ursprünglich aus 2,3 Millionen bunten Steinchen und zeigt das Heilige Land von Tyros im Norden bis nach Unterägypten im Süden sowie vom Mittelmeer bis in die ostjordanische Wüste. Vermutlich war es wohl in erster Linie dazu gedacht, Pilger über die Geographie des Heiligen Landes zu informieren.

Im Mittelpunkt der Darstellung steht **Jerusalem**, leicht erkennbar an der ovalen Stadtmauer mit ihren 21 Türmen und sechs Toren. Sogar einzelne Gebäude wie die konstantinische Grabeskirche sind zu erkennen. Dies ist die exakteste antike Darstellung Jerusalems, die bislang bekannt ist.

Unter anderem ist der **Jordan** abgebildet, in dem sich Fische tummeln, und das Tote Meer, auf dem Schiffe voller Getreide und Salz segeln. Die Schöpfer der Karte hatten zudem Sinn für kleinste **Details**: So schwimmt der Fisch aus dem Jordan vom salzigen Wasser des Toten Meeres wieder weg. Am unteren Rand ist die Mittelmeerküste abgebildet, und ganz rechts, im Seitenschiff der Kirche, das Nildelta. Weiter gibt es auf der Karte 150 zum Teil mit griechischen Namen versehene Orte sowie Tiere und Pflanzen zu entdecken. Datiert wird dieses Mosaik auf Mitte/Ende des 6. Jahrhunderts.

✱ Hammamet Main

Duschen unterm Wasserfall

Eine atemberaubende Landschaft und dazu heilkräftige Quellen erwarten den Besucher im Tal von Hammamet Main, knapp 30 km südwestlich von Madaba. Durch eine vegetationslose, wild zerklüftete Wüstenlandschaft windet sich die Zufahrtsstraße in steilen Serpentinen ins Tal hinunter, das Luftlinie keine 5 km vom Toten Meer entfernt ist und 150 bis 200 m unter dem Meeresspiegel liegt. Die Luft hier unten ist besonders sauerstoff- und bromhaltig. Rund 60 mineralhaltige, bis zu 60 °C heiße Quellen treten im Tal von Hammamet Main aus. Besonders spektakulär ist die aus Sinterablagerungen gebildete, gelb-grün schimmernde Kaskade, über die das Quellwasser 25 m in die Tiefe stürzt. Dies ist der höchste Wasserfall Jordaniens. Tagsüber kann man unter dem Quellwasser eine warme Dusche nehmen, abends werden die »versteinerten Wasserfälle« stimmungsvoll angestrahlt. Der Zugang zum Tal und zu den Wasserfällen kostet 5 JD Eintritt.

Das »Schönbad«

Schon im Altertum schätzte man das mineralstoffreiche Wasser aus den heißen und kalten Quellen im Tal von Hammamet Main. Auch König Herodes der Große suchte vor 2000 Jahren kurz vor seinem Tode in den heißen Quellen Linderung. Damals hieß der Ort noch Callierhoe, was so viel wie »Schönbad« bedeutet. Von Atem- und Kreislaufbeschwerden über Rheumatismus und Schuppenflechte reicht die lange Liste der Krankheiten und Beschwerden, gegen die das mit Kalzium, Natrium, Magnesium, Schwefel und Soda angereicherte Thermalwasser in Verbindung mit dem speziellen Klima Linderung verspricht.

Zum Toten Meer

Von der Ortschaft Main führt eine landschaftlich spektakuläre, aber sehr schmale **Verbindungsstraße** zum Toten Meer. Auch zu Fuß kommt man durch das Wadi Main zum Toten Meer. Der **Fußweg** gilt aber als sehr gefährlich und ist – wenn überhaupt – nur Wanderern mit guter Kondition zu empfehlen. Außerdem sollte man sich niemals allein und nur mit entsprechendem Schuhwerk auf den Weg machen. Für die 5 km lange Strecke benötigt man mindestens 3 Std. (hin und zurück also 6 Std.!).

Mukavir

Anfahrt

Von Madaba aus fährt man auf der Königsstraße nach Süden. In Lib zweigt rechter Hand eine Straße ab, die in das Dorf Mukavir führt (auch Meqawer oder Muqawir genannt, 25 km südwestlich von Madaba). In der Nähe des Dorfes stehen zwei Verkaufshäuser der Organisation Bani Hamida, einem Selbsthilfeprojekt von Beduinenfrauen,

Farbenprächtige Sinterablagerungen machen das Kuren in Hammamet Main auch fürs Auge zum Erlebnis. →

▶ Madaba

Traf hier Salome auf Johannes den Täufer?

bei dem Frauen durch Teppichweben das Familieneinkommen aufbessern. Vom südwestlichen Dorfrand aus erblickt man bereits die typische, abgeflachte Spitze des Kegelberges Qalaat oder Qasr el-Meshneqe. Der Name des Berges bedeutet soviel wie »Galgenburg«. Vom Parkplatz unterhalb des Berges erreicht man über einen 1,5 km langen Fußweg entlang einer antiken Rampe die Bergspitze. Von diesem rund 700 m hohen Gipfel, wo einst die Herodes-Burg Machärus (auch Machairos) lag, bietet sich ein **grandioser Blick** ins Jordantal und auf das 1100 m tiefer liegende Tote Meer.

Bereits vor Herodes' Zeit war der Bergkegel befestigt. Herodes ließ die mehrfach zerstörte Burg um 30 v. Chr. wieder aufbauen und errichtete einen luxuriösen Palast. Unter **Herodes Antipas**, einem der Söhne von König Herodes, spielte sich laut Bibel die Geschichte von Salome ab: Johannes der Täufer hatte kritisiert, dass Herodes Antipas seine erste Frau, eine nabatäische Königstochter, verstoßen und seine Schwägerin Herodias geheiratet hatte. Weil Herodes fürchtete, diese Kritik könne seinem Ansehen und seiner Herrschaft schaden, ließ er den Täufer einkerkern. Herodes' Frau spann daraufhin eine Intrige gegen den Gefangenen: Ihre Tochter Salome tanzte vor dem König und beeindruckte ihn so sehr, dass er ihr einen Wunsch freistellte. Auf Drängen ihrer Mutter forderte sie den Kopf Johannes' des Täufers, der ihr schließlich auf einem Tablett serviert wurde (nachzulesen in der Bibel unter Mt 14,1–12 und Mk 6,14–29).

Bollwerk gegen Rom

Im ersten jüdischen Aufstand war Machairos – nach dem Selbstmord der jüdischen Verteidiger von Massada – bis zum Jahr 72 die letzte jüdische Bastion gegen die Römer. Da sich die Römer von einem schnellen Angriff keinen Erfolg versprachen, wollten sie die Burg durch eine Belagerung in die Knie zwingen. Aus diesem Grund legten sie eine sog. Angriffsverschanzung rund um die Festung an und schütteten an der Ostseite der Burg eine Rampe auf, um die Mauerkrone mit Rammwerkzeugen zerstören zu können. Die Belagerten gaben aber bereits auf, als einer von ihnen gefangen genommen wurde und die Römer vorgaben, ihn kreuzigen zu wollen. Sie erhielten freien Abzug, die Burg selbst zerstörten die Römer.

Von der einst prächtigen Palastanlage und der Festung ist kaum etwas erhalten geblieben. Bei den Ausgrabungen, die noch nicht abgeschlossen sind, fand man Reste der weitläufigen Thermenanlagen mit abgedeckten Wasserkanälen im Süden der Festung. Das Wasser kam aus verschiedenen Zisternen und durch ein Aquädukt. Auch Spuren von Mosaikböden, darunter Arbeiten in Schwarz-Weiß-Technik, wurden freigelegt. Die Angriffsverschanzung, die die Römer erbaut hatten (s.o.), konnte teilweise rekonstruiert werden.

Erloschene Pracht

* Umm er-Rasas (Umm ar-Rasas)

Etwa 35 km südlich von ▶Madaba erreicht man über die Königsstraße nach dem Wiederaufstieg aus dem Wadi Wala das Dorf Dhiban. Den berühmtesten Fund von Dhiban, die Moab- oder Mesha-Stele aus dem 9. Jh. v. Chr., bewahrt das Musée du Louvre in Paris auf; Kopien befinden sich in den Museen von Amman, Kerak und Madaba. Von Dhiban aus geht es über eine schmale, aber geteerte Straße zum etwa 15 km ostwärts gelegenen Ruinenfeld von Umm er-Rasas (in Dhiban ausgeschildert). Die Ruinenstätte wurde 2004 in die Liste des UNESCO-Weltkulturerbes aufgenommen. Wer sich für alte Mosaiken begeistern kann, sollte den kleinen Abstecher von der Königsstraße nicht scheuen – die dazugehörige Kirche St. Stephan ist nicht mehr erhalten, dafür aber der herrliche Fußboden, dessen Mosaik u. a. 27 Städte beiderseits des Jordanufers im Bild wiedergibt.

UNESCO-Weltkulturerbe

Das annähernd quadratische, 150 x 120 m große Gelände, war einst von einer hohen Mauer umgeben. Diese Tatsache sowie der antike Name Kastron Mefaa und Mosaikinschriften deuten darauf hin, dass es sich um ein militärisches Lager handelte, das in römischer, byzantinischer und omaijadischer Zeit besiedelt war. An dieses von Trümmern übersäte Feld schließt sich im Norden ein Siedlungsgebiet an, das noch im 20. Jh. von Beduinen bewohnt war. Den Abschluss nach Norden bildet ein kleines Ruinenfeld mit mehreren Zisternen und einem 15 m hohen Steinturm.

Altes Militärlager

Auffallend an Umm er-Rasas ist – ähnlich wie in ▶Umm el-Jimal – die große Zahl von byzantinischen Kirchen. Mehr als ein halbes Dutzend konnten bisher identifiziert werden. Besonderes Augenmerk verdient die Kirche des Sergios, die zusammen mit der Stephanskirche einen Kirchen- oder Klosterkomplex bildete. Die Sergioskirche wurde 587 n. Chr. mit Mosaiken ausgestattet, die allerdings bis auf kleine Reste vernichtet wurden. Weitaus besser bestellt ist es um die Mosaiken der Stephanskirche (756 verlegt). Erstaunlicherweise wurden die Mosaiken 785 erneuert, d. h. in einer Zeit, als die Region bereits überwiegend islamisch war. Das interessanteste Motiv dieses

Kirchen

Fußbodens ist die Umrahmung eines Mosaikfeldes, das eine Vielzahl palästinischer Stadtansichten zeigt. Aus dem Ostjordangebiet waren dies die Städte Umm er-Rasas, Amman, Madaba, Hisbon, Main, Rabba, Kerak, Diblaton und Limbon (Libb). Während die Palästinakarte in der St. Georgskirche von Madaba dem Betrachter Pilgerziele im ganzen Land zeigte, wollte man hier vermutlich in der frühen Phase der islamischen Herrschaft beweisen, dass es sich eigentlich um ein christliches Land handelt. Die Szenen mit den Stiftern sowie Jagd- und Hirtenbilder wurden während des Bildersturmes zerstört.

Turm Obgleich es auf den ersten Blick so scheinen mag, handelt es sich bei dem etwa 1 km nördlich des eigentlichen Ruinenfeldes aufragenden, 15 m hohen Turm nicht um einen Wachtturm. Das Bauwerk aus byzantinischer Zeit hat weder eine Treppe noch einen Eingang ins Innere und wurde von den ersten christlichen Mönchen genutzt, vielleicht als Ort der Askese.

** Nebo (Mount Nebo · Gabal Naba · Siyagha)

D 4

Provinz: Madaba   **Höhe:** 450 – 802 m ü. d. M.

Einst soll Moses von diesem Berg aus das erste Mal das Heilige Land gesehen haben. Noch heute tut sich eine atemberaubende Szenerie auf. Man blickt hinunter in das grüne Tal des Jordans, aufs Tote Meer und die fernen Hügel von Jerusalem.

Aus der Bibel »Und der Herr zeigte ihm das ganze Land Gilead bis gen Dan (…). Und der Herr sprach zu ihm: Dies ist das Land, das ich Abraham, Isaak und Jakob geschworen habe (…). Du hast es mit deinen Augen gesehen, aber du sollst nicht hinübergehen. Also starb Mose, der Knecht des Herrn, daselbst im Lande der Moabiter.« Wie das Alte Testament verkündet, hat also Moses das Gelobte Land nie betreten. Einer Legende zufolge soll der Prophet auch auf dem Nebo begraben sein. Heute heißt er Ras es-Siyagha, »Gipfel des Klosters«, wo ein Memorial in der mosaikengeschmückten Gedächtniskirche an Moses erinnert. Sehenswert sind außerdem die Mosesquelle und die byzantinischen Kirchen in Khirbet el-Mukhayet.

NEBO

AUSKUNFT
Nur in Madaba, auch Hotels und Restaurants sind dort zu finden.

Der geschichtsträchtige **Berg Nebo** ist Teil eines Hochplateaus, das sich etwa 10 km westlich von Madaba hinzieht. In römischer Zeit befand sich dort, wo heute die **Gedächtniskirche** steht, ein Mausoleum. Ägyptische Mönche errichteten im

▶ Nebo

4. Jh. an seiner Stelle eine kleine, dreischiffige Basilika. Zu dieser Zeit verehrte man die Stelle bereits als das Grab Moses, der einer Legende zufolge von Engeln hier beigesetzt worden war. Im 6. Jh. wurde der Wallfahrtsort weiter ausgebaut, in der Kirche neue Mosaikböden verlegt und ein Klosterkomplex hinzugefügt. Im nahe gelegenen Khirbet el-Mukhayet (▶ S. 216) gab es zu dieser Zeit mindestens vier weitere Kirchen. Nach der Islamisierung blieb der Ort eine Kultstätte, wurde aber im späten Mittelalter dennoch verlassen. Erst in der zweiten Hälfte des 19. Jh.s begann die Erforschung des Ras es-Siyagha. 1932 kauften Franziskaner das Gelände, restaurierten die Basilika und errichteten daneben ein neues Kloster.

Mosaik in der Gedächtniskirche

✱ Ras es-Siyagha

Das Erste, was man bei der Anfahrt auf den Berg Nebo sieht, ist ein bizzar wirkendes 10 m hohes eisernes Kreuz, um das sich eine eherne Schlange windet – das Wahrzeichen des Aussichtsberges. Es bezieht sich auf das 4. Buch Mose, wo es heißt: »Da sprach der Herr zu Mose: Mache Dir eine eherne Schlange, und richte sie zum Zeichen auf; wer gebissen ist und sieht sie an, der soll leben ...«.

Eisernes Kreuz

Auf dem höchsten Punkt, umgeben von den Grundmauern des alten Klosters, steht die byzantinische Basilika. Die Hauptattraktion der Kirche ist eines der schönsten frühchristlichen Mosaike: Unter dem Boden des Diakonikons, eines Nebenraums der Mittelapsis, entdeckten Archäologen 1976 ein kreuzförmiges Bassin, ein Taufbecken aus dem frühen 6. Jh., sowie ein 5 x 5 m großes Mosaikfeld. Zwei Inschriften nennen das Entstehungsdatum, das Jahr 425 der Provinz Arabica, das entspricht dem Jahr 531 unserer Zeitrechnung. Auf den beiden oberen Reihen des Mosaiks erkennt man Jagdszenen mit Großkatzen und Bären, einem Wildschwein und Hunden. In der Reihe darunter weidet ein Schäfer seine friedliche Herde und in der untersten Reihe beschließen exotische Tiere wie Strauß, Kamel und ein Zebra, das von zwei Wärtern geführt wird, den Zyklus der Tiere. Die Mosaiken des Mittelschiffes sind an den Wänden des modernen Baus zu bewundern. Rechts vom Altar liegt das Memorial, die uralte Moses-Gedenkstätte.

Gedächtniskirche
✱ ✱
◀ Mosaiken

Die Basilika ist wegen Restaurierung komplett demontiert worden. Bis zum Abschluss der Arbeiten sind die Mosaiken im Besucherzentrum ausgestellt.

Mosesquelle

Etwa 500 m unterhalb von Ras es-Siyagha zweigt nach Norden ein sehr steiles und kurvenreiches, aber asphaltiertes Sträßchen zur Mosesquelle ab. Die Quelle, arabisch Ain Musa genannt, wird von hohen Eukalyptusbäumen und Palmen gerahmt, ist aber keinen Umweg wert. Es gibt Vermutungen, dass sich hier auch das bisher nicht entdeckte Grab von Moses befindet. In der Nähe der Quelle kamen die Reste einer Festung aus der Eisenzeit sowie Ruinen von zwei byzantinischen Kirchen zum Vorschein.

Khirbet el-Mukhayet

Auf dem Rückweg vom Aussichtspunkt Ras es-Siyagha nach Madaba lohnt sich ein Abstecher in das 790 m hoch gelegene Städtchen Khirbet el-Mukhayet, auf deutsch »Ruine der kleinen Nadel«. Vom Parkplatz unterhalb der Gedächtniskirche sind es etwa 5 km bis dorthin (nach 3 km rechts ab, dann noch 2 km auf einem schmalen Sträßchen). Khirbet el-Mukhayet, das biblische Nebo, ist bereits seit 4000 Jahren besiedelt. Der gesamte Hügel von Khirbet el-Mukhayet war von einem 500 m langen und 200 m breiten, ovalen Mauerwall aus vorbyzantinischer Zeit umgeben. In byzantinischer Zeit lag hier ein Klosterkomplex mit mindestens vier Kirchen.

Hauptsehenswürdigkeit von Khirbet el-Mukhayet ist heute die Lot- und Prokop-Kirche. Von dieser ehemaligen Säulenbasilika mit zwei Seitenschiffen sind nur die Säulensockel, das erhöhte Presbyterium und die Mosaiken erhalten, die ursprünglich den gesamten Kirchenboden bedeckten. In den schmalen Seitenschiffen erkennt man Blumenmuster, im Presbyterium sind zwei Schafe und ein Baum dargestellt. Am besten erhalten sind die beiden Mosaikfelder im Mittelschiff, auf denen der Weinanbau und die Traubenverarbeitung abgebildet sind. Menschliche Figuren – so etwa Flötenspieler, Jäger oder Schafhirten – und Tiere, darunter ein Bär, ein Fuchs, Schafe, Hunde, Hasen und Löwen, bevölkern die Szenen. Sollte die Kirche geschlossen sein, kann man sich vom Wächter aufschließen lassen, der in dem Häuschen vor der Kirche wohnt.

★★
Mosaik ▶

★ Pella

D 3

Provinz: Irbid **Höhe:** Meereshöhe

Noch führen die großen Touristenströme an Pella vorbei. Römische und byzantinische Ruinen laden hier in einer landschaftlich bezaubernden Umgebung zur Besichtigung ein.

Ein kleines Paradies

Die Ruinenstätte Pella wird gern im Rahmen eines Ausflugs nach Qalaat ar-Rabad besucht, denn sie liegt Luftlinie nur etwa 20 km westlich dieser Burg im Wadi el-Jirm, einem kleinen Seitental des Jordantals. Die nächste Ortschaft ist das Dorf Tabaqat Fahl. Die Voraussetzungen für eine Besiedlung waren im Wadi el-Jirm schon immer sehr günstig: Bis heute besitzt der Ort eine eigene Quelle, Ain el-Jirm, die das ganze Jahr über Wasser spendet, nur etwa 1 km entfernt sprudeln Thermalquellen, und die umliegenden Hügel schützen den auf Meeresspiegelhöhe liegenden Platz vor der drückenden Hitze im Jordantal und den kalten Winden der jordanischen Berge.

Enge Kontake zu Ägypten

Die berühmteste neolithische Siedlung im Jordantal, Jericho, liegt zwar auf der anderen Seite des Flusses, aber auch Pella kann auf eine fast lückenlose Besiedlung von rund 7000 Jahren zurückblicken. Erstmals erwähnt wurde die Stadt unter dem Namen **Pihilum** vor knapp 4000 Jahren in ägyptischen Aufzeichnungen. In der Bronzezeit (um 2000 v. Chr.) kam das Ostjordanland unter ägyptischen Einfluss. Davon zeugen auch Kunstwerke wie **das berühmte Pella-Kästchen** mit seinen ägyptischen und syrisch-mesopotamischen Stilanleihen. Wo das 13,5 cm hohe Kästchen gefertigt wurde, weiß man nicht. Es belegt jedoch eindeutig die engen »internationalen« Verbindungen schon in der Bronzezeit, wo wertvolle Geschenke den gegenseitigen Respekt der Elite zum Ausdruck brachten. Der Deckel des aus Holz gefertigten und mit Elfenbein verzierten Kästchens zeigt zwei Löwen, zwischen ihnen zwei Uräus-Schlangen; oben bildet eine typisch ägyptische geflügelte Sonnenscheibe den Abschluss.

Der Schöpfer des Pella-Kästchens ließ sich auch von ägyptischer Kunst inspirieren.

Vor rund 3000 Jahren lebten 5000 Menschen in der Stadt, die von Handel und Handwerk geprägt war. Vermutlich umgaben damals noch Wälder die Stadt, denn aus Pihilum ließen sich die Ägypter die Radspeichen für ihre Streitwagen kommen.

Neuer Name, neue Zeit

Erst in der hellenistischen Epoche tauchte die Stadt unter dem neuen Namen **Pella** wieder auf. Brandspuren belegen, dass auch Pella von dem jüdischen Hasmonäerkönig Alexander Jannai, der 82 v. Chr. zahlreiche ostjordanische Städte eroberte, zerstört und niedergebrannt worden war. Im Jahre 63 v. Chr. befreite Pompejus die ostjordanischen Städte von der jüdischen Herrschaft, und wenige Jahre später wurde Pella in den Verband der römischen Dekapolis-Städte

PELLA ERLEBEN

ESSEN

▶ **Erschwinglich**
Pella Resthouse
Oberhalb des Ruinengeländes
Tel. (02) 656 08 99
Von der überdachten Terrasse genießt man einen herrlichen Blick auf die Ruinen von Pella. Spezialität des Hauses: frischer Fisch aus dem Jordan.

ÜBERNACHTEN

▶ **Günstig**
Pella Countryside House
Tel. (079) 557 41 45
Sieben einfache, aber gepflegte Zimmer mit Bad, familiäre, ruhige Atmosphäre, die zum länger Bleiben animiert. Sehr schön: der Blick auf die Ruinen.

aufgenommen (vgl. Kapitel ▶Geschichte). Im 5. und 6. Jh. erreichte die Stadt mit 25 000 Einwohnern ihre größte Ausdehnung. Wassermangel, auf den auch die Anlage zahlreicher Zisternen hinweisen, und Kriege läuteten einen langsamen Niedergang ein. Doch trotz des **schweren Erdbebens** im Jahre 749, das die meisten öffentlichen Gebäude der Stadt zerstörte, blieb der Ort bis in die mamelukkische Periode besiedelt. Im späten 16. Jh. wurden noch 120 Wassermühlen im Fahl el-Tahta in Steuerlisten genannt. Die hohen Steuern aber knebelten die Bevölkerung und trugen dazu bei, dass der Ort verlassen wurde. Erst im 19. Jh. gründeten arabische Bauern das heutige Dorf Tabaqat Fahl.

Ruinen des antiken Pella

Westbasilika Den besten Überblick über die verstreut gelegenen Ruinen hat man vom Resthouse aus, das hoch über dem Grabungsgelände liegt.
Von unten, vom Ort Tabaqat Fahl kommend, erreicht man zuerst die auf einem Plateau stehenden Säulen einer im 5./6. Jh. erbauten Kirche, der sog. Westbasilika. Nördlich davon wurde eine rund 300 000 l fassende Zisterne freigelegt, die allerdings bereits im 7./8. Jh. nicht mehr benutzt wurde.

Wohnhäuser Östlich der Westbasilika, in der Nähe des Grabungshauses der Archäologen, wurden die Grundmauern von Wohnhäusern aus antiker, vor allem aber auch aus omaijadischer, aijubidischer und mamelukkischer Zeit entdeckt und konserviert.

Stadtzentrum Das Zentrum von Pella liegt unten im Wadi el-Jirm. Die römische Stadt besaß außer einem kleinen Theater vermutlich auch eine Säulenstraße und mehrere Tempel. Die Sitzreihen des Theaters wurden zerstört bzw. zu einer Treppe für die byzantinische Basilika (s. u.) umfunktioniert, und von den anderen Gebäuden ist ebenfalls kaum etwas erhalten.

In späterer Zeit verwendeten die Bewohner von Pella die römischen Bauwerke als Steinbruch für neue Gebäude. Als erstes, vermutlich im 5. Jh., entstand die große dreischiffige Basilika, von der heute noch zahlreiche Säulen in den blauen Himmel ragen. Ein monumentaler Treppenaufgang führt vor die Westseite dieser Kirche. Die noch gut erkennbare Treppe wurde im 7. Jh. aus den ehemaligen Steinsitzen des römischen Theaters angelegt. Am unteren Ende der Treppe lagen ursprünglich die Bäder, die man überpflasterte und dadurch einen weiträumigen Platz schuf. Die Kirche diente auch in frühislamischer Zeit noch als Gotteshaus, wurde aber durch das Erdbeben von 746 zerstört. Einige Anbauten der Kirche nutzte man zu dieser Zeit als Ställe, wie die dort gefundenen Kamel-Skelette vermuten lassen.

◀ Basilika

Auf dem Jabal Abu el-Khas, einer aussichtsreichen Anhöhe östlich des einstigen Stadtzentrums von Pella, legte man korinthische Säulenreihen frei, die man ursprünglich für Tempelreste hielt. Heute geht man davon aus, dass es sich ebenfalls um eine dreischiffige byzantinische Basilika aus dem 5. Jh. handelt, die nach dem Erdbeben von 746 ungenutzt blieb.

Jabal Abu el-Khas

Auf dem Jabal Sartaba, in einer Entfernung von 2 km Luftlinie und etwa 300 m über der einstigen Stadt Pella, kamen bei Grabungen die Grundmauern einer hellenistischen Festung zum Vorschein. Sie war über einem quadratischen Grundriss angelegt und besaß 2 m dicke Mauern, die mit mehreren Türmen besetzt waren.

Jabal Sartaba

★ ★ Petra

C 7

Provinz: Aqaba
Einwohnerzahl: 3000 (Wadi Musa)
Höhe: 800 – 1350 m ü. d. M.

Petra, die legendäre Stadt aus Stein, legt nicht nur Zeugnis ab von der faszinierenden Kultur der Nabatäer. Sie ist zudem eingebettet in eine der schönsten Landschaften der Welt und bildet Jordaniens meistbesuchtes Reiseziel.

»Petra ist der herrlichste Ort der Welt. Nicht wegen seiner Ruinen (…), sondern wegen der Farbe seiner Felsen, die ganz rot und schwarz sind mit grünen und blauen Streifen, in kleinen krausen Linien (…) und wegen der Form seiner Klippen und Spitzen und wegen seiner wundervollen Schlucht, in der das Quellwasser dahinschießt.«, beschrieb T. E. Lawrence Petras Pracht.
Inmitten einer schwer zugänglichen Gebirgslandschaft, deren bizarre Felsgebilde an amerikanische Canyons erinnern, verbergen sich die monumentalen Reste einer 2000 Jahre alten Kultur, die allen Ausgrabungen und Forschungen zum Trotz noch viele Rätsel aufgibt. Der

Petra – das achte Weltwunder?

Hauptzugang zu Petra damals wie heute führt durch eine nur wenige Meter breite, steilwandige Felsschlucht, den **Sik** – ein Nadelöhr, das den Besucher unmittelbar vor dem berühmtesten Bauwerk Petras, dem sog. Schatzhaus, wieder ausspuckt. In dem dahinter liegenden Tal und auf den Anhöhen ringsum sind weitere 800 Denkmäler verstreut, in den Sandstein gehauene Gräber mit prächtigen, palastartigen Fassaden, in steiler Höhe angelegte Opferplätze, Kultnischen, Wasserleitungen, Tempel und sogar ein Theater. So geschickt nutzten die nabatäischen Baumeister die Topografie des Ortes, dass natürliche Felslandschaft und künstlich geschaffene Architektur beinahe nahtlos ineinander übergehen und zu einem grandiosen Gesamtbild verschmelzen. Die von der UNESCO zum Weltkulturerbe erklärte Hauptstadt des einstigen Nabatäerreichs ist eines der Juwelen unter den Sehenswürdigkeiten des Nahen Ostens.

Schnee ist möglich!
Petra liegt im südwestlichen Teil Jordaniens, etwa 130 km nordöstlich von Aqaba beim Dorf Wadi Musa. Im Sommer ist es in der hoch gelegenen Region meist sonnig und sehr warm. Dagegen sind im Herbst und Frühjahr plötzliche Regenfälle keine Seltenheit, es kann empfindlich kühl werden und im Winter sogar schneien. Daher außer im Sommer unbedingt an warme Kleidung denken.

Geschichte
Die Nabatäer waren nicht die Ersten, die Petra besiedelt haben. Ausgrabungen ergaben, dass der Felsenkessel von Petra schon im 2. Jt. v. Chr. von den Edomitern bewohnt war. Um 500 v. Chr. wurden sie von den aus dem Süden heranziehenden **Nabatäern** verdrängt, die an diesem strategisch günstigen Platz ihre Hauptstadt errichteten. Die meisten Gräber und öffentlichen Bauwerke entstanden während der Blütezeit des nabatäischen Reiches in den beiden Jahrhunderten um die Zeitenwende. Zu Beginn dieser **Hochphase, im 2. Jh. v. Chr.**, vollzog sich auch der Übergang zu einem monarchischen Staat. Bereits im 3. Jh. n. Chr. begann der Verfall der Stadt. Im 6. Jh. war sie nicht mehr bewohnt. Kreuzritter errichteten einige Jahrhunderte später auf zwei Berggipfeln befestigte Außenposten. 1812 entdeckte der Schweizer Orientalist **Johann Ludwig Burckhardt** (▶ Berühmte Persönlichkeiten) unter kuriosen Umständen die Nabatäerstadt. Da seine Begleiter ihn nicht zu ihr hinführen wollten, gab er vor, am Grabe Aarons auf dem Berg Hor (arabisch Jabal Harun) ein Opfer bringen zu wollen. Daraufhin führten sie ihn durch den Sik und an den Gräbern von Petra vorbei zum Fuße dieses Berges. Burckhardts Tagebucheinträge über Petra wurden erst 1822, fünf Jahre nach seinem Tod, veröffentlicht und erregten vor allem in Großbritannien großes Aufsehen. Bereits vor der Veröffentlichung der Tagebücher folgten zwei englische Offiziere den Spuren Burckhardts. In immer schnellerer Folge kamen englische, französische, amerikanische und deutsche Reisende und Forscher nach Petra.

Wie eh und je führt allein der Weg durch diese enge Felsschlucht zum »Schatzhaus« von Petra. →

GENIES AN DER WEIHRAUCHSTRASSE

Ein grandioser Aufstieg gelang einst den Nabatäern. Vom unbedeutenden Nomadenstamm entwickelten sie sich zu den Herrschern des gesamten Handelsraumes zwischen Damaskus und dem Sinai. Um 100 v. Chr. ließen sie sich in Petra nieder und schufen dort ein Weltwunder.

Sie kamen aus den unendlichen Weiten der arabischen Halbinsel. Sie waren Nomaden, Händler, Karawanenführer, aber auch Handwerker und **hervorragende Wasserbauingenieure**. Vermutlich im 6. Jh. v. Chr. stießen die Nabatäer in die Wüstengebiete des heutigen Jordanien zwischen dem Roten und dem Toten Meer vor. Entlang der berühmten Karawanenstraßen schufen sie einen Sicherheitsstreifen mit bewachten Wasserstellen, die außer ihnen niemand kannte. Auf diesen Wegen blühte vor mehr als 2000 Jahren der Handel mit Luxusgütern: Seidenstoffe aus Indien, Elfenbein aus Afrika und Perlen vom Roten Meer sowie Safran, Myrrhe, Zimt und andere Gewürze wurden an die Mittelmeerküste geschafft. Einen besonderen Stellenwert unter den exotischen Waren hatte das **Harz des Weihrauchbaumes**, das angebrannt einen aromatischen und zugleich betäubenden Duft verströmte, den nicht nur die Götterdiener in den Tempeln der Pharaonen, sondern auch Griechen und Römer zu schätzen wussten. Der Oman und Somalia waren die Lieferanten dieses begehrten Stoffes, der dem Karawanenweg auch den Namen **»Weihrauchstraße«** gab.

Reich durch Handel

Die Nabatäer bauten Futterplätze und Karawanenstationen entlang dieser Handelsroute, sie boten Schutz vor Überfällen und kassierten im Gegenzug Steuern. Vom Wadi Rum führte der Weg fast zwangsläufig durch die fantastische Bergwelt von Petra, wo die Existenz der Nabatäer im Jahre 312 v. Chr. erstmals nachweisbar war. Zum letzten Mal erwähnt wurde das arabische Volk in einer aramäischen

> Die Nabatäer **ZIELE**

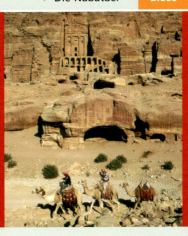

Die Nabatäer stehen für einzigartige Leistungen auf dem Gebiet der Baukunst (hier das Große Urnengrab), des Wasserbaus und Handels.

Inschrift aus dem Jahre 328 n. Chr.; danach verlor sich die Spur der Nabatäer im Dunkeln.

Petras Glanzzeit

Auf dem Höhepunkt seiner Macht angelangt war der Nabatäerstaat in den beiden Jahrhunderten vor und nach der Zeitenwende. Unter König Aretas III. (87–62 v. Chr.) reichte das nabatäische Einflussgebiet vom Sinai bis nach Damaskus. Unbestrittener Mittelpunkt sowohl kulturell als auch politisch war die **»Hauptstadt« Petra** im heutigen Süden Jordaniens. Von der Stadt aus rosarotem Stein behauptete ein britischer Dichter, sie sei »halb so alt wie die Zeit«; ein anderer nannte sie den »Sarkophag einer uralten Zivilisation«. Aretas IV. (reg. 9 v. Chr. bis 40 n. Chr.) steht für die wirtschaftliche und kulturelle Blüte. Unter seine Herrschaft fällt der Bau von Tempeln und Marktplätzen im antiken Stadtkern von Petra, der Wasserleitung im Sik, des Theaters und des Schatzhauses. Die meisten nabatäischen Münzen stammen aus dieser Epoche. Bewundernswert ist nicht nur der Umgang mit Stein, sondern auch mit Wasser, dem »blauen Gold« der Wüstenregionen. Mittels Zisternen und Kanälen, Filteranlagen, Dämmen und Aquädukten sicherten die nabatäischen Baumeister für rund **30 000 Einwohnern** von Petra die Versorgung mit Wasser.

»Petra, eine Stadt, halb so alt wie die Zeit...«

Geschickt verstanden es die Nabatäer, größeren kriegerischen Auseinandersetzungen aus dem Wege zu gehen und sich fast ausschließlich auf den Handel zu konzentrieren. Auch mit den Römern einigten sie sich auf diplomatischem Wege. Selbst als diese im Jahre 100 n. Chr. die Provincia Arabia gründeten und die Schifffahrt auf dem Roten Meer förderten, behielten die Nabatäer ihr Handelsmonopol. Die uneingeschränkte Kontrolle über die Karawanen verloren sie erst, als das einige hundert Kilometer weiter nordöstlich gelegene Palmyra (heute in Syrien) zur neuen Drehscheibe des Orienthandels aufstieg.

PETRA ERLEBEN

AUSKUNFT
Visitor Center
Wadi Musa (der Ort und Petra grenzen aneinander)
Tel. (03) 215 74 33 oder 215 60 20
Ca. 50 m vor den Eingangstoren, geöffnet tgl. 7.00 – 17.00 Uhr. Hier erhält man die Tickets, einen Übersichtsplan und kann geführte Privat-Touren buchen bzw. an den öffentlichen Führungen teilnehmen.

ANREISE
Der schnellste Weg von Amman führt über den Desert Highway bis nach Petra (ca. 3 Std.), sehr viel schöner ist der King's Highway (ca. 5 Std.). Auch Service-Taxis bedienen die Strecke von und nach Amman. Ein Taxi nach Wadi Musa kostet ca. 50 JD. Von Amman aus fahren zur Hauptsaison täglich mehrfach Busse nach Petra, die JETT-Busse starten in Amman um 6.30 Uhr und fahren um 16.00 Uhr zurück. Fahrtdauer einfach ca. 4 Std. Busse verkehren auch nach Kerak, Aqaba und ins Wadi Rum.

ÜBERNACHTEN
In Wadi Musa gibt es heute rund 50 Hotels aller Kategorien, insbesondere der mittleren und gehobenen. Trotz des großen Angebots ist eine sehr rechtzeitige Reservierung ratsam!

▶ Luxus
Grand View
Wadi Musa
Tel. (03) 215 68 71, Fax (03) 215 68 94
133 Z., www.grandview.com.jo
Das Hotel liegt 4 km von Petra entfernt in den Bergen mit wunderbarem Blick über die Felslandschaft des Wadi Musa (Fenster mit Aussicht erfragen!). Gepflegte Sonnenterrasse und Swimmingpool, Restaurant im Haus.

Mövenpick Petra Resort
Wadi Musa
Tel. (03) 215 70 10, Fax (03) 215 70 12
149 Z., www.moevenpick-petra.com
Direkt am Eingang zur Felsenstadt gelegenes Luxushotel, das einen Hauch von Tausendundeiner Nacht verströmt, wunderschöne Räumlichkeiten, sehr großzügige Zimmer. In der Hauptsaison durch zahlreiche Touristengruppen z.T. etwas unruhig.

Baedeker-Empfehlung

Sofitel Taybet Zaman
Wadi Musa, 9 km südöstlich von Petra
Tel. (03) 215 01 11, Fax 215 01 01
97 Z., www.taybetzaman.com

Wie ein Adlerhorst thront die ungewöhnliche Hotelanlage in den Bergen bei Petra. Hier hat man ein verlassenes Dorf wieder aufgebaut, die Häuschen restauriert und mit geschmackvollen Zimmern ausgestattet, die sich in einen wahren Irrgarten aus Gässchen, Winkeln und Höfen öffnen – sehr romantisch. Sagenhafter Blick über die Berge (nach entsprechenden Zimmern fragen!). Um das Dorfambiente abzurunden, bilden zahlreiche Kunsthandwerksläden eine Art Basar. Weiter gehören zu diesem Fünfsterne-Hotel ein traditionelles türkisches Bad, Fitnesscenter und Swimmingpool sowie ein recht gutes, aber teures Restaurant.

▶ Komfortabel
Amra Palace Hotel
Wadi Musa, P.O. Box 124
Tel. (03) 215 70 70
70 Z., www.amrapalace.com
Mitten in Wadi Musa, nur wenige Gehminuten vom Eingang Petras entfernt. Alle Zimmer besitzen eine Klimaanlage, wer möchte, kann abends gegen Aufpreis von 15 JD noch im türkischen Bad entspannen.

Petra Inn
Wadi Musa, P.O. Box 155
Tel. (03) 215 64 03
Fast unmittelbar am Eingang zur Felsenstadt. Die Zimmer sind gut, aber zum Teil etwas dunkel. Von der Dachterrasse herrlicher Blick.

Petra Palace Hotel
Wadi Musa, P.O. Box 70
Tel. (03) 215 67 23, Fax 215 67 24
83 Z., www.petrapalacc.com
Ebenfalls in unmittelbarer Nähe des Eingangs nach Petra. Sehr zu schätzen lernt man an heißen Tagen den Swimmingpool.

▶ Günstig
Moon Valley Hotel
Wadi Musa, Hauptstraße
Tel. (03) 215 71 31, Fax 215 68 24
Wird gerne von Rucksackreisenden frequentiert und ist von Lage wie Aussicht her durchaus zu empfehlen.

ESSEN
▶ Fein & teuer
Mövenpick Petra Resort
Wadi Musa
Im Mövenpick gibt es mehrere Restaurants: Wenn Sie Ruhe suchen, meiden Sie den großen Speisesaal Al-Saraya, der meist von Reisegruppen besetzt ist. Suchen Sie dann lieber das Restaurant Al Iwan rechts der Lobby auf, das für vorzügliche Speisen in orientalisch-feiner Atmosphäre steht. Die Bar Al Maqaad ist ebenso für einen Drink zu empfehlen wie die Dachterrasse des Hotels.

Auch das ist Petra: Imbiss und Souvenirs im Zeichen von Indiana Jones.

▶ Erschwinglich
Petra Forum Restaurant
beim Qasr el-Bint Firaun
Eine von zwei Möglichkeiten, im antiken Petra ein warmes Mittagessen einzunehmen. Das Restaurant ist zur Mittagszeit sehr voll. Allerdings kann man recht hübsch auf der Terrasse essen. Bei gutem Wetter werfen die Köche ihren Freiluftgrill an.

▶ Preiswert
Cleopatra
Wadi Musa, Hauptstraße
Tel. (079) 531 87 75
Wenn Sie Mansaf kosten wollen, das jordanische Nationalgericht (Reis mit Hammelfleisch und Kartoffeln), dann sind Sie hier genau richtig. Auch andere Gerichte der einheimischen Küche stehen auf dem Speiseplan.

EINKAUFEN
Wadi Musa ist nur ein winziges Nest, aber um den Eingang zur Felsenstadt herum lagert sich ein Gürtel aus Souvenirshops aller Art. Von Kitsch bis Kunsthandwerk ist hier alles zu haben. Billiger wird es mit jedem Meter Abstand zum Visitor Center, in Wadi Musa Mitte sind die Preise dann am moderatesten. Kunsthandwerk aus Frauenprojekten und dem Wild Jordan Programm – herrliche Teppiche, handgewebte Stoffe, Kleider, Schatullen, Schmuck – erhält man bei »Made in Jordan«, Hauptstraße, Tel. (03) 215 57 00. Schönen Silberschmuck (nach Gewicht) gibt es gegenüber vom Kloster Ed-Deir.

VERANSTALTUNGEN
Petra by night
Riesiger Andrang herrscht regelmäßig, wenn Petra nachts geöffnet hat. Man schiebt sich in einem Pulk von Menschen durch den kerzenerhellten Sik bis zum Schatzhaus. Tausende Lichter erhellen den Platz, ein Flötenspieler taucht aus dem Dunkel auf und die am Boden sitzenden Besucher erhalten Tee gereicht. Wer Zeit hat, wartet, bis die meisten Besucher wieder auf dem Rückweg sind, und genießt dann die geheimnisvolle Stimmung (Mo. und Do. meist ab 20.30 Uhr, Infos im Visitor Center).

AM ABEND
Cave Bar
Wer nicht mit den Hühnern zu Bett gehen möchte, kann sich in die Cave Bar wagen, untergebracht in einem echten nabatäischen Grab. Dort schwingen mehrheitlich Männer das Tanzbein – im arabischen Kulturkreis durchaus üblich – und die Stimmung ist ansteckend ausgelassen. Wenn der Kellner zum Bezahlen auffordert, leert sich die Bar ohne Wenn und Aber (tgl. ab 20.00 Uhr, im Crown Plaza Hotel, vom Visitor Center aus nicht zu verfehlen Tel. 03/ 215 62 66).

> ! *Baedeker* TIPP
>
> **Petra's Kitchen**
> Sie haben die jordanische Küche lieben gelernt? Wie man Mansaf, Hummus, Tabbouleh, Arais und Mutabal zaubert, kan man sich in Petras Kitchen von Eid Nawafl und sechs einheimischen Köchinnen beibringen lassen. Anschließend speist man d. selbst gekochte Menü gemeinsam unter großem Hallo. Ein Kochabend inklusvie Me und Getränke kostet 30 JD, Hauptstraße, Tel. (03) 215 57 00.

In den 1930er-Jahren wurde das erste Hotel am Ort gebaut – der Petra-Tourismus hatte begonnen. Die Bdul-Beduinen, die zu dieser Zeit noch in Höhlen und Zelten im Stadtgebiet von Petra wohnten, wurden 1985 von der Regierung in eine neu gebaute Siedlung, die mehrere Kilometer nördlich liegt, zwangsumgesiedelt. Nach wie vor verdienen aber viele dieser Beduinen ihr gesamtes Geld in Petra und gehören mit ihren Kamelen, Maultieren und Souvenirständen gehören sie zum Bild der Touristenattraktion. Ein regelrechter touristischer Run setzte ein, als der 1989 teils hier gedrehte Film »Indiana Jones und der letzte Kreuzzug« in die Kinos kam.

Petra und der Tourismus

Planung der Besichtigung

Für die Besichtigung der wichtigsten Denkmäler von Petra sollte man mindestens einen, besser zwei Tage einplanen. Der Eingang in das Ruinengelände liegt am westlichen Ortsrand von Wadi Musa. Eintrittskarten (21 JD für einen Tag) verkauft das dortige Visitor Center. Wer noch Getränke kaufen will, kann dies in den umliegenden Shops tun. In Petra selber gibt es Cafés und zwei Restaurants, die aber verhältnismäßig teuer sind. Wer Proviant dabei hat, kann sich auch abseits der Massen ein ruhiges Picknick-Plätzchen suchen. Das Gelände ist täglich von 6.00 – 18.00 Uhr geöffnet.

Essen und Eintritt

Petra fordert einiges an Gehleistung, daher ist **bequemes Schuhwerk** das A und O einer Besichtigung. Wer nicht gut zu Fuß ist, sollte Alternativen in Betracht ziehen, z.B. sich mit dem Pferd zum Eingang in die Schlucht bringen lassen. Kutschen dürfen durch diese bis zum Schatzhaus fahren, allerdings ist die Fahrt über die Holperstrecke nicht gerade bequem. Vom Schatzhaus aus besteht die Möglichkeit, mit Kamel oder Esel den weiteren Weg fortzusetzen – das kann man auch ganz spontan entscheiden, denn auf Schritt und Tritt werden Esel- und Kamelritte angeboten. Vor allem für den Rückweg machen viele Besucher von diesem Service Gebrauch. Der Weg durch die Schlucht und weiter bis zum Ende des Tales verläuft mehr oder weniger ebenerdig. Urnen-, Palast- und Korinthisches Grab liegen etwas erhöht, sind aber ebenfalls ohne große Anstrengungen erreichbar. Etwas mehr Kondition erfordert der Aufstieg zum Opferplatz und zum Kloster ed Deir. Die Wanderung zum Opferplatz sollte man im Sommer wegen der Hitze möglichst früh morgens unternehmen, die Tour zum ed Deir empfiehlt sich für den Nachmittag, wenn die Fassade dieses Bauwerks von der Sonne angestrahlt wird.

Gut zu Fuß?

> **! Baedeker TIPP**
>
> **Entspannen im türkischen Bad**
>
> Genau das Richtige, um sich von einem langen Tag in Petra zu erholen, ist der Besuch eines türkischen Bades: Mit Hammam-Massagen, Wassergüssen und Dampfbad verwöhnen lassen kann man sich z.B. im Salome Turkish Bath (neben der Arab Bank), Tel. (03) 215 73 42 oder im Amra Palace Hotel, Tel. (03) 215 70 70.

Petra Orientierung

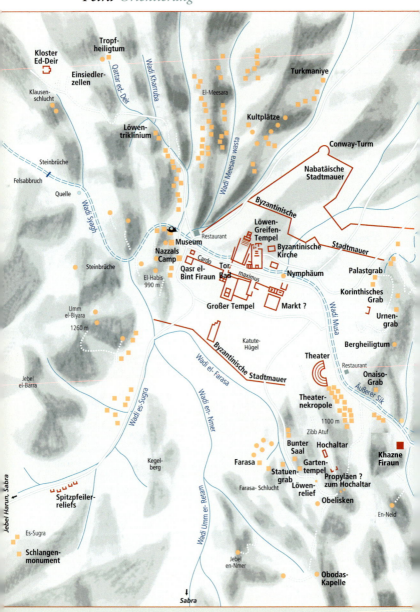

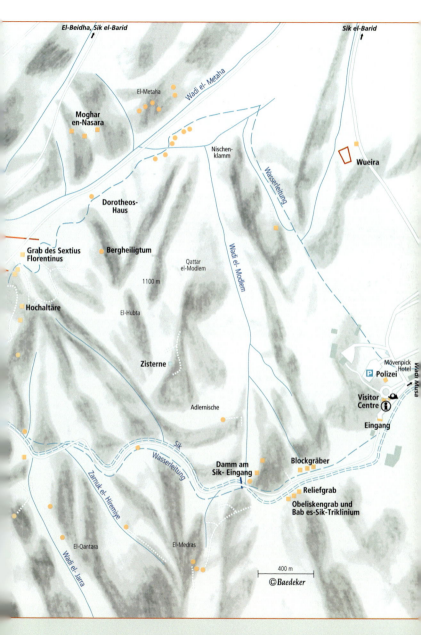

Vom Visitor Center zum Eingang des Sik

Der Auftakt Hat man das Eingangstor passiert, findet man sich zunächst auf einem breiten Schotterweg wieder, parallel verläuft die »Fahrbahn« für die Pferde. Auf der etwa 1 km langen Strecke bis zum Eingang in den Sik liegen bereits die ersten Denkmäler. Etwa nach 500 m kommt man an drei frei stehenden nabatäischen **Blockgräbern** vorbei. Die Gräber, die auch Geistertürme genannt wurden, stammen aus der zweiten Hälfte des 1. Jh. n. Chr. Lange Zeit hielt man sie für Wasserspeicher. Sie weisen den typischen nabatäischen Bauschmuck – abgetreppte Zinnen, Pilaster und Friese – auf. Das Zinnenmotiv kommt aus dem Zweistromland und gelangte vermutlich über persische und phönizische Architekten zu den Nabatäern.

Obeliskengrab Schräg gegenüber von den Blockgräben erhebt sich das Obeliskengrab mit einem Versammlungsraum im unteren Teil, der als Barock-Triklinium bezeichnet wird. Fünf Personen wurden in diesem Grab beigesetzt. Die vier Obelisken und die Statue in der Mitte sollen an die Verstorbenen erinnern. In dem Triklinium wurde vermutlich das Opfermahl für die Toten abgehalten.

Kultplatz el-Medras Etwa 70 m vor dem Eingang zum Sik führt ein kleines Wadi links hinauf zum Plateau el-Medras, einer wenig besuchten und sehr einsam

Der Auftakt: rechts Blockgräber, links Obeliskengrab, in der Mitte der Besucherweg.

gelegenen Kultstätte. Hier hatten vermutlich mehrere nabatäische Familien ihre eigenen Heiligtümer.

Man erreicht el-Medras nach einem Aufstieg von etwa 20 min. über Terrassen, Felswege und Treppen. In den Stein geritzte Zeichen markieren den Weg. Eine nabatäische Inschrift am Altar der Kultstätte besagt, dass sie Dhushara geweiht war. Der nabatäische Gott wurde mit Zeus bzw. mit Dyonisos in Zusammenhang gebracht.

Zurück auf dem Hauptweg erreicht man den Eingang des Sik, einer nur wenige Meter breiten, von bis zu 80 m hohen, senkrechten Felswänden gesäumten Schlucht. Bereits die Nabatäer hatten zum Schutz vor einer Überflutung des Sik bei starken Regenfällen einen Damm aufgeschüttet. Nachdem 1963 eine französische Touristengruppe nach einem unerwarteten Regen in den Wassermassen des Sik ums Leben gekommen war, wurde ein weiterer Damm aufgeschüttet, der das Wasser über einen Felsentunnel ableitet.

Damm und Tunnel

✴ ✴ Durch den Sik

Der Gang durch die etwa 1,2 km lange Felsschlucht, den sog. Sik, der an der engsten Stelle nur 2 m breit ist, bildet den ersten Höhepunkt des Besuches von Petra. Besuchergruppen schieben sich über das uralte Pflaster, das Geklapper der Pferdekutschen hallt von den Wänden wider und der bizzar geformte Sandstein strahlt in den faszinierendsten Farbtönen.

Die Schlucht entstand durch **tektonische Kräfte** und bildete den wichtigsten Zugang zur antiken Stadt. Bis Ende des 19. Jh.s überspannte ein Bogen ihren Eingang, der bei einem Erdbeben einstürzte. In einer der Lithographien, die David Roberts 1838 anfertigte, ist der Bogen noch zu sehen. Der Boden der Schlucht war ursprünglich in einer Höhe von etwa 1,50 m über dem heutigen Niveau mit großen Kalksteinen gepflastert. Reste davon findet man noch in einigen Biegungen, die anderen wurden vom Regen weggespült. Auf beiden Seiten der Schlucht erkennt man knapp über dem früheren Straßenniveau sanft geschwungene **Wasserleitungen**, die das lebensspendende Nass von der Mosesquelle bei Wadi Musa in die Stadt leiteten. In Seitentennischen wurden nach der Katastrophe von 1963 zusätzlich künstliche Steindämme gegen eindringendes Wasser aufgeschichtet. In unregelmäßigen Abständen zeigen die Felswände Nischen, in denen vermutlich Felsgötter standen. Auf halbem Weg steht an einer breiteren Stelle der Schlucht ein isolierter Felsblock, in den das Bildnis einer Gottheit eingemeißelt war. Hier mussten die Karawanenführer vermutlich für den Schutz der Götter bezahlen. Im Mai 1998 wurde der letzte Abschnitt des Sik erneut erforscht und das Bodenniveau abgesenkt. Dabei stießen die Archäologen auf ein interessantes Relief, das auf der linken Seite in die Wand gemeißelt ist. Es zeigt vier **Karawanenführer mit ihren Kamelen**. Allerdings sind nur noch deren Beine sichtbar.

✶ ✶ Schatzhaus (Khazne Firaun / Al-Khazane)

Indiana Jones lässt grüßen

Die Begegnung mit dem ersten Monument der Nabatäerstadt gleicht einer dramaturgischen Inszenierung: Der Sik verengt sich zu einem schmalen Schlitz zwischen dunklen Felswänden und gibt den Blick frei auf eine in den roten Fels gehauene Fassade. Beduinen nannten sie im 19. Jh. Khazne Firaun, »Schatzhaus des Pharao«, denn man glaubte (fälschlicherweise), die Urne auf der Spitze des zweistöckigen Bauwerks enthalte den Schatz eines Pharaos. Versuche, das (in Wirklichkeit massive) Behältnis zu beschießen, um an seinen Inhalt zu kommen, gab es genug, wie die heute noch sichtbaren Kugeleinschläge beweisen. 1989 spielten hier Harrison Ford und Sean Connery die Schlussszene des »Indiana Jones«-Films; Khazne Firaun durfte dabei als Gralstempel herhalten. Heute herrscht auf dem großen Platz vor dem Schatzhaus emsiges Treiben, Kamel- und Eselsführer bieten ihre Dienste an, Beduinenkinder verkaufen hübsch gemusterte Sandsteine aus Petra und bunte Kettchen, Besucher aus aller Welt fotografieren und filmen.

Fassade

Die Fassade des 40 m hohen und 25 m breiten Schatzhauses umfasst zwei Stockwerke und wurde in einem Stück aus dem Felsen gehauen. Im Erdgeschoss öffnet sie sich zu einer Vorhalle mit sechs korinthischen Säulen, von denen die vier mittleren einen Dreiecksgiebel tragen. In den Wandflächen zwischen den äußeren Säulen erkennt man die Reliefs von Männern, Dioskuren mit ihren Pferden. Der tempelartige Rundbau im zweiten Geschoss sprengt den abschließenden Giebel und bringt so Plastizität und Dynamik in die Fassade.

Zwischen den Säulen des Rundbaus stehen Frauenfiguren, von denen die mittlere als Isis oder als Schicksalsgöttin Tyche identifiziert wurde. Von der Vorhalle führen zwei reich geschmückte Portale in je eine Seitenkammer, in der – ebenso wie im großen Hauptraum in der Mitte – vermutlich Särge standen.

Viele Fragen im Hinblick auf das Schatzhaus sind bis heute ungeklärt, insbesondere die nach der genauen **Datierung**, deren Spanne

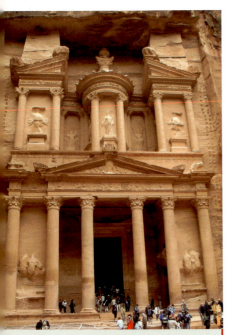

Täglicher Ansturm aufs Schatzhaus

vom 1. Jh. v. Chr. bis zum 2. Jh. n. Chr. reicht. Konsens herrscht mittlerweile zumindest darüber, dass es sich um die Grabanlage einer wohlhabenden oder hochgestellten Persönlichkeit handelt. Ob das Schatzhaus zugleich auch als Heiligtum diente, ist nach wie vor nicht nachgewiesen.

An der Nordseite der Schlucht, gegenüber dem Schatzhaus, ist ein 12 x 12 m großer Saal, ein Triklinium, zu erkennen. Hinter dem Schatzhaus weitet sich der Sik stark und wird von hohen Felsgräbern flankiert, die mit ihren Treppen- und Zinnen-Fassaden die typischen Merkmale der nabatäischen Sepulkralarchitektur aufweisen. Die Zinnen und die Blockhaftigkeit dieser Monumente verleihen ihnen einen geradezu wehrhaften Charakter. Als eines dieser Grabmonumente auf der linken Seite geöffnet wurde, entdeckte man sechs Gräber und eine Wasserleitung.

Triklinium

> ! *Baedeker* TIPP
>
> **Abstecher zur Theaternekropole**
> Halten Sie sich direkt nach den Treppen, die zum Opferplatz hinaufführen, links und gehen Sie zu den Gräbern der Theaternekropole. Hier befindet sich ein besonders schönes, wenn auch kleines Grab. Fast nirgendwo sonst bildet der Sandstein solch herrliche Muster und Farbenspiele.

Wo die Felswand auf der linken Seite etwas weiter zurückweicht, befindet sich vermutlich der älteste Begräbnisplatz von ganz Petra, heute unter dem Namen **Theaternekropole** bekannt, sowie das Theater der Nabatäerstadt. Es wurde unter König Aretas IV. zwischen 4 v. Chr. und 27 n. Chr. erbaut und von den Römern erweitert. Die in den Fels geschlagenen Steinsitze – eine Besonderheit des nabatäischen Thetaers – boten etwa 8000 Zuschauern Platz. Oberhalb und seitlich der Zuschauerränge sind die als Gräber und Wohnungen genutzten Höhlen noch gut sichtbar. Ein schweres Erdbeben im Jahr 365 n. Chr. verschüttete vermutlich das Theater, das Anfang der 1960er-Jahre von amerikanischen Archäologen ausgegraben wurde.

Die kürzere Besichtigungstour führt vom Theater geradeaus weiter an der Felswand mit den sog. Königsgräbern vorbei und weiter zum ehemaligen Stadtkern im hinteren Teil des Talkessels. Wer genug Kondition und Zeit hat, dem sei ein Abstecher hinauf zum großen Opferplatz empfohlen. Zwar muss man mehrere Hundert Stufen erklimmen, wird aber für die Mühe mit einer herrlichen Aussicht über die Felslandschaft von Petra belohnt.

Zwei Routen

✱ Aufstieg zum großen Opferplatz

Es empfiehlt sich folgender Rundgang: Aufstieg über die Treppen vor dem Theater und Rückweg via Fararaschlucht ins Tal. Der Weg zweigt ca. 300 m hinter dem Schatzhaus, also noch vor dem Theater, ab und führt steil bergauf. Kurz bevor der Opferplatz erreicht ist,

Obelisken

führt der Weg an zwei Obelisken vorbei, über deren Bedeutung unterschiedliche Meinungen kursieren. Vermutlich sind es Toten-Gedenksteine, die an ein Königspaar oder zwei wichtige Könige erinnern.

Gipfelplatte mit Opferplatz

Auf der Gipfelplatte genießt man einen fantastischen Blick nach allen Himmelsrichtungen auf die bizarre Bergwelt von Petra und die im Tal liegende Säulenstraße. Der Platz umfasst ein Regenwasserbecken mit Zuleitungen sowie einen Felsenplatz, der als Versammlungsort diente. Eine Treppe in der Nordwestecke dieses Platzes führt zum Opferbereich. Er besteht aus einem Hochaltar für Schlachtopfer, einem kreisförmigen Altar sowie Rinnen und Trögen.

Gartentempel

Auf dem Weg abwärts steht man unvermittelt vor einer fast 5 m großen Löwenfigur, die am Ende einer Wasserleitung lag. Das Wasser sprudelte ursprünglich aus dem Maul des Löwen. Der Kopf des Tieres ist heute zerstört. Daneben sind die Reste eines steinernen Altars zu erkennen. Über eine längere Felsentreppe gelangt man zum Gartentempel. Zwei frei stehende Säulen, die zu einem Vorhof gehörten, sind noch zu sehen. Neben dem Gartentempel bildet eine hohe Mauer die Wand eines früheren Staubeckens.

Renaissancegrab und Bunter Saal

Man passiert nun das sog. Renaissancegrab und das Grab mit dem gebrochenen Giebel. Auf der linken Seite gegenüber dem Statuengrab oder Soldatengrab liegt der Bunte Saal, in dem früher Totenfeste gefeiert wurden. Sein besonders schön marmorierter Sandstein erglüht in der Nachmittagssonne in den unterschiedlichsten Farben von Karmesinrot über Ocker und Orange bis Kirschblütenweiß.

Königswand

Die monumentalen Grabfassaden gegenüber dem Theater werden seit dem 19. Jh. Königsgräber genannt. Forschungen gehen davon aus, dass in diesen Grabanlagen hohe Würdenträger und Mitglieder des nabatäischen Königshauses beigesetzt wurden. Insgesamt wurden in Petra rund 32 000 Bestattungsnischen und rund 1000 Fassaden gezählt.

Urnengrab

Vom Theater her kommend, erreicht man als erstes ein eher unauffälliges Treppengrab. Vor der Grabkammer liegt ein Säulenhof und links von der Fassade ein Triklinium. Das imposante Urnengrab, oft auch als Gerichtsgebäude bezeichnet, erreicht man über neue Treppen. Die Fassade wird von Viertel- und Halbsäulen sowie von Eckpfeilern gegliedert und von einem Architrav mit Giebel und Urne bekrönt. Der 17 x 18 m große Innenraum ist der größte unter den nabatäischen Felsengräbern. In byzantinischer Zeit fanden hier auch Gottesdienste statt, wurde das Urnengrab doch 447 n. Chr. als Kirche geweiht. Es gehört damit zu den **ältesten Kirchen auf jordanischem**

Café in prominenter Lage zu Füßen der Königswand

Gebiet. Die Apsis, wohl eine Erweiterung einer ehemaligen Sarkophagnische, ist deutlich zu sehen.

Die nächste Fassade gehört zum sog. Bunten Grab oder Seidengrab. Seine Halbsäulenfront ist stark von der Erosion abgeschliffen, umso stärker tritt aber die satte rote Farbe in den Vordergrund. Daran schließt sich das noch etwas mehr verwitterte, zweigeschossige Korinthische Grab an. Da es im oberen Teil an die Fassade des Schatzhauses erinnert, geht man davon aus, dass es zur gleichen Zeit wie dieses entstand. Die Kapitelle, die dem Grab seinen Namen gaben, sind allerdings nicht korinthisch, sondern mit Pflanzen verzierte nabatäische Hörnerkapitelle.

Seidengrab

◂ Korinthisches Grab

Obwohl in manchen Teilen von der Erosion schon sehr verwittert, gehört das Palastgrab zu den eindrucksvollsten Denkmälern in Petra. Die ursprüngliche Nutzung des monumentalen Bauwerks gibt immer noch Rätsel auf. Wahrscheinlich wurden vor der repräsentativen Kulisse seiner Prachtfassade Staatsbegräbnisse zelebriert. Hinweise auf Bestattungen konnten bislang allerdings nicht gefunden werden. Um eine fürstliche oder königliche Residenz, wie man aufgrund des Fassadenaufbaus vermuten könnte, hat es sich sicher nicht gehandelt. Dazu sind die vier nur 10 x 7 m großen Kammern viel zu klein.

Palastgrab

Grab des Sextius Florentinus Im Norden beschließt das Grab des Sextius Florentinus die Königswand. Sextius Florentinus war einst römischer Statthalter in Petra und – unter Kaiser Hadrian – Verwalter der Provinz Arabien. Eine Inschrift an dem Grab nennt als Baudatum das Jahr 130 n. Chr. Die Skulptur eines Adlers krönt den Giebel über dem ersten Architrav.

Aufstieg zum Jabal el-Hubta Nördlich der Königswand gibt es für diejenigen, die den Aufstieg auf das Gipfelplateau des Jabal el-Hubta nicht scheuen, Wohnhöhlen, Kultplätze und einen markanten Hochaltar zu entdecken. Die Wege zum Gipfel beginnen neben dem Statthaltergrab bzw. rechts neben dem Urnengrab.

Innenstadt

Cardo maximus Hinter dem Theater öffnet sich ein großes Tal. Parallel zum Bachbett verlief die Hauptachse der Stadt, die zwischen 76 und 114 n. Chr. zu einer gepflasterten Hauptstraße, dem »Cardo«, mit Märkten und anderen öffentlichen Bauten erweitert wurde. Einige Säulen entlang dieser Straße wurden ausgegraben und wieder aufgerichtet. Auf der linken Seite der Straße lagen drei Märkte mit kleineren Läden. Auf der rechten Seite sind die bescheidenen Reste des einstigen Stadtbrunnens, des Nymphäums, erhalten geblieben.

Ebenfalls auf der nördlichen Seite des Cardo liegen die Reste einer dreischiffigen Basilika aus dem 6. Jh., die erst seit 1999 zugänglich sind. Auf dem Boden wurden schöne Mosaiken freigelegt. In einem Nebenraum der Kirche entdeckte man bei den Ausgrabungsarbeiten Papyrusrollen aus dem 6. Jh., die belegen, dass Petra zu dieser Zeit besiedelt war.

Nördlich der Straße und mit dieser durch zahlreiche Treppen verbunden stand ein großes Heiligtum mit Cella und rechteckigem Vorraum. Vermutlich wurde hier die **nabatäische Göttin Atargatis** verehrt. Darauf deuten vor allem die an den Cella-Wänden entdeckten Darstellungen der Göttin hin, die meist auf dem Rücken eines Delfins abgebildet wird. Seinem Figurenschmuck an den Kapitellen ver-

Nicht nur der farbige Sandstein von Petra sporent Fotografen an.

dankt das Bauwerk den Namen **Löwen-Greifen-Tempel** oder »Tempel der geflügelten Löwen«.

US-amerikanische Archäologen haben unlängst einen monumentalen Tempel freigelegt, heute **Großer Tempel** genannt, der wohl das größte freistehende Bauwerk der Stadt war – vielleicht ein Heiligtum, das die verschiedenen Sippen gemeinsam nutzen und jeweils ihre eigenen Gottheiten verehrten. Vom Cardo aus führen die Treppen der einst gewaltigen Propyläen hinauf in einen Hof, der mit sehr schönen sechseckigen Platten ausgelegt ist. Von den seitlichen Hallen stehen mehrere auffallende Säulen: Ihre Kapitelle tragen meisterhaft gearbeitete **Elefantenköpfe**, bei denen die Stoßzähne fehlen. Wahrscheinlich steckten einst echte Stoßzähne in den Aussparungen. 2002 wurden in einem Nebenraum die Reste einer Stuckdecke entdeckt. Rund um den Tempel dauern die Ausgrabungen noch an.

> **? WUSSTEN SIE SCHON ...?**
>
> ■ ... dass in Petra seit 1980 eine mobile Tierklinik verkehrt? Jeden Dienstag verarztet das Team von Dr. Alfarajat oberhalb der Brücke all die Esel, Pferde und Kamele, die die Touristen befördern. Zu den häufigsten Verletzungen gehören Schnitt- und Schürfwunden, die sich die hart arbeitenden Tiere bei Stürzen auf den Felswegen zuziehen. Die Behandlungen sind gratis, doch müssen die Ärzte viel Überzeugungsarbeit leisten, damit die Beduinen Vertrauen fassen und ihre Tiere von Fremden versorgen lassen.

Das dreibogige, 18 m breite Temenos-Tor wurde 114 n. Chr. zu Ehren Kaiser Trajans errichtet und markierte den Übergang vom profanen Bereich der Innenstadt zum heiligen Bezirk um den Haupttempel Petras. Kaiser Trajan revanchierte sich für den Triumphbogen, indem er Petra mit dem Titel **»Metropolis«** bedachte. — **Temenos-Tor**

Südlich oberhalb der römischen Straße thront das Qasr el-Bint Firaun, eines der am besten erhaltenen Bauwerke Petras. Der rätselhafte Name, der so viel bedeutet wie »Palast der Pharaonentochter«, geht auf eine Beduinen-Legende zurück: Eine Prinzessin versprach denjenigen zu heiraten, der ihr fließendes Wasser in ihren Palast bringen konnte. Einer der Kandidaten schaffte dies, indem er die Quelle Ain Harun zum Qasr umleitete. Höchtwahrscheinlich handelte es sich bei dem Bauwerk, dessen Mauern 23 m in die Höhe ragen, um den **Haupttempel von Petra**, der dem nabatäischen Hauptgott Dhushara geweiht war. Als Bauherr kommen König Obodas III. (30 v. Chr – 9 v. Chr.) oder sein Nachfolger Aretas IV. (9 v. Chr. bis 40 n. Chr.) in Frage. — ★ **Qasr el-Bint Firaun**

Westlich des Tempels, an der Ostseite des Felsenberges el-Habis, wurde im sog. Fenstergrab, auch Regenbogentempel genannt, ein kleines archäologisches Museum eingerichtet. Hier sind zahlreiche Funde von Petra ausgestellt, darunter auch nabatäische Keramik, Reliefs und Skulpturen mit nabatäischen Inschriften sowie Reste der ursprünglichen Wasserleitung. Seinen Namen verdankt die Anlage der — **Fenstergrab, archäologisches Museum**

Verpflegung In den Zelten unterhalb des Qasr el-Bint Firaun gibt es Getränke, Lunchpakete und sogar ein warmes Buffet. In klimatisierten Räumen speist man im Basin Restaurant auf der anderen Seite der Brücke über das Wadi Musa.

✱ El-Habis, Umm el-Biyara und Jabal Harun

El-Habis Vom Talschluss beim Qasr el-Bint Firaun aus kann man eine Reihe von Wanderungen zu den umgebenden Gipfeln und den dortigen Denkmälern unternehmen. Der Berg el-Habis (dt. »das Gefängnis«) wartet mit zwei Gipfeln auf, die fälschlicherweise oft als »Akropolis des nabatäischen Petra« bezeichnet wurden. Auf dem 990 m hohen Südgipfel steht die Ruine einer Burg aus der Kreuzfahrerzeit. Ein Treppenweg führt an der Südostseite des Berges hinauf. Auf dem Nordgipfel liegt eine weitere Kultstätte. Nördlich von el-Habis erstreckt sich die Syagh-Schlucht mit einer Quelle und vielen Oleanderbüschen. Auf fast senkrecht aufragende Steinbrüche stößt man beim weiteren Vordringen in dieses Wadi. Sie lieferten einst das Baumaterial für die antike Stadt.

Umm el-Biyara

✱

Ausblick ▶

Weiter südlich liegt das Felsmassiv von Umm el-Biyara, was so viel heißt wie »Mutter der Zisternen«. Auf der 1260 m hohen Gipfelplatte findet man auch tatsächlich mehr als ein halbes Dutzend Regenwasserspeicher. Der Rundblick von hier oben ist unvergleichlich und gilt vielen als **die schönste Aussicht von ganz Petra**. Auf dem steinigen Weg zum Gipfel liegen zahlreiche Gräber, Kultstätten und in den Fels gehauene Säle. Sie dienten möglicherweise als Vorrats- und Zwischenlager für die Waren, die von den Karawanen aus Südarabien transportiert wurden.

Jabal Harun Weiter nach Süden, durch das Wadi es-Sugra mit dem berühmten Schlangendenkmal, führt der Weg zum Jabal Harun mit dem angeblichen Grab Aarons (arabisch Harun). Wer den Jabal Harun besteigen will, sollte sich vorher im Visitor Center über die Bedingungen erkundigen. Auf jeden Fall ist es ratsam, einen ortskundigen Führer mitzunehmen, den das Visitor Centre vermittelt. Der Aufstieg auf den mit 1350 m höchsten Berg in der Umgebung von Petra dauert mehrere Stunden und ist sehr anstrengend.

✱ Aufstieg zum Ed-Deir

Löwentriklinium Am Fuße des kleinen archäologischen Museums beginnt der Pfad zum Ed-Deir, einem der schönsten und imposantesten Felsbauten Petras. Wegen des Lichts sollte man den knapp einstündigen Aufstieg

Als wäre es von den Felsen selbst geboren worden: Ed-Deir, das »Kloster«.

am Nachmittag unternehmen. Man überquert zunächst das Flüsschen Wadi Musa und steigt dann mehr als 800 Stufen hoch. Der Weg durch die Felsenschlucht führt an dem links liegenden Löwen-Triklinium vorbei. Der Eingang, dessen Form durch Erosion entstand und an ein Schlüsselloch erinnert, wird von zwei Löwenfiguren flankiert, die dem Versammlungsraum den Namen gaben. Links neben der Fassade liegen zwei Gräber, zu denen das Triklinium gehörte. Das benachbarte Biklinium mit drei Urnen und nabatäischen Inschriften liegt in der ersten rechts abzweigenden Nebenschlucht. In zahllosen Kehren geht es weiter aufwärts, mit wunderbaren Ausblicken auf den Talkessel von Petra und die Königswand.

★
◀ Ausblick

Über einer in den Felsen geschlagenen Treppe öffnet sich dann der Blick auf eine mächtige Urne und schließlich auch auf das dazu gehörende Bauwerk – ed-Deir liegt vor dem Besucher.
Die breitgelagerte Fassade dieses Felsbaus kommt vielleicht nicht an die Ausstrahlung des Schatzhauses heran, beeindruckt dafür aber durch ihre klare Gliederung und ihre gewaltigen Ausmaße – 47 m breit und 43 m hoch ist das Bauwerk, und allein die bekrönende Urne hat bereits eine Höhe von 9 m. Früher konnte man auf der linken Seite zum Dach hinaufsteigen, doch dieser Weg erwies sich als zu gefährlich und wurde deshalb zugemauert. Die irreführende Bezeich-

★★
**»Kloster«
Ed-Deir**

nung Ed-Deir (arab. = Kloster) hat sich möglicherweise durch eine spätere Nutzung als Einsiedelei eingebürgert. Im quadratischen Felsensaal von Ed-Deir gibt es keine Nischen für die Totenbestattung. Man vermutet deshalb, dass Ed-Deir kein Mausoleum, sondern ein Tempel war.

Aussicht Gegenüber dem ed-Deir (das Café links neben sich lassen und dann nach den Stufen rechts halten) geht es zu zwei weiteren Aussichtspunkten, die einen fantastischen Blick auf das Wadi Araba freigeben.

Umgebung von Petra

Wadi Musa Wer Petra besucht, kommt unweigerlich durch diesen Ort, der den gleichen Namen trägt wie das Tal: Wadi Musa. Der rötliche Anstrich seiner Häuser, die an den Hängen des Wadi Musa hinaufklettern, verleiht dem Ort ein eigenwilliges, vergleichsweise homogenes Bild. Das Wasser der Ain Musa-Quelle ermöglicht den Bewohnern den Anbau von Obst und Gemüse. Trotz des Tourismus und den mittlerweile über 50 Hotels im Ort hat Wadi Musa kein nennenswertes Eigenleben als Kleinstadt entwickelt – die meisten Touristen sind ausschließlich auf die Besichtigung Petras konzentriert und bleiben im Durchschnitt nur drei Tage.

Mosesquelle ▶ Die einzige Sehenswürdigkeit von Wadi Musa ist die sog. Mosesquelle, die sich in einer kleinen Moschee mit drei Kuppeln verbirgt. Das Gebäude steht gleich am Ortseingang rechts. Der Stein im Inneren, unter dem das Wasser hervorquillt, soll die Spuren des Hirtenstabes zeigen, mit dem Moses, der auch von den Muslimen verehrt wird, das Wasser schlug. Dass dies in Petra stattfand, ist zumindest nach 4. Moses 20 sehr unwahrscheinlich, hat der religiösen Bedeutung des Ortes für die Einheimischen jedoch keinen Abbruch getan. In nabatäischer Zeit wurde das Quellwasser über einen kilometerlangen Kanal nach Petra geleitet.

Wuweira Verlässt man Petra in Richtung des Sik el-Barid (am Visitor Center vorbei nach Norden), dann erreicht man nach knapp 5 km die Kreuzritterburg Wuweira. Sie thront in exponierter Lage auf einem Felssporn. Ein schmaler Steg führt über den beängstigend tiefen Burggraben. Die Anfang des 11. Jh.s errichtete Burg wurde 1189 von Saladins Truppen eingenommen. Obgleich heute Ruine, ist die Festung sehr beeindruckend.

Sik el-Barid, Beidha Etwa 2 km weiter nördlich erreicht man Sik el-Barid, eine antike Siedlung, die möglicherweise eine Vorstadt von Petra war. Zu sehen sind u. a. noch Überreste von Wasserleitungen, Zisternen und ein Haus. An den Wänden dieses Hauses blieben Fresken mit Pflanzen- und Tiermotiven erhalten. Nur wenige Kilometer südwestlich von Sik el-Barid liegt auch Beidha, eine der ältesten Siedlungen Jordaniens aus der Zeit um 7000 v. Chr.

★ Salt (As Salt)

Provinz: Belqa **Einwohnerzahl:** 70 000

In Salt blieb der osmanische Altstadtkern mit seinen charakteristischen Wohnhäusern erhalten – ein Ensemble, das man sonst in keiner anderen jordanischen Stadt so unversehrt vorfindet.

Das Verwaltungszentrum der Provinz Belqa liegt rund 30 km nordwestlich von Amman reizvoll zwischen zwei Berghängen. Bis zum Ersten Weltkrieg war die wasserreiche, vom Klima begünstigte Stadt die wichtigste Metropole in Transjordanien. Heute steht Salt, was seine Größe und politische Bedeutung betrifft, längst im Schatten von Amman, an das es in den 1920er-Jahren die Hauptstadtfunktion abtrat. Von da an wuchs die Stadt nur noch sehr langsam.

Einst Hauptstadt

An die römische Vergangenheit erinnert der alte Name der Stadt: Gadora. Als Saltos Hieraticon war Salt in der byzantinischen Epoche **Bischofssitz**. Die Mongolen zerstörten 1260 die Festung, die als Bastion gegen die Kreuzfahrer angelegt worden war. Ein Jahr später wurde sie von dem Mameluckensultan Baibars wieder aufgebaut. Nach dem Einmarsch ägyptischer Truppen im Jahre 1840 fiel die Festung endgültig; heute steht an ihrer Stelle eine große Moschee. Bereits dem frühen 19. Jh. war Salt eine rege Handelsstadt am Rande des Osmanischen Reiches. Auf den fruchtbaren Böden in der Umgebung baute man Trauben an, die getrocknet – als Sultaninen – in alle Welt exportiert wurden. Seine Blütezeit erlebte Salt in den letzten Jahrzehnten des 19. Jh.s. Nachdem die Osmanen das Gebiet erneut enger an das Reich angegliedert hatten, ließen sich wohlhabende Kaufleute aus Palästina in Salt nieder und errichteten sich prächtige Wohnhäuser. Bis 1950 gab es in Salt die einzige höhere Schule des Landes.

Geschichte

Sehenswertes in Salt

»Die Stadt Assalt liegt am Hang eines so steilen Hügels, dass die Häuser übereinander ansteigen wie eine Folge von Treppen oder Terrassen, wobei die Gebäude meist nach Osten oder Süden ausgerichtet sind. Auf dem Gipfel des Hügels steht eine große Burg, die auf die Häuser hinabblickt und das Stadt-

▶ SALT

AUSKUNFT
Salt ist (noch) ein touristisches Niemandsland, es gibt nur eine winzige Touristeninformation in der Dayr St. (Tel. 05/355 56 52) und keine Hotels (Übernachten also in Amman).

ESSEN
▶ **Preiswert**
Al-Salam
Maydan St., Tel. (05) 355 21 15
Gute arabische Küche, genau zwischen den beiden Museen gelegen.

bild vollkommen beherrscht.« Diese Beschreibung von Salt aus dem frühen 19. Jh. stimmt immer noch weitgehend – abgesehen von der Burg, die mittlerweile durch eine Moschee ersetzt ist. Salt ist eine typisch arabische Stadt mit einer sympathischen, lebendigen Atmosphäre. Da es der Stadt an bedeutenden Sehenswürdigkeiten mangelt, verirren sich Reisegruppen nur selten hierher. Wer sich für das spätosmanische Erbe in Jordanien interessiert, ist hier allerdings genau richtig, denn das Zentrum von Salt hat sich seit 100 Jahren kaum verändert. In den engen Gassen der Altstadt sieht man viele osmanische Häuser mit hölzernen Balkonen und rundbogigen Fenstern.

Museum Bei einem Spaziergang durch die Altstadt kann man auch dem kleinen, didaktisch gut aufbereiteten archäologischen Museum mit Funden aus der Umgebung einen Besuch abstatten (Öffnungszeiten: tgl. außer Freitag 8.00 – 17.00 Uhr).

Salt Zaman Für eine Kaffee- oder Teepause bietet sich das Salt Zaman an, ein altes, liebevoll restauriertes Gebäude im Herzen der Stadt, eingerichtet mit Antiquitäten und Kunsthandwerk aus der Sammlung des Besitzers. Heute sind hier ein Café und ein Restaurant eingerichtet, in dem abends traditionelle Lautenmusik gespielt wird.

Salt Handicraft Training Center Lebendig geblieben ist auch die handwerkliche Tradition der Stadt, die in der Seidendruckerei, in der Töpferkunst und der Weberei weiter lebt. In der Handwerksschule (3 km außerhalb der Stadt) vermittelt eine kleine Werkschau einen Überblick hiervon.

★ Totes Meer (Yam Ha Mela · Al Bahr al-Mayyit)

C/D 4/5

Provinz: Madaba, Kerak

Am tiefsten begehbaren Punkt der Erde: Die Sonne scheint milde durch einen zarten Schleier, ihre farbenprächtigen Untergänge sind berühmt, das Wasser des Toten Meeres schimmert mehr grau als blau und fühlt sich merkwürdig ölig an. Alle Hotels verfügen über einen Pool, denn zum Schwimmen taugt dieses Meer nicht.

Baden mit Zeitung Bilder von Menschen, die sich auf der Wasseroberfläche des Toten Meeres treiben lassen und gemütlich Zeitung lesen, hat sicher jeder schon gesehen. Der im Schnitt 31,5-prozentige Salzgehalt des Gewässers sorgt für einen enormen Auftrieb, der das Untergehen verhindert. Doch auch Schwimmen ist deshalb fast unmöglich. Ein richtiges Badevergnügen will sich sowieso nicht einstellen, denn innerhalb kürzester Zeit ist man mit einer Salzkruste bedeckt (die man möglichst bald nach dem Bad abduschen sollte), und jede noch so kleine offene Stelle am Körper brennt unangenehm, sobald man ins Wasser

Das Salz lagert sich in dicken, hübsch anzusehenden Kristallen ab.

steigt. Das Ufer ist gesäumt mit Schildern, die darauf hinweisen, Wasserspritzer ins Auge sofort mit Süßwasser auszuspülen.
Dass sich am **tiefstgelegenen Gewässer der Erde** (Seespiegel 418 m unter NN) dennoch Tourismus entwickelte, hat mit der Heilkraft des Schlammes aus dem Toten Meer zu tun, der zur Behandlung von Rheuma- und Hauterkrankungen eingesetzt wird. Luxushotels bieten hingegen Wellness in allen Spielarten und haben das Tote Meer als »largest spa in the world« entdeckt. Und wenn es Freitag ist, also »Sonntag« für die Moslems, strömen die Gäste aus dem nur eine Autostunde entfernten Amman herbei. Am Strand sieht man überall schwarze Gestalten, die sich zum Gaudium mit Schlamm eingeschmiert haben und eine schöne Haut erhoffen.

Mit einer Fläche von rund 600 km² ist das abflusslose, bis zu 376 m tiefe Tote Meer das größte Binnengewässer Jordaniens. Mittendurch verläuft die Grenze zu Israel und ringsum erhebt sich ein steiler Kranz aus Bergrücken. Auf jordanischer Seite sind dies die bis zu 1300 m hohen moabitischen Berge, auf der westlichen Seite erheben sich die judäischen Berge bis über 1000 m Höhe.
Das Tote Meer ist extrem arm an Flora und Fauna, da wegen des hohen Salzgehalts – er ist mehr als zehnmal so hoch wie der Salzgehalt

Meer ohne Fische

der Meere – weder Fische noch Pflanzen in diesem Gewässer leben können. Bereits im Alten Testament wird das Tote Meer deshalb als **»Fluch Gottes«** bezeichnet. Die schwarzen Bitumenbrocken, die man an manchen Stellen auf dem Wasser schwimmen sieht, sind verantwortlich für den Namen »Asphaltsee«, der bei dem Historiker Flavius Josephus im 1. Jh. n. Chr. erstmals auftaucht. Die Nabatäer verkauften den Naturasphalt nach Ägypten zum Einbalsamieren. Der arabische Name »Bahr Lut« bedeutet so viel wie »Meer des Lot«. Nur ein Schiff verkehrt auf diesem Meer. Sein Name ist »Lots Weib«, denn die Versalzung betrifft auch alle Teile des Schiffs, das regelmäßig mit einem Hammer von dicken Salzpaketen befreit werden muss.

Blick in die Geschichte

Das Tote Meer ist Teil eines gewaltigen Grabeneinbruchs, der vor Jahrmillionen von der Türkei bis Ostafrika entstand. Noch vor 100 000 Jahren reichte die Wasserfläche vom See Genezareth bis zum Roten Meer. Das Meer zog sich zurück und hinterließ einen 200 km langen Binnensee, dessen Wasseroberfläche 200 m höher lag und den See Genezareth, das Jordantal und das heutige Tote Meer einschloss. Durch mangelnden Zufluss und starke Verdunstung blieben schließlich nur der See Genezareth und das Tote Meer übrig. Im Süden bei der Halbinsel Lisan konnte man in der Antike angeblich über eine Furt zum 5 km entfernten Westufer laufen. Heute beträgt die Wassertiefe hier immerhin 5 – 10 m.

Stirbt das Tote Meer?

Der Jordan ist der wichtigste Zufluss des Toten Meeres. Weil dem Fluss jedoch von Israel wie von Jordanien immer mehr Wasser abgezapft wird, fiel der Pegel des Toten Meeres auf einen mittlerweile alarmierend niedrigen Stand. So ist in den vergangenen 30 Jahren die Seeoberfläche um ein Drittel geschrumpft, und dieser Prozess dauert an. Andere Zuflüsse können den Wasserverlust nicht ausgleichen. Auch der in den 1980er-Jahren entwickelte, 2005 und 2006 noch einmal von Israel, Jordanien und den palästinensischen Autonomiegebieten bekräftigte Plan, mittels eines Kanals vom Roten Meer den Wassergehalt des Toten Meeres stabil zu halten, wurde bisher nicht umgesetzt. Umweltschützer warnen sowieso vor dem »Red to Dead«-Kanal. Sie befürchten katastrophale Konsequenzen, sollte Meer- statt Süßwasser ins Tote Meer geleitet werden. So könnte es zu ungewollten chemischen Reaktionen, etwa großflächiger Gipsbildung kommen. Das Sinken des Wasserspiegels hat indes für die Anwohner drastische Folgen. Denn der Boden der Uferzonen ist sehr porös. Wird ihm das »stützende« Wasser entzogen, besteht die Gefahr von Erdeinbrüchen. Dass akuter Handlungsbedarf besteht, ist allen Anrainern klar.

Sehenswertes am Toten Meer

Bethanien

Die Stelle im Jordan am Nordende des Toten Meeres, an der Johannes der Täufer Jesu getauft haben soll, ist auf S. 178 beschrieben.

▶ Totes Meer ZIELE 245

▶ TOTES MEER ERLEBEN

AUSKUNFT
Für Auskünfte muss man auf das Büro in Amman (s.d.) zurückgreifen.

ÜBERNACHTEN/ESSEN
▶ Luxus
Dead Sea Spa Hotel
Suwaima, Dead Sea Road
Tel. (06) 560 15 54, Fax 568 81 00
100 Z., www.jordandeadsea.com
Eines der ältesten Hotels, dennoch in Ordnung. Die Zimmer zum Meer sind schöner und ruhiger. Großes Gesundheitszentrum und ein Aqua Fun Center für Kinder.

Kempinski Hotel Ishtar
Suwaima, Dead Sea Road
Tel. (05) 356 88 88, Fax 356 88 00
318 Z., www.kempinski-deadsea.com
Derzeit bildet das 2006 eröffnete Kempinski das Highend der Luxushotels am Toten Meer. Mehrere Restaurants und Bars, eine lagunenartige Schwimmlandschaft, erlesenes Wellness-Angebot.

Baedeker-Empfehlung

Mövenpick Resort & Spa Dead Sea
Suwaima, Dead Sea Road
Tel. (05) 356 11 11, Fax 356 11 22
340 Z., www.moevenpickdeadsea.com
Luxuriöses Haupthaus, sehr viel schöner ist allerdings das Wohnen in der als Beduinendorf gestalteten Anlage. Allgemein wird großer Wert auf Gartengestaltung gelegt. Drei Pools und acht Restaurants, darunter mit arabischer, italienischer oder asiatischer Küche. Eigenes Therapiezentrum und große Wellness-Abteilung.

SPORT
▶ Baden
Hotelstrände kann man als Nicht-Gast für eine Gebühr zwischen 12 und 20 JD besuchen. Der öffentliche Strand, »Amman-Strand« genannt, liegt 2 km südlich der großen Hotels. Für 4 JD kann man die von der Stadtverwaltung Amman bereitgestellten Sonnenschirme und Duschen nutzen. Vor allem freitags sehr voll!

▶ Klettern
25 km südlich der Hotels mündet das Wadi Mujib ins Tote Meer. Man kann im Wadi wandern, am besten im Rahmen einer der geführten Touren, die zwischen 2 und 9 Std. dauern; wadiabwärts auch mit Klettern, Abseilen und Durchschwimmen des Wadis buchbar (Buchung über RSCN: www.rscn.org.jo/AdventuresVisit.asp)

▶ Dead Sea Marathon
Jährlich findet ein Marathonlauf statt, der in Amman beginnt und am »tiefsten Punkt der Erde« endet. Anmeldung: www.deadseemarathon.com oder Tel. (06) 567 76 60.

Kletterparadies Wadi Mujib

Enge Mündung, großer Schwemmkegel, scharfer Einschnitt in die Berge: Wadi Mujib

Suwaima   Eine gut ausgebaute Küstenstraße führt am Ostufer des Toten Meeres entlang. Sieht man von ein paar Ausblicken auf das meist ruhig daliegende Gewässer ab, dann ist die Fahrt nicht gerade spektakulär. An der Nordspitze liegt Suwaima (Sweimeh). Kurz hinter der Abzweigung zu dem Ort geht es rechts ab zum Dead Sea Resthouse mit Freibad, Süßwasserduschen, Bungalows und Campingplatz. Etwa 5 km weiter erreicht man die »Hotelmeile« am Ostufer.

Callirhoe   Hinter dem Dead Sea Salt Land Village wird die Küste steiler und abwechslungsreicher. Immer wieder schneiden kleine Schluchten (Wadis) in das Küstengebirge ein. Nach etwa 15 km erreicht man die heißen Quellen, in denen schon König Herodes Linderung von seinen Leiden suchte. Auf der berühmten Palästinakarte in der Georgskirche von Madaba ist sie unter dem Namen »Therma Callirhoe« eingezeichnet. Von der antiken Badeanlage wurden ein paar Gebäudereste freigelegt. Touristen können in den Becken, die wenige Meter oberhalb der Straße liegen, ein Bad im warmen Quellwasser nehmen. Besonders idyllisch ist der Ort allerdings nicht.

★★
Wadi Mujib   Nach etwa 10 km erreicht man die Stelle, an der das Wadi Mujib (Wadi al-Muijb), eine schmale, von steilen Felsen gerahmte wildro-

mantische Schlucht, ins Tote Meer mündet. Besonders stimmungsvoll ist der Anblick der steilen Felsflanken morgens und am späten Nachmittag, wenn der Sandstein in Beige, Rostrot oder Rosa schimmert. Eine Staumauer verhindert, dass das Regenwasser, welches sich im Wadi ansammelt, ungenutzt ins Tote Meer fließt. Autos passieren die Mündung über eine Brücke. Der Zutritt in die Schlucht von hier aus ist durch einen Zaun versperrt, legal betritt man das Gebiet durch das jüngst eröffnete Besucherzentrum des RSCN, das auch einen Zeltplatz besitzt. Das Gebiet ist allerdings ökologisch sehr sensibel: Im Wadi Mujib Nature Reserve (s.u.) leben z.B. mühsam wiederangesiedelte Steinböcke, Leoparden, Wölfe und Karakale, daher sollte man nur mit einem Ranger zu Wanderungen aufbrechen. Man erfährt auf diese Weise sehr viel über diesen einzigartigen Naturraum (Infos s. S. 245).

◀ »Grand Canyon Jordaniens«

Wadi Mujib selbst gilt als der »Grand Canyon Jordaniens«. Wer nicht nur seine Mündung erleben will, muss entweder an einer der Trekking- oder Climbing-Touren des RSCN (s.o.) teilnehmen oder ans Ostende der Schlucht fahren. Dieses erreicht man über die Königstraße südlich von Madaba: Zwischen Dhiban und Ariha öffnet sich urplötzlich der atemberaubende Blick in den 400 m schroff abfallenden Canyon. Er bildete in biblischer Zeit die Grenze zwischen den Reichen von Ammon im Norden, später die israelitische Einflusssphäre, und Moab im Süden. Heute steht das ganze Gebiet von Canyon und Umgebung auf 215 km² unter Naturschutz. Wie schon bei ▶Dana liegt im Wadi Mujib Nature Reserve ein besonderer Reiz in den großen Höhenunterschieden (ca. 900 m über NN bis 400 m unter NN) auf kurzer Distanz, die zur Ausbildung völlig verschiedener Biotope führen.

Auch wenn sich heute die Autos scheinbar mühelos auf den zahllosen, gut ausgebauten Kurven und Kehren ins Tal hinab und auf der anderen Seite wieder hinaufschlängeln, bleibt der Eindruck einer unwegsamen, ja beinahe unpassierbaren Landschaft. Vor allem von der Plattform auf der nördlichen Seite des breiten Tales bietet sich ein fantastischer Ausblick auf diese Szenerie.

Lisan-Halbinsel

Zurück ans Tote Meer: Setzt man von der Wadi-Mujib-Mündung aus die Fahrt gen Süden fort, erreicht man eine kleine Halbinsel, die das Tote Meer in zwei ungleiche Teile gliedert. Die Landschaft hat hier ihren Wüstencharakter völlig verloren – flach und weitgehend grün senkt sich das Land zum Ufer ab.

Safi

Safi, in der Antike Zoar genannt, liegt am Südostende des Toten Meeres zwischen der neuen Straße nach Aqaba und den Salzebenen. In der Umgebung von Safi wird derzeit versucht, mit der Verdunstung durch Sonnenenergie jährlich 1,2 Mio. Tonnen Pottasche aus dem Toten Meer zu gewinnen.

◀ Lots Höhle

Bei Deir Ain Abata, einer Quelle 2 km nördlich von Safi, auf einem Hügel über dem Toten Meer, wollen Archäologen die Höhle gefunden haben, wo der Legende nach Lots Töchter Moab und Ammon zur Welt brachten. Bei der Höhle wurden Reste einer Basilika ausgegraben, die zu einem byzantinischen Klosterkomplex gehörte. Dieser ist auch auf der Madaba-Karte erwähnt (▶S. 209). Die Pilger, die die Höhle des Lot besuchten, fanden hier Aufnahme. Mosaikfußböden, Gräber von Mönchen und ein geschlossener Wasserspeicher wurden ebenfalls entdeckt. Vor Ort genießt man eine schöne Aussicht über Safi und die Halbinsel Lisan.

Bab adh-Dhira

Der Name Bab adh-Dhira (Bab edh-Dhra) steht für einen der größten Friedhöfe des Vorderen Orients aus der Zeit vor mehr als 4000 Jahren. Das bronzezeitliche Gräberfeld liegt auf einem Hügelplateau und ist nur zu Fuß zu erreichen (ca. 30 min. Fußmarsch). Um an den Eingang des umzäunten Geländes zu gelangen, muss man von der Uferstraße auf der Höhe der Lisan-Halbinsel nach Kerak abzweigen – es ist die einzige Verbindung zwischen dem Toten Meer und Kerak und deshalb kaum zu verfehlen. Schon nach etwa 100 m liegt linker Hand der Zutritt zu dem Hügel.

In der Frühbronzezeit (3600–2000 v. Chr.) war Bab adh-Dhira in mehreren Phasen bewohnt und wurde später noch als Friedhof genutzt. Bei Ausgrabungen stieß man auf insgesamt rund 20 000 Gräber. Aufschlussreich ist die Art der Bestattung, denn die Toten wurden nicht mehr in Schachtkammergräbern, sondern zu mehreren in rechteckigen Beinhäusern aus Lehmziegeln beigesetzt. Zum Teil zählen diese Mehrfachbestattungen bis zu hundert Personen. Dies deutet darauf hin, dass die einstigen Nomaden sesshaft geworden waren. Dabei bildet Bab adh-Dhira eine der ersten stadtähnlichen Siedlungen östlich des Jordan. Offenkundig fühlten sich die Siedler bedroht, wie der bis zu 7 m dicke Mauerring um die Stadt erahnen lässt. Am Übergang zur mittleren Bronzezeit (um 2000 v. Chr.) wurde der Befestigungswall zerstört. Ob dafür Kampf und Krieg die Ursachen waren, ist unklar. Bab adh-Dhira erlosch nicht, ging aber nun auf die Größe eines Dorfes zurück.

Sodom und Gomorrha?

Auch das 14 km südlich von Bab adh-Dhira gelegene **Numeira** war in der frühen Bronzezeit besiedelt. Eine 40 cm dicke Ascheschicht über den Resten der Stadt könnte darauf hindeuten, dass Numeira gewaltsam durch Feuer zerstört worden war. Umstritten ist, ob Bab adh-Dhira und Numeira die in der Bibel erwähnten Städte Sodom und Gomorrha sind, die wegen der Sündhaftigkeit ihrer Bewohner von Gott vernichtet wurden. »Da ließ der Herr Schwefel und Feuer regnen vom Himmel herab auf Sodom und Gomorrha« (1. Mose 19,24). Auf Abrahams Fürbitte hin wurden allein Lot und seine Familie verschont – allerdings gebot Gott ihnen, sich beim Verlassen der brennenden Stadt nicht umzudrehen. Da Lots Frau sich aber nicht daran hielt und zurückschaute, erstarrte sie zur Salzsäule. Nach israelischer Auffassung liegen diese Städte auf der Westseite des Toten Meeres auf israelischem Staatsgebiet.

Umm el-Jimal (Umm al-Gimal)

Provinz: Mafraq

Die antike Ruinenstadt Umm el-Jimal liegt im Nordosten des Landes, am Rande der Basaltwüste. Die ganz aus dem dunklen Stein erbaute Stadt ist die am besten erhaltene antike Siedlung dieser Art in Jordanien.

Fast alle Wege nach Umm el-Jimal führen über Mafraq. Die Kleinstadt (20 000 Einwohner) liegt etwa 70 km nordwestlich von Amman am Rande einer fruchtbaren Ebene und im Kreuzungsbereich der Nord-Süd-Achse Damaskus – Amman mit der Straße nach Bagdad. Nach dem russisch-türkischen Krieg 1877/1878 siedelte Sultan Abd el-Hamid II. in Mafraq moslemische Tschetschenen als Wehrbauern an, um die Überfälle der Beduinen abzuwehren. Ab 1903 gab es hier auch eine von insgesamt 48 Haltestellen der berühmten Hedschasbahn (▶ Baedeker-Special S. 114). Positiv auf die Entwicklung der abgelegenen Stadt wirkte sich in den 1930er-Jahren der Bau einer Pipeline aus dem Irak nach Haifa aus. Heute ist Mafraq Verwaltungszentrum der gleichnamigen Provinz. Wäre nicht Umm el-Jimal, so würde sich dennoch kein Tourist hierher verirren.

Mafraq

Sehenswertes in der Ruinenstadt

In der Nähe von Umm el-Jimal kreuzten sich in der Antike die Handelsstraßen, die von Jordanien und Syrien in den Irak führten. Die im 2. Jh. n.Chr. am südlichen Rand der südsyrischen Basaltebene gegründete Siedlung lag in einer Art Schutzzone hinter dem römischen Limes Arabicus. Sie hieß damals »Hauran Thatia« oder »Thainatha«. Die Bewohner verstanden sich auf ein gutes Wassermanagement, sammelten den Niederschlag der regenreichen Wintermonate in Zisternen und speicherten ihn dort das ganze Jahr über. So verfügte die Siedlung, obwohl sie keine Quellen besaß, über genügend Wasser, um als Karawanenstation zu dienen – daher auch der Name Umm el-Jimal, der so viel wie **»Mutter der Kamele«** bedeutet. Nabatäische Inschriften und Gräber, die man in der Stadt fand, weisen darauf hin, dass das Wüsten-

Alte Karawanenstation

 UMM EL-JIMAL

ANFAHRT

Umm el-Jimal liegt etwa 20 km östlich von Mafraq, wenige Kilometer nördlich der Straße nach Bagdad (14 km auf der Straße nach Bagdad, von der Abzweigung weitere 4 km). An dem Kreisverkehr vor der Ruinenstadt sollte man rechts fahren und neben der sog. Kaserne, einem gut erhaltenen Turm mit zweigeschossigem Anbau, halten. Es gibt hier kaum Schatten, also am besten morgens oder abends besuchen.

Umm el-Jimal *Orientierung*

volk im 2. Jh. n. Chr. in der Region von Umm el-Jimal noch Handel trieb. Auch das ausgeklügelte System der Zisternen in Umm el-Jimal weist auf die Präsenz der Nabatäer hin, die als Meister der Wasserversorgungstechnik gelten.

In byzantinischer Zeit war Umm el-Jimal eine blühende Stadt mit ca. 5000 Einwohnern auf einer Fläche von rund 80 Hektar. Allein in dieser Zeit wurden 15 Kirchen gebaut. Auch unter den Omaijaden behielt die Stadt, vielleicht wegen der Nachbarschaft zu den Wüstenschlössern, ihre Bedeutung. Das für den ganzen Norden Jordaniens verheerende Erdbeben im Jahr 747 n. Chr., d. h. ganz am Ende der Omaijadenära, bedeutete auch für Umm el-Jimal das Ende. Erst im beginnenden 20. Jh. ließen sich hier wieder Menschen nieder, vor allem Drusen, die aus Syrien eingewandert waren.

Stadtanlage Umm el-Jimal war zu keiner Zeit eine Metropole wie Jerash, sondern ein regionales Zentrum, ein Karawanenplatz, auf dem Händler, Viehzüchter und Bauern zusammenkamen. Beeindruckend an Umm el-Jimal sind weniger die herausragenden Einzelbauwerke als vielmehr die Stadtanlage als Ganzes mit ihrem dunklen Stein. Der verhältnismäßig gute Zustand vieler Bauten ist der Tatsache zu verdanken, dass für ihren Bau kein Holz, sondern ausschließlich die vulkanischen, sehr widerstandsfähigen Basaltsteine verwendet wurden.

Stadttore Sechs Tore öffneten einst den Weg in die mauerumgürtete Stadt. Am ältesten ist wohl der Mauerabschnitt im Nordwesten mit dem zerstörten Commodus-Tor. Eine Inschrift an diesem Tor erwähnt die gemeinsame Regierungszeit von Kaiser Marc Aurel mit seinem Sohn Commodus (177–180 n. Chr.) und legt den Schluss nahe, dass das Tor in diesem Zeitraum erbaut wurde. Im Nordosten befand sich das Wassertor, vermutlich so genannt, da von dieser Seite aus die Stadt mit Wasser versorgt wurde. Ein kilometerlanges System von Kanälen leitete das Wasser aus einem Wadi im Norden in die Hauptzisterne im Zentrum von Umm el-Jimal.

Kaserne und Kloster Die sogenannte Kaserne ist das am besten erhaltene Gebäude in der Stadt. Sie wurde im 5. Jh. als byzantinischer Militärstützpunkt errichtet. Ihr zweiter Name, ed-Deir, das Kloster, weist auf eine spätere Nutzung dieses wehrhaften Gebäudes hin, einschließlich des erst später errichteten Turmes.

Ebenfalls in verhältnismäßig gutem Zustand befindet sich ein zweites profanes Gebäude, das sogenannte Prätorium. Ursprünglich gehörte zu der Anlage auch ein ummauerter Hof an der Südseite.

»Prätorium«

Anlass zu verschiedenen Theorien gibt die große Zahl von Kirchen in der Stadt. Möglich ist, dass in den einzelnen Gotteshäusern verschiedene Heilige verehrt wurden. Genauso wäre aber auch denkbar, dass es sich jeweils um Kapellen von einzelnen Familien oder Sippen handelte oder dass in jeder Kirche höchstens einmal am Tage eine Messe stattfinden durfte. Bautypologisch finden sich sowohl einschiffige Hallenkirchen als auch mehrschiffige Basiliken.

Kirchen

Die außerhalb der westlichen Stadtmauer gelegene Westkirche mit ihrer eindrucksvollen Bogenkonstruktion blieb am besten erhalten. Sie könnte – wie auch einige andere Kirchen – Bestandteil einer Klosteranlage gewesen sein. Innerhalb des ummauerten Stadtgebiets liegt die sog. Kathedrale (erbaut 537 n. Chr.).

Westkirche

Nur noch ein Trümmerfeld: Umm el-Jimal

Andere Kirchen bezeichnet man nach ihrer Lage als Nord-, Ost-, Südwest-, Nordost- und Südostkirchen. Die Numerianos- und die Klaudianoskirche sind dagegen nach ihren Stiftern benannt.

Wohnhäuser Neben den zahlreichen Kirchen sind es vor allem die vielen Wohnhäuser, die den Besuch von Umm el-Jimal so interessant machen. Das Erdgeschoss der meist zweigeschossigen Wohnhäuser war den Ställen und Scheunen vorbehalten. Freitreppen an den Seiten der Innenhöfe erschlossen die im Obergeschoss liegenden Wohnungen.

Kragsteintechnik Die Bewohner erbauten mehrgeschossige Häuser, ohne dafür Holz zu verwenden, indem sie sich der Kragsteintechnik bedienten: Bis zu drei Meter lange flache Basaltsteinplatten, sog. Kragsteine, wurden hierzu als vorspringende Stufen im Mauerwerk verankert. Auf diese Kragsteine wurden dann die Deckplatten gelegt, die den Boden bzw. die Decke eines Raumes bildeten. Um größere Spannbreiten zu überwinden, verwendete man auch zwei übereinander gestaffelte Kragsteine. Noch größere Zwischenräume wurden mit gemauerten Bogen überspannt.

Umgebung von Umm el-Jimal

Weitere Ruinenstädte Umm el-Jimal ist nicht der einzige, sicher aber der beeindruckendste Ort im Nordosten Jordaniens, an dem man in Kragsteintechnik erbaute Wohngebäude und monumentale Kirchen aus Basalt studieren kann. Im Umkreis von 10 bis 30 km um Umm el-Jimal, in der Basaltwüste zwischen Bagdadstraße und syrisch-jordanischer Grenze, liegen noch weitere Ruinenstädte wie Subheya, Sabha, Umm el Quttein (»Mutter der Feigen«) und Deir el Kahf.

★★ Umm Qays (Umm Qais / Gadara)

D 2

Provinz: Irbid　　　　　　　　　　**Höhe:** 378 m ü. d. M.

Umm Qays liegt recht exponiert auf einer Anhöhe im Dreiländereck Jordanien – Syrien – Israel. Man genießt hier einen der eindrucksvollsten Fernblicke des Landes. Berühmt ist der Ort natürlich vor allem der Ruinen des antiken Gadara wegen.

Blick nach Syrien und Israel Im nordwestlichsten Zipfel Jordaniens, den man sowohl von der Straße im Jordantal als auch direkt von Amman (110 km) über Irbid (30 km) erreichen kann, liegt das Dorf Umm Qays. An klaren Tagen scheinen die syrischen Golanhöhen im Norden zum Greifen nahe, wendet man sich nach Westen, sieht man den See Genezareth wie einen glänzenden Spiegel in der Ebene, an seinen Ufern liegt Tiberias und in der Ferne erkennt man den Gipfel des Berges Hermon.

UMM QAYS ERLEBEN

AUSKUNFT

Besucherzentrum
An der Ruinenanlage
Tel. (02) 750 02 38

ÜBERNACHTEN

▶ **Preisgünstig**
Umm Qays Hotel
Ortsmitte
Tel. (02) 750 00 80
Einziges empfehlenswertes Hotel am Ort, einfache Zimmer, aber sauber, nur zum Teil mit eigenem Bad

ESSEN

▶ **Erschwinglich**
Umm Qays Resthouse
Im Ruinengelände
Tel. (02) 750 05 55
Mindestens einen Kaffee auf der Terrasse sollte man sich gönnen, allein der spektakulären Aussicht aufs nahe Israel und die Golanhöhen wegen. Umgeben von Oleanderbüschen und antiken Säulen ist man hier außerdem sehr gut, große Auswahl an Mezze und Pasta.

Geschichte

Der fruchtbare Bergsattel am Schnittpunkt mehrerer antiker Handelsstraßen war schon vor 2700 Jahren besiedelt. Die heutige Bezeichnung Umm Qays geht vermutlich auf das altarabische Wort »mkes« für Grenzstation zurück; der antike Name Gadara leitet sich vom semitischen Wort für Festung ab. In hellenistischer Zeit war Gadara ein bedeutendes kulturelles Zentrum. 198 v. Chr ging sie von ptolemäischem in seleukidisches Eigentum über, und 98 v. Chr. wurde sie schließlich von dem Hasmonäer Alexander Jannai erobert und zerstört. Mit der römischen Eroberung 63 v. Chr. durch Gaius Pompejus erwachte die Stadt zu neuem Leben. Eine 26 Jahre dauernde Schreckenszeit begann für Gadara im Jahre 30 v. Chr., als Kaiser Augustus die Stadt dem jüdischen König **Herodes dem Großen** schenkte. Trotz heftiger Proteste und zahlreicher verzweifelter Selbstmorde vieler Bürger wurde die zur Dekapolis gehörende Stadt erst nach dem Tode von Herodes (4 v. Chr.) wieder in die römische Provinz Syrien eingegliedert.

In spätrömischer Zeit blühten in der antiken Stadt Kunst und Literatur. Am berühmtesten wurde der Schriftsteller Menippos, der im 3. Jh. v. Chr. gelebt hat und als Verfasser von Satiren Dichter wie Lukian, Varro und Seneca nachhaltig beeinflusste. Die nahe gelegenen heißen Quellen von al-Hemma zogen Besucher aus dem ganzen Römischen Reich an. In frühchristlicher Zeit war Gadara eine bedeutende Pilgerstätte. Denn hier heilte laut Mt. 8,28-34 Jesus die beiden besessenen Gadarener.

◀ Heilung der »Besessenen«

Unter den Omaijaden wagte man nach den Schlachten bei Tabaqat Fahl und am Yarmuk (635/636) einen Wiederaufbau, doch schwere Erdbeben beendeten Mitte des 8. Jh.s die Instandsetzungsarbeiten. Erst im ausgehenden 19. Jh. und im 20. Jh. wurde das Gebiet von Gadara neu besiedelt.

Interessante Mischung aus hellen und schwarzen Säulen, hier der Blick übers Oktogon.

Im Dorf Umm Qays besitzt noch viele, zum Teil allerdings auch überbaute bzw. verfallene Wohnhäuser aus spätosmanischer Zeit. Einen guten Eindruck von der Architektur jener Zeit vermitteln das ehemalige Wohnhaus einer Kaufmannsfamilie, das heute das archäologische Museum beherbergt, sowie das Grabungshaus Beit Malkawi.

✶ ✶ Ruinen des antiken Gadara

Anfahrt Aus Irbid kommend, durchquert man den Ort, bis kurz vor die Stelle, wo die Durchgangsstraße in einer Rechtskurve zum Yarmuk-Tal hinabführt. Fährt man dort geradeaus, so kommt man zu der in Ost-West-Richtung verlaufenden Hauptstraße (Decumanus maximus) des alten Gadara. Nach dem Passieren der gebührenpflichtigen Zufahrt erreicht man den zwischen Felsgräbern und Sarkophagen aus antiker, aber auch osmanischer Zeit gelegenen Parkplatz unterhalb des zerstörten Nordtheaters. Dieses wurde als Steinbruch für osmanische Siedlungen genutzt.

Decumanus Von hier aus geht es zu Fuß weiter auf dem Decumanus, der beinahe 14 m breiten Hauptachse von Gadara, die teilweise noch die antike Pflasterung aufweist. Links auf dem höchsten Punkt steht das Resthouse. Gleich dahinter erstreckt sich auf einer Terrasse am Hang der Säulenhof, der das Atrium bildete zu der oktogonalen byzantinischen Kirche, von der heute nur die dunklen Basaltsäulen stehen geblieben sind. Die aus dem frühen 6. Jh. stammende Kirche, die vermutlich wie viele andere Bauwerke im Norden Jordaniens dem verheerenden Erdbeben von 747 n. Chr. zum Opfer fiel, gilt als größte Sehenswürdigkeit von Gadara. Farbige Fliesen in geometrischen Mustern bedeckten einst den Boden des Kirchenachtecks.

✶ Oktogon ▶

Umm Qays Orientierung

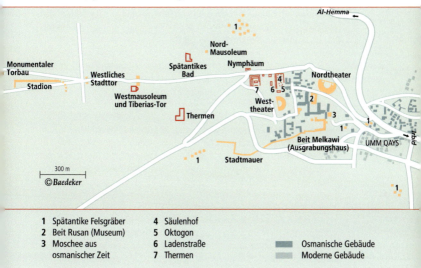

1 Spätantike Felsgräber
2 Beit Rusan (Museum)
3 Moschee aus osmanischer Zeit
4 Säulenhof
5 Oktogon
6 Ladenstraße
7 Thermen

■ Osmanische Gebäude
■ Moderne Gebäude

mutlich wie viele andere Bauwerke im Norden Jordaniens dem verheerenden Erdbeben von 747 n. Chr. zum Opfer fiel, gilt als größte Sehenswürdigkeit von Gadara. Farbige Fliesen in geometrischen Mustern bedeckten einst den Boden des Kirchenachtecks.

Westlich unterhalb der Terrasse mit Atrium und Oktogon verläuft eine antike Pflasterstraße mit insgesamt 17 kleinen Verkaufsräumen – das antike Geschäftsviertel von Gadara. Fünf dieser gewölbten Verkaufsräume sind gut erhalten. **Antike Ladenstraße**

Westlich der Ladenstraße erkennt man die Reste von Thermen und nördlich davon die Grundmauern eines ursprünglich reich dekorierten Nymphäums (Prachtbrunnen). Ebenso wie auch die Stadt Gadara erhielt das Nymphäum sein Wasser über ein Viadukt aus der 12 km weiter östlich gelegenen Quelle Ain et-Trab. **Thermen, Nymphäum**

Etwas abseits nördlich des Decumanus liegen die Reste eines spätantiken Bades, von dem nur ein paar Becken erhalten sind, sowie das in den Nordhang gebaute, aber leider weitgehend zerstörte **Nordmausoleum**, das anhand einer Inschrift auf die Jahre 355/356 datiert werden konnte. **Bad und Weststadt**

Vom Nordmausoleum führen Fußwege an den westlichen Rand der antiken Stadt, wo man auf ein kaum noch erkennbares **Hippodrom** und ein frei stehendes, ursprünglich von zwei Türmen gefasstes **Tor** aus dem 3. Jh. stößt.

führen in den 4 m tief liegenden Vorraum. Der überkuppelte Hauptraum der aus Basaltsteinen errichteten Grabanlage liegt einige Stufen tiefer und bietet Platz für 18 Steinsarkophage, die in Schiebestollen übereinander angeordnet waren.

Äquadukt 2004 entdeckten deutsche Archäologen Reste eines 94 km (!) langen Tunnels. Er ist Teil eines 170 km langen Aquädukts aus dem 2. Jh. n. Chr., das Adraa, Abila und Gadara verband.

Westtheater Etwa 50 m südlich des Oktogons, etwas oberhalb des Säulenhofs, geht es hinab in einen Gewölbegang, der in das Westtheater führt. Ihm wohnt eine eigentümliche Stimmung inne, denn es ist ganz aus schwarzgrauem Basalt errichtet. Auf den Sitzreihen, die durch ein Erdbeben zum Teil eingestürzt sind, fanden 3000 Zuschauer Platz.

Beit Rusan (Museum) Nicht nur wegen der Sammlung, sondern auch wegen seiner Architektur lohnt das im osmanischen Dorf liegende archäologische Museum einen Besuch. Es wurde 1990 in einem spätosmanischen Haus eröffnet, das sich im ausgehenden 19. Jh. die Kaufmannsfamilie Beit Rusan gebaut hatte. Gezeigt werden Funde aus dem antiken Gadara und einige Mosaikböden. Am Eingang zum Museum steht heute die (kopflose) Marmorskulptur der Göttin des Schauspiels, Tyche, die einst ihren Platz zwischen den Ehrengästen in der untersten Reihe der Sitze im Westtheater hatte (Öffnungszeiten: Mo. – Mi. 8.00 bis 17.00 Uhr).

In die Abhänge von Umm Qays hatten die früheren Bewohner **Felsgräber** gehauen. Sie wurden zumeist mit Türen aus Basaltgestein verschlossen, die aussehen, als wären es geschnitzte Holztüren mit Metallbeschlägen.

Die Fahrt entlang des Grenzflusses Yarmuk führt durch ein grünes, fruchtbares Tal in den **Jordangraben**. Von einer Stelle aus ist eine Brücke zu sehen, die angeblich von Lawrence von Arabien gesprengt wurde. Fotografieren ist leider im gesamten Tal nicht erlaubt – Grenzgebiet! Die zahlreichen Militärposten lassen die Besucher aber ohne Probleme passieren.

Uralte Olivenbäume bei Umm Qays

▶ Wadi Rum ZIELE 257

★★ Wadi Rum (Wadi Ramm)

C 8

Provinz: Aqaba **Höhe:** 1750 m ü. d. M.
Einwohner: ca. 1000

Im Wadi Rum hat die Erosion ein Meisterstück geschaffen und dem Sandstein eine unendliche Fülle an Formen eingeprägt. Kuppeln, Brücken und Orgelpfeifen in Stein ragen hier aus dem flammend roten Wüstensand, darüber spannt sich ein azurblauer Himmel.

»Unermesslich vom Echo widerhallend und göttlich« – mit diesen Worten charakterisierte Lawrence von Arabien (▶Berühmte Persönlichkeiten) die größte und eindrucksvollste Wüstenlandschaft Jordaniens. Fans von Lawrence kennen die Landschaft vermutlich schon aus dem Kino, denn David Lean drehte seinen legendären Historienstreifen »Lawrence of Arabia« 1962 u.a. im Wadi Rum. — *Drehort für Spielfilme*

Das weitverzweigte Wüstental mit seinen bis zu 400 m hohen Felsmassiven, darunter auch der höchste Berg des Landes, der **Jabal Rum** mit 1754 m, erstreckt sich im äußersten Süden des Landes, Luftlinie etwa 40 km östlich von Aqaba.

Entstanden ist die faszinierende Wüstenlandschaft vor rund 30 Mio. Jahren. Geologische Verwerfungen verursachten damals einen gewaltigen Riss, der auch das Jordantal, das Rote Meer und den Golf von Aqaba entstehen ließ. Der Aufbau des Gebirges ist sehr gut erkennbar: Über einem Sockel aus grauem Granit ruhen meterhohe Schichten aus rötlichem Sandstein. Wind und Wetter schliffen über Jahrtausende den weichen Sandstein zu bizarren Formen. Besonders spektakulär sind die **Felsbrücken** über den Jabal Burdah und am Jabal Kahraz knapp 30 km nördlich von der Ortschaft Rum. — *Geologie*

Durch den porösen Sandstein kann das Regenwasser, das im Winter fällt, hindurchdringen, bis es auf den undurchlässigen Granit trifft und an diesen Stellen austritt. Diese zahlreichen Quellen machten das Wadi schon in der Steinzeit für die Besiedlung interessant. Später war es ein wichtiger Anlaufpunkt für die Karawanen.

Nicht immer war die Natur in dieser Landschaft so abweisend wie heute. Funde beweisen, dass hier schon im 9. Jt. v. Chr., in der Jungsteinzeit, Menschen Ackerbau und Viehzucht betrieben. Die Nabatäer, die auch im Wadi Rum siedelten, kontrollierten ab dem 4. Jh. v. Chr. die Karawanen auf der Weihrauchstraße. Im Umkreis einer nabatäischen Brunnenanlage, die von 13 kleinen Quellen gespeist wird, stößt man wie auch in anderen Bereichen des Wadi Rum auf zahlreiche nabatäische und thamudische Inschriften und Felszeichnungen (manche dürften allerdings in neuerer Zeit hinzugefügt worden sein). Die Thamudi, die vor allem im heutigen Saudi-Arabien zu Hause waren, zogen vom 5. bis 7. Jh. mit ihren Karawanen durch die — *Siedlungsgeschichte*

WADI RUM ERLEBEN

AUSKUNFT

Visitor Center
Tel. (03) 209 06 00, Fax 203 25 86
www.wadirum.jo (ungewöhnlich umfangreiche und informative Homepage mit Kartenmaterial).

ANFAHRT

Mit dem Auto
Das Wadi Rum ist von Aqaba schnell zu erreichen. Von der Autobahn Richtung Norden (Desert Highway) zweigt nach knapp 45 km rechts die Straße ins Wadi Rum ab. Von der Kreuzung aus sind es noch 34 km bis zum Dorf Rum.

Mit dem Bus
Busse verkehren täglich mehrmals von Aqaba ins Wadi Rum. Die Abfahrtszeiten wechseln ständig, daher im Visitor Center nach den aktuellen Fahrplänen fragen.

TOUREN

Bei den kurzen Touren werden nur die sog. Quelle des Lawrence und Jebel Khazali, ein Sik mit arabischen Inschriften, angesteuert. Die längeren Touren führen zu den Sanddünen, der Burdah- und der Um Fruth-Felsenbrücke und zu verschiedenen »Sun Set Points«, wo sich bei Sonnenuntergang ein besonders schönes Wüsten-Panorama einstellt.

▶ **mit dem eigenen Wagen**
Im Visitor Center muss eine Sondergenehmigung eingeholt werden.

▶ **mit Kamel oder Pferd**
Kameltrips starten regelmäßig vom Visitor Center aus. Dauer: 1 Std. bis mehrere Tage inkl. Übernachtung in der Wüste (mehrtägige Touren im Voraus buchen, ebenso Ausflüge mit dem Pferd).

Das Visitor Center vor den »Sieben Säulen der Weisheit«

► Wadi Rum

► mit Jeep und Fahrer
Es werden sowohl Stippvistiten für Eilige angeboten wie mehrtägige Touren. Wer mit einem bestimmten Guide unterwegs sein will, z.B. den unten genannten, muss dies 2 Tage im Voraus im Visitor Center kundtun.
Auswahl an motorisierten Guides:
Attallah Sweilhin
Tel. (03) 203 35 08 oder (079) 580 21 08, attallah_hr@hotmail.com
Attayele Aounda
Tel. (03) 203 58 44 oder (079) 583 47 36
Rafiq Suliman, Tel. (079) 551 04 32
rafiq@captain-jo.com

KLETTERN / WANDERN
Nicht an allen Felsen darf geklettert werden! Über die Homepage (s. Auskunft) kann man sich eine Karte mit den Kletterzonen herunterladen. Klettern und Wandern ist auch mit Führer möglich. Ein zertifizierter Bergführer ist z.B. Sabagh Eid, Tel. (03) 201 62 38.

ÜBERNACHTEN
► Günstig
Bed & Breakfast
Ist zaghaft im Kommen, aktuelle lokale Anbieter vermittelt das Visitor Center.

Campingmöglichkeiten
Zelten ist im Wadi Rum an einigen Stellen erlaubt, eine Karte der Plätze hält das Visitor Center bereit. Im Dorf Rum gibt es einen Campingplatz mit Duschen und Restaurant.
Übers Visitor Center kann man auch Übernachtungen im Beduinenzelt buchen.

Baedeker-Empfehlung

Captains Desert Camp
Al-Deseh (Disi)
Tel. (03) 201 69 05
oder (079) 551 04 32
www.captains-jo.com
Sehr schön gelegen unterhalb einer großen Felsengruppe am Rande der Wüste. Man schläft im Beduinenzelt, wobei die einzelnen Doppelbetten durch Tücher abgetrennt sind (Oropax empfohlen). Morgens wird man von Taubengurren geweckt, abends unterhalten Beduinen die Gäste mit Musik und Tanz. Großes Abendbuffet, Lagerfeuerromantik, sogar Duschen und Toiletten. Kein Alkoholausschank.

ESSEN
Im Visitor Center gibt es ein gutes, nicht ganz billiges Restaurant.

Wüsten Jordaniens. Heute bewohnen die Howeitat, der größte Beduinenstamm Jordaniens, und die Mzanah das Wadi Rum. Viele von ihnen sprechen sehr gut Englisch und stellen auch die Führer bei den Touren.

Ein kleines Fort an der Abzweigung nach Rum, das Glubb Pascha (►Berühmte Persönlichkeiten) Mitte der 1930er-Jahre erbauen ließ, ist das Hauptquartier des Desert Camel Corps. Die Angehörigen der legendären Beduinenpolizei – zu erkennen an ihrer khakifarbenen Uniform, Patronengurt, Dolch und den rot-weiß karierten Kopftüchern – sind mit Kamelen und Jeeps ausgerüstet.

Desert Camel Corps

MEISTER IM WASSERSPAREN

Bei der Ankunft in Amman wird man noch vergeblich nach Kamelen Ausschau halten, doch im Wadi Rum begegnet man ihnen auf Schritt und Tritt. Wer z.B. im Rahmen einer mehrtägigen Wüstentour diese Tiere näher kennenlernt, wird viel zu staunen haben.

Natürlich kennt jeder Bilder von langen Karawanen, die durch die Wüste ziehen. Steht man dann aber selber vor einem Kamel, das man sogleich besteigen soll, merkt man erst, wie riesig die Tiere sind: Mit bis zu 2,30 m werden sie **größer als jedes Pferd**. Aufsteigen ist aber ganz einfach, denn dazu lassen die Kameltreiber das Tier niederliegen. Der Sattel besteht aus einem gepolsterten Gestell, das den Höcker umrahmt, und ist mit Decken leidlich bequem gemacht. Weite Hosen empfehlen sich sehr, denn als Tourist thront man recht breitbeinig auf dem Wüstenschiff. Die Beduinen selbst reiten ganz anders und sitzen dem Tier dazu beinahe auf dem Hals. Der kritischste Moment einer Kameltour ist der Start: Wenn das Tier aufsteht, bringt es erst sein Hinterteil in die Höhe, kommt dann auf die Vorderbeine und man muss sich schon gut festhalten, um bei diesem schwungvollen Vor- und Zurückgeschaukel nicht unfreiwillig abzusteigen.

Angepasst ans Wüstenleben

Während einer Tour hat man viel Zeit, die Kamele zu studieren. Sehr ungewöhnlich sind ihre Füße, die nicht wie bei Pferden als harte Hufe ausgebildet sind, sondern als ovale Polster, die bei jedem Schritt unter dem Gewicht des Tieres in die Breite gehen. Tatsächlich sind diese Polster nichts als fettgefüllte Verdickungen der Haut. Diese schützen vor dem heißen Sand und verhindern, ähnlich **wie Schneeschuhe im Schnee**, dass das Kamel in den Sand einsinkt. Ungewöhnlich und fast einschläfernd ist der **Passgang** der Tiere, wobei sie das linke und rechte Beinpaar immer abwechselnd bewegen und den Reiter

> *Von der Schönheit der Kamele wissen die Beduinen manches Lied zu singen. Al Gamal, das Kamel, ist in der arabischen Sprache auch ein Symbol für Zuneigung, Bewunderung und Verehrung. Doch die hohe Zeit der Wüstenschiffe neigt sich dem Ende zu. Heute leben in Jordanien nur noch rund 12 000 von einst rund 100 000 Tieren.*

erst in die eine, dann die andere Richtung wiegen, hin – her, hin – her. Am Erstaunlichsten ist sicher die hervorragende Anpassung an ein Leben in der Wüste. Legendär ist die Fähigkeit der Kamele, lange Zeit ohne Wasser auszukommen. Doch keineswegs speichern sie einen Trinkvorrat im **Höcker**, vielmehr dient der Buckel als Fettspeicher. Findet das Tier kein Futter, greift es die Fettreserven im Höcker an. Je länger die Hungerkur dauert, desto mehr schrumpft der Höcker ein. Sie kommen vielmehr mit so wenig Wasser aus, weil sie Meister im Eindämmen von Wasserverlusten sind: Anders als andere Säugetiere kann das Kamel eine **Körpertemperatur von 40 – 42 °C** aushalten, erst dann beginnt es zu schwitzen. Auch über Kot und Urin scheidet das Tier so wenig Wasser wie möglich aus. Die Nasenschleimhäute entziehen der Luft sodann beim Ausatmen das letzte Quäntchen Wasserdampf und nutzen sie zum Kühlen des Blutes, das zu Hirn und Augen strömt. Bis zu drei Wochen können die Wüstenschiffe überleben, ohne dabei einen Schluck zu trinken. An der Tränke gelingt es dem Kamel, bis zu 200 Liter Wasser in nur 15 Minuten aufzunehmen und dieses schneller als jedes andere Lebewesen dann den Zellen zuzuführen. Selbst einem kräftigen Sandsturm verstehen Kamele zu trotzen, dienen doch ihre langen Augenbrauen als erstklassiger Augenverschluss, auch die Nasenlöcher können dicht gemacht werden.

Doch ihre große Zeit ist vorbei: Einst galten sie als **Mittelpunkt des Lebens der Beduinen**, heute wird, wer auf Kamele setzt, als rückständig angesehen. Fast nur noch im Dienste des Tourismus erfahren sie Anerkennung und tragen zum Einkommen bei.

Sehenswertes im Wadi Rum

Naturschutz scheibchenweise Die Felsbrücken und Cañons, das Tal des Mondes und verschiedene Sonnenuntergangsplätze erreicht man im Zuge der mehrtägigen Touren. Das Wadi steht unter Naturschutz und strengere Restriktionen in Bezug auf das Betreten sind geplant. Ein Teil des Wadis ist schon jetzt besonders geschützt und darf nur von einer limitierten Zahl Personen und Fahrzeuge besucht werden. In der »Free Zone« hingegen kann man sich einigermaßen frei bewegen, was allerdings auch dazu führt, dass wild durchs Gelände jagende Jeeps die erhabene Landschaft auf eine Fun-Destination reduzieren. 2002 hat man eine Herde Oryx-Antilopen angesiedelt.

Visitor Center Im 2004 eröffneten Besucherzentrum, das sich ausgezeichnet in die Wüstenlandschaft einfügt, müssen sich alle Besucher anmelden und einen Obulus entrichten (2 JD), der in den Naturschutz fließt. Man kann sich einen recht informativen Film über die Entstehung des Wadi Rum anschauen, es gibt Souvenirshops und ein Restaurant.

Sieben Säulen der Weisheit Am Eingang zum Wadi Rum ragt gleich hinter dem Besucherzentrum ein Felsmassiv mit sieben gewaltigen, kaminförmigen Gipfeln auf, die berühmten »Sieben Säulen der Weisheit«. Lawrence von Arabien hatte hier 1917 mit seinen Begleitern ein Lager aufgeschlagen. Weitere Naturdenkmale sind die natürliche Felsenbrücke **Rock Bridge**, der enge **Khazali Cañon** mit Felszeichnungen, die Schlucht **Siq Um Tawaqi** mit einem in den Fels eingeritzten Porträt von T. E. Lawrence und die riesigen Sanddünen.

Rum Die befestigte Straße endet im Beduinendorf Rum, das aus kleinen Häusern, einer Schule und Zelten besteht. Die Zufahrt kostet eine Gebühr. Gleich am Eingang des Ortes liegt ein Resthouse mit einem Restaurant und einem kleinen Zeltplatz.

Allat-Tempel Das interessanteste Baudenkmal im Wadi Rum ist die etwa 500 m westlich des Resthouse am Fuße des Jabal Rum gelegene Ruine eines nabatäischen Tempels aus dem 1. Jh. n. Chr. Er war vermutlich der Göttin Allat geweiht, von der man bei Ausgrabungen in den 1930er-Jahren im Inneren des Heiligtums eine Sitzfigur aus Sandstein gefunden hatte. Die Nabatäer verehrten das Wadi Rum als heiligen Ort. Eine lateinische Widmung an Kaiser Caracalla lässt außerdem den Schluss zu, dass der Tempel auch noch in römischer Zeit für kultische Handlungen genutzt wurde.

Lawrence Spring Oberhalb von Rum liegt die Quelle, in der Lawrence von Arabien gebadet hat. Heute ist sie gefasst, sehenswert sind hier die vielen Felszeichnungen ringsumher.

Wadi Rum aus der Adlerperspektive →

Zarqa (Az-Zarqa)

Provinz: Zarqa **Einwohner:** 600 000

Die rund 25 Kilometer nordöstlich von Amman liegende Stadt ist die zweitgrößte und zugleich modernste des Landes. In der Umgebung gibt es zwei Wüstenschlösser zu besichtigen, ansonsten ist touristisch nichts geboten.

Zarqa entstand um die Jahrhundertwende aus einer kleinen Tscherkessensiedlung und gewann erst nach 1948 an Wirtschaftskraft. Nach 1924 war die Stadt Hauptquartier der Arabischen Legion, heute ist sie Sitz des Hauptquartiers der jordanischen Armee. Eine moderne Ölraffinerie und eine Reihe anderer umfangreicher Industrieanlagen, darunter Gerbereien und Brauereien, machen die wirtschaftliche Bedeutung der Stadt aus.

Sehenswertes in Zarqa und Umgebung

Arabische Burg Eine einfache arabische Burg, Qasr Shebib, zwischen König Abdallah- und König-Feisal-Straße ist das einzige historisch bedeutende Denkmal der Stadt. Es wurde fast auf dem höchsten Punkt eines Stadthügels errichtet, auf dem einst ein römisches Fort stand. Der Name erinnert an den Statthalter der Provinz Belqa, Shebib Ibn Jarir el Uqaili, der um 950 die kurzzeitig herrschende syrisch-ägyptische Ikhshididen-Dynastie vertrat.

Wüstenschlösser Das omaijadische Wüstenschloss Qasr al-Hallabat und das nur 2 km entfernte Badeschlösschen Hammam as-Sarkh (es-Sarakh) liegen etwa 30 km östlich von Zarqa. Sinnvoll ist eine Rundfahrt, die außer den beiden auch die Wüstenschlösser bei ▶Azraq einschließt.

Qasr al-Hallabat Die Ruine des einst mächtigen römischen Kastells und späteren Omaijadenschlosses Qasr al-Hallabat erhebt sich auf einer kleinen Anhöhe rechts der Straße und ist schon von weitem sichtbar. Die Mauern aus Kalkstein und Basalt sind zum großen Teil zerstört und vermitteln so nur noch einen vagen Eindruck von der einstigen Größe und Bedeutung des Kastells. Zu erkennen ist noch der Grundriss einer quadratischen, 43 x 43 m großen Anlage, deren Ecken durch Türme verstärkt waren. Erbaut hatte sie vermutlich der römische Kaiser Trajan oder sein Nachfolger

 ZARQA

ANFAHRT

Mit dem Auto oder Taxi von Amman aus ist Zarqa innerhalb von 30 min. gut zu erreichen. Busse von und nach Amman verkehren von der New Station. Wer die Wüstenschlösser besichtigen will, muss zur Old Station und von dort den Bus nehmen.

Die Wüste und Qasr al-Hallabath

Hadrian Anfang des 2. Jh. n. Chr. zur Sicherung der Grenze gegen die Parther. Scherbenfunde und behauene Steine mit Pflanzenmotiven lassen allerdings den Schluss zu, dass sich an der Stelle des Kastells bereits ein nabatäischer Kontrollposten befunden haben muss. Im 3. Jh., unter Kaiser Caracalla, wurde Qasr al-Hallabat weiter ausgebaut und unter Justinian nochmals erneuert. Kurzzeitig lebten hier auch christliche Mönche. Die Omaijaden, die zu Beginn des 8. Jh.s das Kastell bezogen, ließen es in einen repräsentativen, mit Mosaiken und Fresken geschmückten Landsitz umbauen. Im Osten grenzt eine Moschee auf annähernd quadratischem Grundriss an das Schlösschen. Auffallend ist an diesem Bau die akkurate Technik, mit der das Mauerwerk hochgezogen wurde.

Die nur 2 km entfernte Badeanlage Hammam as-Sarkh gehört ebenfalls zu diesem omaijadischen Schloss- und Badekomplex. Ursprünglich war sie reich mit Mosaikböden, Marmor und Stuck ausgestattet. Nicht nur ihr Schmuck, sondern auch die Kombination von Thermen und gewölbtem Audienzsaal erinnern an das weit berühmtere ▶ Qusair Amra. Während vom Audienzsaal in as-Sarkh nur noch die Grundmauern stehen, ist das Badehaus fast vollständig rekonstruiert; Kanäle und Röhren für die Bäder sind ebenfalls gut erkennbar. Nach frühen Berichten war auch dieses Bad – ähnlich wie Qusair Amra – mit schönen Malereien geschmückt. Heute ist davon leider nichts mehr erhalten.

Hammam as-Sarkh

Glossar zu Geografie, Religion und Kultur

Agora Markt- und Versammlungsplatz in griechischen Städten
Akanthus Distelpflanze aus dem Mittelmeerraum mit großen, gezackten Blättern; in der griechischen und römischen Kunst in stilisierter Form als Schmuckelement an Bauwerken weit verbreitet
Akropolis Oberstadt; hochgelegener Teil der griechischen Stadt; kultischer Bezirk mit Heiligtum
Antentempel Tempel, bei dem die Seitenwände (Anten) der Cella vorgezogen sind und vor dieser eine Vorhalle bilden.
Apsis Halbkreisförmige Nische; in christlichen Kirchen der Altarraum
Atrium Säulengestützter Innenhof eines römischen Wohnhauses; bei christlichen Kirchen ein von Säulenhallen gefaßter Hof vor der Eingangsseite des Gotteshauses
Baptisterium Taufkirche, -kapelle
Beit Großes, frühislamisches Haus mit mehreren Räumen, die um einen Innenhof gruppiert sind.
Bema Erhöhter Raumteil im Mittelschiff einer christlichen Kirche; Sitz der Geistlichen und Standort eines Altars
Caldarium In römischen Thermen das Warmwasserbad
Cardo Von Norden nach Süden verlaufende Hauptstraße in regelmäßig angelegten römischen Städten.
Cavea Zuschauerraum des römischen Theaters
Cella Fensterloser Hauptraum eines antiken Tempels, in dem das Bild der Gottheit aufgestellt war.
Decumanus Von Westen nach Osten verlaufende Hauptstraße in römischen Städten
Dekapolis Bund von ursprünglich zehn Städten im Ostjordanland mit ausgeprägter Selbstverwaltung. Die Dekapolis bestand von 62 n. Chr. bis um 200 n. Chr. Bedeutende Mitglieder waren Damaskus (Syrien), Amman, Gadara (Umm Qays), Pella, Gerasa (Jerash).
Djami Moschee
Donjon Bergfried; wehrhafter Hauptturm einer Burganlage
Glacis Eigentlich: Abhang. Aus Steinen angelegte Böschung zum Schutz einer Festung.
Hammam Traditionelles öffentliches Bad, in Europa als »türkisches« oder »maurisches« Bad bekannt, bestehend aus Ruhe- und Umkleideraum und einer Folge von mehreren Räumen, deren letzter das eigentliche Dampfbad ist.
Hypogäum Unterirdischer, gewölbter Raum; z. B. römische Grabanlage
Iwan Hohe, gewölbte Halle, die sich in einem monumentalen Bogen zum Innenhof öffnet; vor allem in den alten syrischen Palästen und großen Wohnhäusern als auch in Moscheen und Medresen anzutreffen.
Hypogäum Unterirdischer, gewölbter Raum; z. B. in einer römischen Grabanlage

► Glossar

Intarsie Holzeinlegearbeit, zumeist mit Edelhölzern, zur Dekoration von Wänden, Möbeln und Gebrauchsgegenständen
Kapitell »Kopf« einer Säule, eines Pilasters oder eines Pfeilers
Khan Ursprünglich an Karawanenwegen gelegener (deshalb auch Karawanserei genannter), meist großzügiger Gebäudekomplex, der sowohl als Herberge, Stall und Warenlager für die Händler diente.
Kolonnade Säulenreihe bzw. überdachter Säulengang, auf dessen Säulen gerades Gebälk ruht.
Loculus Bestattungsnische in unterirdischen Grabbauten (Mz.: Loculi)
Macellum Markt für Lebensmittel in antiken Städten
Mausoleum Meist monumentaler Grabbau. Der Name stammt von dem Grabbau für König Mausolos von Karien (377 – 355).
Medrese / Madrasa Höhere Schule für Theologie und islamisches Recht mit Wohnteil für die Studierenden und Gebetsraum; von arab. »darasa« (studieren)
Mihrab Gebetsnische in einer Moschee, an der nach Mekka, d. h. nach Süden zeigenden Wand (Qibla)
Minarett Turm einer Moschee, von dem der Muezzin zum Gebet ruft.
Minbar Kanzel in der Moschee; in der Regel aus Holz gearbeitet und mit einem Treppenaufgang versehen
Monolith Säule, Stütze oder Denkmal aus einem einzigen Stein
Mukarnas In der islamischen Baukunst Stalaktitengewölbe mit nischenartigen Vertiefungen; beliebt als Überleitung von Ecken zur (runden) Kuppel
Musalla Gebetsraum in einer Moschee
Narthex Vorhalle im Westen einer christlichen Basilika
Nekropole Wörtlich: Totenstadt; antiker Friedhof
Nymphäum Den Wassergottheiten, Nymphen, geweihter Bezirk; Brunnen- oder Quellheiligtum
Odeion Überdachter Saal für Konzerte
Oktogon Achteckiges Bauwerk
Peristyl Von Säulen umgebener, rechteckiger Hof eines antiken Wohnhauses oder einer Kirche
Pilaster Wandvorlage in Form eines flachen Pfeilers
Portikus Auf Säulen ruhender, oft giebelbekrönter Vorbau eines Gebäudes
Qalaat Burg, Festung
Qasr Schloß oder Palast; Verkleinerungsform: Qusair
Sahn Hof einer Moschee
Spolien Bauteile wie z. B. Kapitelle oder Säulenschäfte, die von älteren Bauten übernommen werden.
Suk / Suq Orientalischer Markt oder Marktgasse
Tekiye / Takiya Ursprünglich die Ordenshäuser der muslimischen Bruderschaften
Tell Zumeist Bezeichnung für einen »künstlichen« Hügel, der durch mehrere übereinanderliegende, mittlerweile aber verschüttete Siedlungen entstanden war.
Tepidarium In römischen Badeanlagen das Lauwarmbad
Tetrapylon An römischen Straßenkreuzungen errichteter Torbau mit hohen Säulen auf Postamenten und großen Öffnungen an allen vier Seiten.

REGISTER

a

Abdallah II., König von Jordanien **69**
Abila **186**
Aglun **136**
Ahl al-Kahf **157**
Ain el-Jirm **217**
Ain Musa **216**
Ain-Ghazzal **57**
Ajloun **136**
Ajlun **15**, **136**
Al Bahr al-Mayyit **242**
Al-Azraq **168**
Al-Karak **198**
Alkohol **85**
Amman **139**
 – Abu-Darwish-Moschee **154**
 – Al-Hussein-Moschee **153**
 – Al-Hussein-Park **156**
 – Archäologisches Nationalmuseum **151**
 – Folklore Museum **154**
 – König-Abdallah-Moschee **155**
 – Kindermuseum **156**
 – Königliches Automobilmuseum **156**
 – Nymphäum **154**
 – Odeum **154**
 – Qasr al-Mushatta **156**
 – Römisches Forum **153**
 – Römisches Theater **153**
 – Volkskundemuseum **154**
 – Zitadellenhügel **150**
Ammon **43**
Analphabetenrate **28**
Anreise **78**
Apotheken **89**
Aqaba **159**
Ar Rabba **202**
Arab Legion **70**
Armenier **22**
Arnon **15**
As Salt **241**
Auskunft **81**
Ayla **159**
Az-Zarqa' **264**
Azraq **168**
Ärztliche Hilfe **89**

b

Bab adh-Dhira **42**, **248**
Bab edh-Dhra **248**
Bahn **112**
Bahr Lut **244**
Bani Hamida **210**
Bani Hamida Women's Weaving Project **67**
Banken **88**
Beduinen **22**
Behandlung, medizinische **89**
Beidha **240**
Beit Ras **186**
Belqa **15**
Benzin **113**
Besiedlung **22**
Bethanien **178**
Bevölkerung **22**
Bevölkerungswachstum **22**
Briefmarken **95**
Burckhardt, Johann Ludwig **69**
Bushaltestellen **117**

c

Callirhoe **246**
Camping **107**
Capitolias **186**
Châtillon, Rainald von **73**

d

Dana **180**
Dana Reserve **180**
Deir Ain Abata **247**
Dekapolis **147**, **217**
Desert Camel Corps **259**
Desert Highway **37**
Devisen **88**
Dhiban **213**
Dolche **67**

e

Edom **15**, **43**
Eilat **160**
Einkäufe **98**
El-Habis **238**
Ela **159**
Elektrizität **82**
Essen **82**
Export **36**

f

Fastenmonat **87**
Feiertage **85**
Fluggesellschaften **78**
Frauen **26**
Fruchtbarer Halbmond **42**

g

Gabal Naba **214**
Gadara **61**, **254**
Galgenburg **212**
Geld **87**
Geldautomaten **88**
Gerasa **61**, **186**, **187**
Geschichte **40**
Gesundheit **89**
Getränke **84**
Gewässer **17**
Ghor **15**
Gilead **15**
Glas **67**
Glubb Pascha **70**, **259**
Gomorrha **248**

h

Halaby, Elisabeth Najeeb **71**
Hammam as-Sarkh **265**
Hammamet Main **210**
Haschemiten **30**
Hedschasbahn **37**, **114**
Herodes **212**, **246**
Herodes Antipas **212**
Herodes-Burg **212**
Hotelpreise **96**
Howeitat **259**
Hussein Ibn Talal **71**
Hussein (König) **51**, **71**

i

Impfungen **80**
Import **36**
Industrie **35**
Internet **95**
Intifada **52**
Iraq al-Amir **157**
Irbid **184**
Islam **3132**
Israel (Königreich) **43**

j

Jabal Abu el-Khas **219**
Jabal Burdah **257**
Jabal Harun **238**
Jabal Kahraz **257**
Jabal Rum **15, 262**
Jabal Sartaba **219**
Jarash **186**
Jawa **42, 177**
Jerash **186**
JETT **111**
Johannes der Täufer **212**
Jordan **15, 17**
Jordangraben **15**
Jordanische Wüste **15**
Juda **43**

k

Kaaba **32**
Kamele **260, 261**
Kan Zaman **159**
Karak **198**
Karakal **20**
Kerak **198**
Khirbet el-Mukhayet **216**
Khirbet et-Tannur **203**
Klima **18, 97**
Korallenriffe **21, 166**
Koran **31**
Krankenversicherung **80**
Kreuzritterburgen **63**
Kunsthandwerk **66**
Kurden **22**
König David **147**
Königin Nur **71**
Königsstraße **37, 43**
Küche, arabische **83**

l

Lawrence von Arabien **257**
Lisan-Halbinsel **247**
Literaturempfehlungen **92**
Lot **247**

m

Maan **168**
Madaba **204, 208**
Medien **94**
Medikamente **89**
Mezze **83**
Mietwagen **116**
Moab **1516, 43**
Mondkalender **31**
Moses **214**
Mosesquelle **216, 240**
Mukavir **210**
Musil, Alois **73**

n

Nabatäer **45, 61, 220, 222**
Nahr al-Urdunn **17**
Naturschutzgebiete **21**
Nebo **214**
Nordarabische Wüste **17**
Notruf **94**
Numeira **248**
Nuweijis **159**

o

Omaijaden **46**

p

Palästinakarte **204**
Palästinenser **25**
Parlament **30**
Pella **216**
Petra **219**
PLO **26**
Post **95**
Preise **96**
Pressefreiheit **94**
Ptolemäus II.
  Philadelphos **147**

q

Qalaat ar-Rabad **47, 136**
Qasr al-Azraq **169**
Qasr al-Hallabat **264**
Qasr al-Kharana **175**
Qasr al-Mushatta **156**
Qasr Amra **171**
Qasr el-Abd **158**
Queilbeh **186**
Qusair Amra **171, 172**
Quweismeh **159**

r

Rabba **202**
Rabbath Amman **147**
Raina, Königin von
  Jordanien **74**
Ramadan **32, 87**
Rasthäuser **107**
Regierungsbezirke **30**
Reisedokumente **79**
Reisekrankenversicherung **89**
Reisezeit **97**
Reiten **108**
Religion **31**
Reptilien **20**
Ressourcen **36**
Resthouses **107**
Rohstoffe **36**
Royal Society for the Conservation of Nature **21, 109**
Ruhetag **85**

s

Saf **42**
Safi **247**
Saladin **74, 199**
Salah ed-Din **74**
Salome **212**
Salt **241**
Sammel-Taxi **116**
Schiiten **31**
Schmuck **67**
Schwimmen **110**
Shaumari Wildlife Reserve **170**
Shawbak **183**
Shobak **183**
Shoman, Abdulhameed **74**
Shoubak **183**
Sieben Säulen der Weisheit **262**
Sik el-Barid **240**
Siyagha **214**
Sodom **248**
Souvenirs **98**
Sport **108**
Sprache **101**
Staats- und Regierungsform **30**
Staatsreligion **31**
Steckdosen **83**
Straßennetz **112**
Straßenverkehr **112**
Strände **110**
Stromnetz **83**
Sunniten **31**
Suwaima **244**
Sweimeh **246**

t

Tabaqat Fahl **216**
Tagebau **36**
Tageszeitungen **94**
Talal **71**
Tauchen **110**
Taufstelle Jesu **178**
Taxi **116**
Telefon **95**
Tell Deir Alla **59**
Temperaturen **97**
Teppichweber **204**
Teppichweberei **66**
Terrorismus **55**
Tiere **20**
Totes Meer **17, 242**
Tourismus **36**
Tracht **67**
Trinkgeld **96**
Tscherkessen **22**
Tuleiat el-Ghassul **42**

u

Umm al-Gimal **249**
Umm ar-Rasas **213**
Umm el-Biyara **238**
Umm el-Jemal **249**
Umm el-Jimal **249**
Umm Qais **252**
Umm Qays **252**
Universitäten **27**

v

Vergünstigungen **96**
Verhaltenstipps **89**
Verkehr **37**
Verkehrsmittel **111**
Verkehrsschilder **113**
Visum **79**
Vögel **20**

w

Wadi al-Araba **15, 180**
Wadi al-Fidan **182**
Wadi al-Hasa **203**
Wadi al-Mawjib **247**
Wadi el-Jirm **216**
Wadi es-Sir **157**
Wadi Feynan **182**
Wadi Main **210**
Wadi Mujib **246**
Wadi Mujib Nature Reserve **247**
Wadi Musa **240**
Wadi Ramm **257**
Wadi Rum **257**
Wadi Sirhan **169**
Waffen **67**
Walid II. **169**
Wassersport **110**
Wälder **20**
Wirtschaft **34**
Wuweira **240**
Wüste **17**
Wüstenpolizei **49**
Wüstenschlösser **62**

z

Zarqa **264**
Zeit **117**
Zeitrechnung, islamische **31**
Zeitungen **94**
Zollbestimmungen **80**

VERZEICHNIS DER KARTEN & GRAFISCHEN DARSTELLUNGEN

Top-Reiseziele **2**
Naturraum **16**
Klimadiagramme Amman und Aqaba **18**
Lage Jordaniens **24**
Tourenübersicht **120/121**
Tour 1 **123**
Tour 2 **127**
Tour 3 **130**
Amman Cityplan **140/141**
Amman Zitadellenhügel **151**
Aqaba Cityplan **161**

Qusair Amra (3 D) **173**
Jerash (Übersichtskarte) **193**
Jerash Artemis-Tempel (3 D) **197**
Petra (Übersichtskarte) **228/229**
Umm el-Jimal (Übersichtskarte) **250**
Umm Qays (Übersichtskarte) **255**

Übersichtskarte **Umschlagklappe innen**

BILDNACHWEIS

akg/Lessing S. 44, 251
akg/Nou S. 217
Bilderberg/Jaekel S. 6, 145
Eid, Hedda S. 114, 123, 135, 206, 209
gettyimages/Blomqvist S. 13, 229
gettyimages/Elk S. 12, 110
gettyimages/Grey S. 8
gettyimages/Harding S. 243
gettyimages/Syder S. 40
HB-Verlag/Gaasterland S. 2, 109, 139, 197 (oben)
HB-Verlag/Gartung S. 86, 108
Huber/ Newmann S. 21
Huber/Halberg S. 260
Huber/Huber S. 76, 146
IFA S. 10, 155
Ihlow, Frank S. 5, 222
Jordan Tourism Board S. 3, 7, 12, 14, 23, 37, 47, 60, 121 (oben), 132, 134, 173 (oben links), 180, 200
Korn, Lorenz S. 63, 165, 197 (unten links)
laif/Heeb S. 113
laif/Kirchgessner S. 35, 84
laif/Martin S. 118/119
laif/Rieger S. 84
look/Laurance S. 29, 66
look/Lohmann S. 133
mauritius/ Mattes S. 56
mauritius/Raga S. 152
mauritius/ World pictures S. 33, 124
Moeller, Armin E. S. 11, 73 (oben rechts), 100, 150, 190, 194, 254
Nowak/ edition VASCO S. 121 (unten), 167
p.a./akg-images S. 139
p.a./akg-images/Sorges S. 117 (unten), 127
p.a./dpa JTB S 179
p.a./epa AFP S. 54, 72
p.a./IMAGO S. 70
p.a./Landov S. 75
p.a./Lessin gS. 158
p.a./Photoshot S. 11, 196
p.a./Pilick S. 58
p.a./Teubner S. 211
Pfefferkorn, Manfred S. 261
RSCN Royal Society for Conservation of Nature S. 127, 170, 181, 245 , 246
Salzstädter Textkontor S. 12, 163, 173 (unten)
Staatliche Museen zu Berlin S. 9
Stahn, Dina S. 1, 4, 5, 11, 98, 99, 106, 115, 122, 124, 138, 172, 174, 175, 176, 188, 197 (Mitte), 198, 202, 203, 224, 225, 230, 232, 235, 236, 256, 258
Taylor, Jane S. 39, 50, 130, 183, 187, 212, 221, 263, 265
Wurth, Andrea S. 27, 77, 215, 226

Titelbild: IFA-Bilderteam/ Aberham

IMPRESSUM

Ausstattung:
133 Abbildungen, 18 Karten und grafische Darstellungen, eine große Reisekarte
Text:
Muriel Asseburg, Margit Brenner-Elias, Manfred Pfefferkorn, Jochen Renger, Dina Stahn, Mirjam Weber
Bearbeitung:
Baedeker Redaktion
(Rainer Eisenschmid)
Kartografie:
Christoph Gallus, Hohberg; MAIRDUMONT/Falk Verlag, Ostfildern (Reisekarte)
3D-Illustrationen:
jangled nerves, Stuttgart
Gestalterisches Konzept:
independent Medien-Design, München (Kathrin Scheme)l

Sprachführer in Zusammenarbeit mit Ernst Klett Sprachen GmbH, Stuttgart, Redaktion PONS Wörterbücher

Chefredaktion:
Rainer Eisenschmid, Baedeker Ostfildern

7. Auflage 2009

Urheberschaft:
Karl Baedeker Verlag, Ostfildern
Nutzungsrecht:
MAIRDUMONT GmbH & Co KG; Ostfildern
Der Name Baedeker ist als Warenzeichen geschützt. Alle Rechte im In- und Ausland sind vorbehalten. Jegliche – auch auszugsweise – Verwertung, Wiedergabe, Vervielfältigung, Übersetzung, Adaption, Mikroverfilmung, Einspeicherung oder Verarbeitung in EDV-Systemen ausnahmslos aller Teile des Werkes bedarf der ausdrücklichen Genehmigung durch den Verlag Karl Baedeker GmbH.

Anzeigenvermarktung:
MAIRDUMONT MEDIA
Tel. 0049 711 4502 333
Fax 0049 711 4502 1012
media@mairdumont.com
http://media.mairdumont.com

Printed in China
Gedruckt auf 100% chlorfrei gebleichtem Papier

atmosfair

nachdenken • klimabewusst reisen
atmosfair

Reisen bereichert und verbindet Menschen und Kulturen. Jedoch wer reist, erzeugt auch CO_2. Dabei trägt der Flugverkehr mit bis zu 10% zur globalen Erwärmung bei. Wer das Klima schützen will, sollte sich somit nach Möglichkeit für die schonendere Reiseform entscheiden (wie z. B. die Bahn). Wenn keine Alternative zum Fliegen besteht, kann man mit atmosfair handeln und klimafördernde Projekte unterstützen.
atmosfair ist eine gemeinnützige Klimaschutzorganisation unter der Schirmherrschaft von Klaus Töpfer. Die Idee: Flugpassagiere spenden einen kilometerabhängigen Beitrag für die von ihnen verursachten Emissionen und finanzieren damit Projekte in Entwicklungsländern, die dort den Ausstoß von Klimagasen verringern helfen. Dazu berechnet man mit dem Emissions-rechner auf **www.atmosfair.de** wieviel CO_2 der Flug produziert und was es kostet, eine vergleichbare Menge Klimagase einzusparen (z.B. Berlin – London – Berlin 13 Euro). atmosfair garantiert die sorgfältige Verwendung Ihres Beitrags. Auch Karl Baedeker Verlag fliegt mit *atmosfair*. Unterstützen auch Sie unser Klima. Alle Informationen dazu auf www.atmosfair.de.

BAEDEKER VERLAGSPROGRAMM

- Ägypten
- Algarve
- Allgäu
- Amsterdam
- Andalusien
- Athen
- Australien
- Australien • Osten
- Bali
- Baltikum
- Barcelona
- Belgien
- Berlin • Potsdam
- Bodensee
- Brasilien
- Bretagne
- Brüssel
- Budapest
- Bulgarien
- Burgund
- Chicago • Große Seen
- China
- Costa Blanca
- Costa Brava
- Dänemark
- Deutsche Nordseeküste
- Deutschland
- Deutschland • Osten
- Djerba • Südtunesien
- Dominik. Republik
- Dresden
- Dubai • Vereinigte Arabische Emirate
- Elba
- Elsass • Vogesen
- Finnland
- Florenz
- Florida
- Franken
- Frankfurt am Main
- Frankreich
- Fuerteventura
- Gardasee
- Golf von Neapel
- Gomera
- Gran Canaria
- Griechenland
- Griechische Inseln
- Großbritannien
- Hamburg
- Harz
- Hongkong • Macao
- Indien
- Irland
- Island
- Israel
- Istanbul
- Istrien • Kvarner Bucht
- Italien
- Italien • Norden
- Italien • Süden
- Italienische Adria
- Italienische Riviera
- Japan
- Jordanien
- Kalifornien
- Kanada • Osten
- Kanada • Westen
- Kanalinseln
- Kapstadt • Garden Route
- Kenia
- Köln
- Kopenhagen
- Korfu • Ionische Inseln
- Korsika
- Kos
- Kreta
- Kroatische Adriaküste • Dalmatien
- Kuba
- La Palma
- Lanzarote
- Lissabon
- Loire
- London
- Madeira
- Madrid